枫雪同行

加拿大华人作家访谈录

Walking Among the Snowy Maples
—Interviews with the Chinese Canadian Writers

赵庆庆 著

中国教育部人文社会科学研究规划基金项目
『文本、史料、微纪录片——加拿大华人作家大型系列访谈的构建研究』（21YJA752015）

南京大学出版社
Nanjing University Press

图书在版编目(CIP)数据

枫雪同行：加拿大华人作家访谈录 / 赵庆庆著. —
南京：南京大学出版社，2021.12
　　ISBN 978-7-305-24571-8

　　Ⅰ. ①枫… Ⅱ. ①赵… Ⅲ. ①华人-作家-访谈录-加拿大-现代　Ⅳ. ①K837.115.6

中国版本图书馆 CIP 数据核字(2021)第 111888 号

出版发行	南京大学出版社
社　　址	南京市汉口路 22 号　　邮　编 210093
出 版 人	金鑫荣
书　　名	**枫雪同行：加拿大华人作家访谈录**
著　　者	赵庆庆
责任编辑	陆蕊含
照　　排	南京紫藤制版印务中心
印　　刷	徐州绪权印刷有限公司(电话:0516-83897699)
开　　本	635 mm×965 mm　1/16　印张 24　字数 354千
版　　次	2021 年 12 月第 1 版　2021 年 12 月第 1 次印刷
ISBN	978-7-305-24571-8
定　　价	78.00 元

网　　址：http://www.njupco.com
官方微博：http://weibo.com/njupco
官方微信：njupress
销售咨询热线：(025)83594756

* 版权所有，侵权必究
* 凡购买南大版图书，如有印装质量问题，请与所购
　图书销售部门联系调换

加拿大前驻华大使马大维(David Mulroney)给《枫语心香：加拿大华裔作家访谈录》的贺词

I congratulate Zhao Qingqing for her highly creative *Unchained Maple Melody: Interviews with Chinese Canadian Writers*. It offers profiles of 15 Canadian writers of Chinese origin and delves into their experience of multiculturalism in Canada. I hope that Chinese readers will benefit from the many rich insights the book offers about the lived experiences of these talented writers who bridge two cultures.

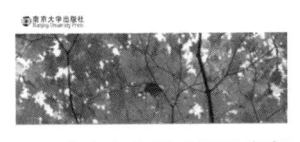

2011 年由南京大学出版社出版

祝贺赵庆庆的《枫语心香：加拿大华裔作家访谈录》出版！该书卓有独创，不仅描绘了15位加拿大华裔作家的剪影，而且探讨了他们在加拿大的多元文化主义体验。我希望中国读者能从这本著作的丰富洞见中受益，了解这些跨越两种文化的天才作家们的诸多亲身经历。

David Mulroney
马大维
Former Ambassador of Canada, Beijing
加拿大前驻华大使

陈浩泉序：加华文学精彩的立体呈现

认识赵庆庆教授该有二十年了，实在也是一段不短的日子。

20世纪90年代初，加拿大华裔作家协会在我的倡议与策划下，先后在温哥华《星岛日报》推出《加华文学》专版及出版《加华作家》中英双语季刊（Chinese Canadian Writers Quarterly）。一天，我在加华作协的邮箱中收到一封寄自艾伯塔省的来信，并有一篇稿子，寄件人正是赵庆庆。那时候，已拥有南京大学英美文学硕士学位的她到艾伯塔大学留学，攻读比较文学硕士学位。

庆庆是一位有心人，在艾伯塔大学学习之余，也关心加国华裔作家的情况。她在华文报章看到加华作协的活动消息，在大学里看到《加华作家》这份刊物，就来信联系。我很高兴收到她的信与稿件，立即回复，也刊用了她的来稿。当时，《加华文学》和《加华作家》两个园地是公开接受投稿的，收到的来稿有些是年轻作者的稿件，其中包括卑诗大学的学生。青年作者的来稿，我都尽可能采用，希望能起到勉励效用，期待将来有更多的文坛新血。当年作为年轻作者的庆庆，又是文学院的研究生，她的稿件我当然不会错过了。

这以后，庆庆加入了加华作协，完成学业返回南京大学执教后，就成了加华作协的海外会员与驻南京的联络代表，和我一直保持联系。说起来，在加华作家中，我应是最早与她交往的其中一人。庆庆后来也多次到温哥华，我们见了面，我邀约了多位加华作协的会员作家与她聚晤交流，有一次更特地邀请洛夫先生出来介绍他们认识，一起午膳晤谈。我也和她在中国的文学会议中碰面。此期间，庆庆又加入其他两个加华文学团体，扩大了她与加拿大华人文学界的联系，与加华文学的关系逐渐地由关注者转换成了研究者、亲历者。

2008年，庆庆的散文集《讲台上的星空》在加华作协出版，收入由我策划主编的"加华作家系列"丛书。此后，由我编辑的加华文学评论集《枫华正茂》和加华作家散文集《枫景这边独好》，以及年前出版的《加拿大华人文学论文集》，我都收入了庆庆的作品。2006年，庆庆为汕头大学的《华文文学》组织了一个"加拿大华文文学研究专号"，刊于总第75期。这是中国学术刊物首次推出加华文学的研究评论专号，别具意义，引起了学界的广泛关注。

2011年，庆庆出版了《枫语心香：加拿大华裔作家访谈录》（下简称《枫语心香》），此书访问了十五位作家，可说是她研究加华文学第一阶段的成果小结。2019年，庆庆推出四十万字的巨著《加拿大华人文学史论：多元和整合》，这不但是她加华文学研究的一个新里程碑，也是这个学术研究领域一部开创性的重要著作，引人瞩目。

如今，在这个基础上，她又将推出新著《枫雪同行：加拿大华人作家访谈录》（下简称《枫雪同行》）。此书可视为《枫语心香》的姐妹篇，也可以说是访谈录的第二集。相信她这个访谈系列会继续写下去，然后推出三集、四集……

《枫雪同行》一书也访问了十五位作家，依照目录的次序是陈浩泉、陈河、崔维新、贾葆蘅、林浩聪、林楠、陆蔚青、孙博、王健(Jan Walls)、微言、笑言、余兆昌、郑南川、周进、朱霭信。十五人中，崔维新、林浩聪、余兆昌和朱霭信是英语作家，其他是华语作家。十五人中特别的一位是王健教授，他是一位白人老外。王健教授是加拿大著名汉学家，也是加华作协的资深顾问，并曾出任加拿大驻中国大使馆文化与科技参赞。他的中国话说得比不少华人还好，他精彩的拿手好戏——中英文数来宝（或叫快板书），更是让大家只有惊叹的份儿。记得有一次在舞台上，演出对手问他："为什么你的中文说得那么好，连一些俗语俚语也懂？"王健教授回答："咱有家教。"这话令人会心微笑。他口中的"家教"就是华裔夫人李盈教授。多年来，王健教授伉俪醉心于中英双语的诗词翻译，加华作协不少诗人的作品都曾因他的精妙译笔而焕发了另一种光彩。王健身为华人女婿，又从事华人古今诗词的翻译，庆庆把对他的访谈收入本书，也可说是顺理成章的事了。

庆庆的作家访谈文章不是一般的访问记录,她的访谈不只全面、深入,更是与被访者的双向互动,在一些问题的理解、交流中往往能擦出火花,出现亮点,令读者受到启发,有所得益。看得出,庆庆在每一次访谈之前都做足了准备工夫,细读被访者的作品,先写好访问的问题大纲,一丝不苟。从她这一系列的访谈文章,读者不但能真切深入地了解被访的作家与作品,也可以从这一篇篇的用心写成的访谈稿拼凑出一幅加拿大华人文学的版图,从而加深对加国华人文学的整体认识。此书最后的两个附录,《加拿大华人文学的概貌及其在中国的接受》与《加拿大华人文学大事记》所提供的数据也很珍贵,具有参考价值,为以后的研究者提供了方便。

这些年来,赵庆庆在加华文学的研究上投入了大量的时间和精力,出色的成果有目共睹。她的《加拿大华人文学史论:多元和整合》可说是"纵的梳理",是一项大工程。该书涵盖的时间跨度大,内容包含加国华人历史的概述,加国华人华文文学、华人英文文学与华人法文文学的作家与作品的评述,还有加国华人作家团体的介绍,内容丰富、全面、深入,且有作者独到的见解,是至目前为止加华文学研究上一部里程碑式的著作,极具参考价值。

赵庆庆的两部加华作家访谈录《枫语心香》与《枫雪同行》则是"横的展示"。她通过对每位作家的访谈(面谈或笔谈,或两者兼用互补),全面、细致、深入、生动地向读者展示了他们的出生背景、写作历程,以及人生际遇、作品解读等等,令读者对这些作家和他们的作品有了较深的了解。在加华文学的研究上,这些文字为大家提供了一幅幅清晰、生动的横切面,与史论的书写互为补充、相得益彰。相信这两部访谈录,对研究学者来说可资参考,而读者也会有阅读的兴趣。

行文至此,我对庆庆有一个建议,在"纵的梳理"与"横的展示"之余,她还可以多创造一些"点的缤纷"。那就是,她可多写一些篇幅较短的散文随笔的篇什,内容是与作家交往的描述、回忆、感受等等,通过微观、感性、随意的笔触,作枝叶的呈现。这可视为作者学术研究之余的副产品。这类文字相信一般读者读来会更有兴味,同时,当中也有史料成分的价值在。

那么，综合以上所述，则史论、访谈、随笔三者皆有，点、线、面齐备，宏观、微观均不缺，如此，相信庆庆笔下的加华作家与加华文学，在读者眼中将更为完满、丰盈、立体。

庆庆邀请我为《枫雪同行》一书撰写序文，盛意拳拳，却之不恭，唯有从命，勉力为之。谢谢她的信任与诚意。小文草草不工，粗疏之处，尚望文坛学界先进教正！

最后，衷心祝贺赵庆庆教授这部新著面世，未来在加华文学的学术研究上，继续稳步前行，取得更丰硕的成果！

2021年4月10日，温哥华

陈浩泉

华汉文化事业公司及维邦文化企业公司董事经理、总编辑，前香港作家联会理事，中国作家协会会员，历任加拿大华裔作家协会副会长、会长，世界华文文学联会副会长。已出版诗集、小说、散文随笔集近三十种，其生平被收入《香港文学作家传略》《中国文学家辞典》《台港澳暨海外华文作家辞典》《中国新诗大辞典》等辞书。获南昌大学首届中国新移民文学研讨会颁授"突出贡献奖"、加华作协"加华文学贡献奖"、加拿大卑诗省政府嘉奖状、台湾地区侨联总会"海外华文著述奖"等。

白舒荣序:深耕细作　丰沛斑斓

看到庆庆的著作,远比见到纤弱娇小的她本人快得多。

一年前刚拜读拿着手酸、放在桌上砖厚的40万字《加拿大华人文学史论:多元和整合》醒目大著,未料《枫雪同行:加拿大华人作家访谈录》20多万字的打印排版稿,竟出现在我的电脑。前书犹温,新书接踵,速度之迅疾,令人惊叹佩服。加之2011年出版的《枫语心香:加拿大华裔作家访谈录》,庆庆似乎欲以扎扎实实的成绩单昭示,她誓将加华文学深耕细作的研究进行到底!

南京大学英美文学和加拿大艾伯塔大学(University of Alberta)比较文学双硕士,为她研究加华文学提供了自足的优越。当然,先天条件,只不过是做学问的良好基础和机会,如果她本人没有明确的学术规划和研究方向,没有多年锲而不舍、持之以恒的努力,亦难取得如此骄人成绩。

留学期间,庆庆便用心同加拿大学术界、华裔文学界建立了联系,甚至亲密友谊,归国后继续以多种途径不断频繁往来,致使早年我曾一度把她误作加华作家。她的译著成果,及参与多个与英语相关词典的编撰工作,尤其对加华文学的研究成果,使她得到中加两国相关机构的充分肯定和多种嘉奖。

曹惠民教授称"加拿大华人文学研究是一个充满创意的新课题,国内外还没有相近规模的成果。庆庆在主客观均具优势的条件下,凭一己之力,承担起这一课题,可谓顺势而为,立足前沿,在中外文学比较和世界华人文学研究领域,具有明显的开创性;在爬梳浩繁资料归类整理的基础上,独有先声夺人的创新,填补了国内长期以来加华文学研究的空白,是世界华文文学研究领域中不可忽视的重大推进"(见《加拿大华人文学史论：多元和整合》前言《一部丰美、扎实的拓荒之作》）。诚哉，斯言！

如今我读到的这部《枫雪同行——加拿大华人作家访谈录》（下简称《枫雪同行》）可谓九年前出版的《枫语心香：加拿大华裔作家访谈录》（下简称《枫语心香》）的续篇。

《枫语心香》是国内第一本加拿大华人作家访谈专著。受访者有"写戏·演戏·导戏·说戏"的英语剧作家陈泽桓，善写"小镇孤魂"的英语女作家方曼俏，"总督奖得主"弗莱德·华教授，"双语作家、滑铁卢大学孔子学院院长"李彦，"新锐英语作家"黎喜年博士，汉学家梁丽芳教授，华文女作家葛逸凡、林婷婷、刘慧琴、张翎和曾晓文，加拿大华裔作家协会创会会长卢因，"叶嘉莹诗词的英译者"陶永强，"作家、诗人、影视编导"汪文勤，"加拿大获奖评论家、双语作家"赵廉博士这 15 位。

《枫雪同行》的访谈对象亦 15 位，含加拿大华裔作家协会会长陈浩泉、中国"中山文学奖"首奖得主小说家陈河、加拿大总督奖得主余兆昌、荣膺加拿大勋章的首位华裔作家崔维新、吉勒大奖得主越南华裔林浩聪、华人文学翻译家王健（Jan Walls）教授、华文作家评论家林楠、魁北克华文女作家陆蔚青、温哥华华文女作家贾葆蘅、加拿大中国笔会会长孙博、大华笔会会长微言、渥太华华人史学者笑言、魁北克华人作家协会会长郑南川、魁北克的植物学家诗人周进，以及加拿大华裔英语文学的开拓功臣朱蔼信。

《枫语心香》《枫雪同行》两本访谈录共 30 位被访者，加华文坛华文和英汉双语写作中的重要作家基本入席。即使尚有遗珠，如华裔英语作家李群英、华人法语作家应晨等，都在两书中有身影疏密穿行。

访谈是获取信息的一种常用方法。我略知近年来国内有华文文学学者也在对不同国别的海外作家作访谈类书写。所谓访谈，必然有访者和受访者，访谈的方式或当面或书信。访者希望通过与受访者直接或书面接触的谈话，获取所需的第一手最直接的资料；受访者一般会感觉受到重视而积极配合。

看似只是一场二人问答，做访谈或许被认为比较简单，而完成一次成功的访谈却并非易事。文学访问者，首先应该是受访作家的读者和研究者。受访者的配合度，访谈的成效、质量、水平高低，与访者的准备和学养有密切关系。访者表现出的诚意、对相关领域熟悉的程度、对访谈对象了解的深浅、发现和所提问题是否切中肯綮等，都会影响受访者的配合和话题的深广。简言之，访者的意图越明确，对被访者事先做的功课越充分，善于提出和引导有价值的话题，访谈质量便会有保证。

访谈既是主客体问与答的对话，更是双方进行的交流和探讨。访者并非全然做倾听者，也有附议或不同看法。在双方智慧的对谈、探讨，甚或交锋中，访者和受访者均有所获，得到双赢。建立在此基础之上的访谈书写，更有意义和价值。

庆庆的访谈显然做足了准备。她熟悉加华文学界整体状态，读过每位访谈作家的作品，对他们在创作中取得的主要成绩如数家珍；她了解当地华人文学社团和华人媒体，对华人社团和媒体与华人作家的关系明确清晰。所以，她提的问题因人而异，有的放矢，顺利引导受访者沿着她的问题和思路愉快谈下去。访谈中就某些问题，她也会与受访者进行讨论，表达自己的见解。

"海外华人作家"群体的存在，皆因有迁移。《枫雪同行》中受访的15位，除少数几位出生在加拿大的英语作家和一位洋人教授翻译家，多为离开母语国的迁移者。她了解到加拿大华裔作协会长陈浩泉的情况尤为特殊，他不但是华侨后代，还有"中国内地10多年，中国香港30多年，加拿大26年"的三地生活经历。三地的社会和文化形态差异很大，其在这三地住的时间都不算短，所以庆庆特别向陈发问："您怎样看待迁移对您个性、处事和事业的塑形作用？"这个问题，既是针对陈浩泉独特个人的，亦存在共性的探讨意义。

谈到陈浩泉的作品，她认为《紫荆·枫叶》是他移民加拿大后创作的分水岭。陈说："我认同您对《紫荆·枫叶》一书的解读。初到加拿大，文化上的冲击在所难免，特别是身为一个写作者、文化人，移位(dislocation)效应所触发的身份认同、角色定位、心态取向、思考视角，以至胸怀视野的改变，种种变化接踵而至，实在需要一段时日去调适、沉淀。

而写作也正是自己的一个心理成长过程,它帮助作者抚慰情感,梳理思绪,把问题看得清晰、准确。"

显然,庆庆确实认真研究过陈浩泉浩繁的创作,否则难以得到对方赞同的回应。陈浩泉先生是我从20世纪80年代后期便结识的老友,之间几乎没有中断过联系,但对他创作的丰富,及为加拿大华裔作家协会所做贡献等的比较全方位了解,却颇多得自这个访谈。

华文小说家陈河,近几年佳作频仍,拿奖拿到手软。庆庆同他就《红白黑》《黑白电影里的城市》《女孩和三文鱼》《沙捞越战事》《米罗山营地》《甲骨时光》《外苏河之战》等越出中加两国、视野广阔的重要作品,逐一做了一番探讨后,谈及写作风格、所受影响和艺术追求。陈河坦言,正如庆庆所见,自己"小说中采用了虚实结合的写作方法,既有材料扎实的一面,也有魔幻先锋超现实的实验风",正向"福克纳、帕慕克、卡尔维诺、博尔赫斯等西方现代文学巨匠"等文学大师学习和靠近。因为这更符合他的文学理念,"即用最真实的故事,但是用最有想象力的方法来写,用非常虚构的方式,但读起来又有依据,很逼真。这是我想要的写作风格"。

话不在多,双方就此的特别讨论,点睛了陈河的艺术表现特色。祝愿他沿着自己认准的路,再接再厉,不断取得新成绩,作品源源长流,哗啦啦,陈河——成河。

《枫雪同行》里对几位出生在加拿大的华裔英语作家所做访谈,内容的丰富性或稍逊于其他,读起来却更多兴味。或许因对他们知之相对较少的缘故。

崔维新在唐人街长大,2005年荣获"加拿大勋章",成为首位获此殊荣的华裔作家。汉语之所以能成为他写作的一部分,完全来自生活在唐人街时他对声音的记忆。他戏称自己说的是"温哥华语",这种特别的语言,"由基础的台山话构成,混合了广东话词汇、英语语法"。庆庆把他生前和学者 Gleen Deer 的英语访谈翻译出来,不然即使用汉语,"温哥华语"对"普通话",也难免类鸡同鸭讲,很难交流。略做点摘录:

GD：对于具有少数族裔外貌的作家而言，写作能力令你卓尔不群。能进入英语研究的天地，你有什么特别的感受吗？

崔：有的。我觉得自己并不怎么特别，是其他写作学生的优越感和他们高出我的真正才能赋予了我力量，也许是因为我还没有发掘自己的才能。其他学生并不恃才自傲，实际上，回头看看，我加入任何一个团体，如"蒂什"帮，都会受到欢迎，不会有任何人反对。但是，我和唐人街的一群发小交往，就没和大学同学一起玩。我的感觉是一种自我疏离，即使我受到欢迎，也不觉得有归属感。如果和其他写作学生坐得太久，我会发现自己不会说他们的文学语言，没有他们的旁征博引。他们中的许多人脱口而出美国和英国的各类名字，而我才刚刚入门。他们有知识，而我缺少类似的知识，很可能因此感到不自在。

如此看来，即便幼小成长于加拿大，在洋人群里，崔维新依然仍有自外感。所以他对黑人血统的同学说："找出你真正的来历，探索你的家族史——因为这会引导你了解你真正是谁。"这番话，显然也是说给他自己听的。或者也代表了华裔英语作家们一种共性的本能自觉文化寻根。

总督奖得主、另一位著名华裔英语作家余兆昌，寻迹文化传统之根的思想似乎更浓，出生在加拿大的他，虽然曾说"中国对他还很遥远"，但他却希望自己作品遇到的对象，"不管这些读者是加拿大华人还是中国人"，"觉得我笔下的华人或加拿大华人真实得就像他们的同胞。"

就访者的提问，余兆昌谈自己作品的思想内容时，更明确地说："中国文化中的善必胜给了我以力量。记得一句格言。用广东话说就是，'善有善报，恶有恶报'，这也是学者认为中国文明幸存久远的一个原因，不同社会阶层互有责任和义务，力求公道，才能和平共处，维持良好关系。""中国故事带有强烈的正义感，错必纠，冤必伸。我为孩子们写的书也显示了匡扶正义，这种非常简单的故事类型，部分就来源于我看的中国旧影片。"

吉勒大奖得主林浩聪医生,亦是一位华裔英语作家,略有不同的是他的先辈来自越南。庆庆曾翻译并在国内出版的《停止呼吸》,便是林的一部原名称作《放血和奇疗》的英语小说集。林没有崔维新和余兆昌的唐人街生活经历,他对越南的感觉全然从阅读资料和家人口中得来,虽然也曾回去过两次,不过是蜻蜓点水,但他也曾借小说人物之口,表达过这样的观念:"你一旦离开了一个地方,就再也回不去了……但是,别担心,它在你心里。"

这几位华裔英语作家对中华文化之根的顽固执念,发人思考,令人心动。

《枫雪同行》访谈里,涉及一些可能会引发讨论的问题,如华文作家评论家林楠关于"海外华文文学"学科界定的阐释:

> 我的观点是应该把"海外作家作品"与"海外华文文学"加以区分。凡海外作家写的作品,都应该视为"海外作家作品"。而作为"学科"概念的"海外华文文学(或称移民文学)",就应该看它有没有文化学意义上的精神特质。海外作家写故乡生活经历以外的其他内容的不少。这些作品不是学科意义上的"海外华文文学"。

另外,魁北克华文作家郑南川提出了"草根写作""自然写作"和"新加拿大华人文学"等概念。他说:

> 用"草根作家"定位自己,也是一种自我的鞭策。我一直认为,写作是我的生活,不是目的。我是一个喜欢让自己活出"多彩"的人。我的写作永远在民间,不需求那些虚无的"添加剂",这正是我作为写作人应有的精神。

庆庆归结"自然写作"是郑南川"追求的文学风格",郑对此十分认同。另外,他对"新加拿大华人文学"做了如是定义,"立足当地,用西人的观念写西方题材"。

林楠的思考,南川的文学观念,值得关注。

《枫雪同行》里在每位作家访谈后,都有一个类似《史记》的"太史公曰",或文或诗,为访谈小结或作补充。可称是这本访谈录的一抹亮色。

华文女作家贾葆蘅"扛起加拿大华人移民史"的书写,艰辛备尝,百折不挠,以精卫填海的毅力,取得骄人成绩。这篇访谈后的结语如是:

贾葆蘅的外公董秋芳(1898—1977),是季羡林先生的业师,也是与鲁迅同时代的翻译家,曾出版《争自由的波浪》,并由鲁迅亲自作序。中华人民共和国成立后,注释了毛泽东、鲁迅的著作以及许多国内外名著,作为全国中学语文教材使用。因此,这位才女的身上流淌着文学的血液。此外,她的几位叔父参加过抗日战争和革命,大伯父贾一波曾带领太行山区里的人民子弟兵,创建了平山团,故她又不乏军人家庭的担当和坚毅。

由是,贾葆蘅开始了记录华侨移民故事的漫漫长旅,走进了历史,也创造了历史。

显系对贾葆蘅所受影响、精神传承的追述补充,进一步赞颂了她的移民史写作功绩。

再如,对余兆昌(Paul Yee)的访谈后语为:

第一次知道 Paul Yee 这个名字,是在加拿大西部读研究生时,他的书《咸水埠:温哥华华人图史》是老师推荐的必读。等到有机会到加拿大东部初见,并访谈他,十几年过去了。他的头发稀疏了,脸庞消瘦了,作品却更加厚实而丰盈,笑语也更放松而自然。

我为他找到生命的真爱而高兴,就像他最喜欢的蓝色,他拥有一片广博、深沉又活跃的世界。

这些文字，鲜明生动地描述了余兆昌的形象。

对朱蔼信访谈后的小记，钩沉了他历史性悲情身世：

> 朱蔼信出生在香港，四岁时以"纸儿子"的身份移民加拿大，也就是说，他冒充了别人家的孩子来到了加拿大。通过买卖证书冒名入加的移民手法，曾是当年华人圈内心照不宣的秘密。唐人街出现了"纸家庭"，新来者可能和原来家庭成员之间毫无血缘关系。1960年，加拿大政府大赦，让非法移民自首，有一万多在加华人承认以假文书移民加国。朱蔼信也是长大后才慢慢了解到自己的真实身份。

读罢，让我不由想到，类似朱蔼信的不幸，当年于同时代，在求谋生下南洋的中国闽粤一带百姓身上，也曾经发生过。

《枫雪同行》的访谈对象有我熟悉的，也有陌生的。加拿大中国笔会会长孙博所展现出长中短微型小说、剧本、电视传媒等全方位的创作才能和丰收，使曾刊发过他首部长篇小说的我，倍感欢欣。同华文女作家陆蔚青有过文字交道，十分感佩她的哈尔滨、魁北克同纬度写作。王健先生会包饺子、打快板，作为洋人翻译家教授，对中华文化的热爱和学习精神令人钦敬。大华笔会会长微言、渥太华华人史学者笑言、魁北克的植物学家诗人周进，及撰写移民史的贾葆衡等，是第一次有幸认识接触到，从他们身上我学习到很多。

庆庆对每位受访者，都力求尽量做到全面深入。所以，从《枫雪同行》里，我读出了15位受访者或繁或简的文学传记；访谈中涉及加拿大华裔作家协会、加拿大中国笔会、大华笔会、渥太华华文作家协会、魁北克华文作家协会等等加拿大华人文学社团，以及一百多年加华移民史中的华人传媒，若将它们今昔发展的资料分别整合组织，都能独立成史。

华裔双语作家、华文作家评论家、西人翻译家、社团、传媒，在庆庆构建的加华文学版图,相互携手"枫雪同行"。

深耕细作,丰沛斑斓!庆庆对加华文学的贡献,当再记一功!

2020年11月30日于北京蓝旗营

白舒荣

中国作家协会会员,中国文联出版社编审,北京大学中文系毕业。现任香港《文综》杂志副总编辑、世界华文文学联盟副秘书长、中国世界华文文学学会荣誉副监事长、世界华文旅游文学联会常务理事兼副理事长,受聘东南亚、美欧等多国华文文学社团顾问或专家等。

曾任中国文联世界华文文学杂志社社长兼执行主编,中国作家协会台港澳暨海外华文文学联络委员会委员等。

出版《白薇评传》《热情的大丽花》《自我完成 自我挑战——施叔青评传》《华英缤纷——白舒荣选集》《海上明月共潮生》等九本作家评传类著作,另有合著《中国现代女作家》《寻美的旅人》,共近三百万字。主编《世界华文文学精品库》《海外华文作家丛书》等多套丛书。

目　　录

泉音潺湲出胸臆——专访加拿大华裔作家协会陈浩泉会长 / 1

海外军团的险旅和骄傲——走近"中山文学奖"首奖得主、跨界作家陈河 / 27

伟大的史诗会撒谎——加拿大勋章得主崔维新访谈 / 44

坚守移民梦，奋建移民史——加拿大华人作家贾葆蘅的心路 / 58

我们在这儿，就很好——著名华裔医生作家林浩聪的世界 / 83

彼岸的草原长调——与加拿大华文作家、评论家林楠的心灵对话 / 91

唯有写作能让灵魂安静——魁北克作家陆蔚青如是悟 / 116

指尖之舞考功力——访加拿大中国笔会会长、媒体人孙博 / 141

"砸闹钟、包饺子"——问道于汉学家、外交官王健 / 160

但得心安处，便是武陵源——加拿大大华笔会会长微言说大义 / 170

生活和历史远比小说精彩——致敬加拿大华人作家、渥太华华人

史学者笑言 / 191

华人真正的关切之声——在总督奖得主余兆昌家里的漫谈 / 209

飘雪也是春天——魁北克华人作家协会会长郑南川的歌唱 / 226

魁中魁,进更进——就教于加拿大魁北克的植物学家、诗家周进 / 255

加拿大华裔英语文学的开拓功臣——朱蔼信生前访谈 / 283

(以上按访谈作家中文姓氏的拼音排序)

附录1:加拿大华人文学的概貌及其在中国的接受 / 291

附录2:加拿大华人文学大事记 / 334

后记:却顾所来径,枫雪曾同行 / 352

CONTENTS

1. **The Sound of Stream**
   Interview with Chen Haoquan, president of Chinese Canadian Writers' Association/ 1

2. **Odyssey and Pride of the Overseas Writers**
   Interview with Chen He, winner of the First Zhongshan Literary Award / 27

3. **The Epic Lies**
   Interview with Wayson Choy, recipient of the Order of Canada / 44

4. **The Immigrant Dream**
   Interview with Jia Baoheng, a history-making Chinese Canadian Writer / 58

5. **We're here. We're good.**
   Interview with Dr. Vincent Lam, a renowned Giller-winning Chinese Writer in English / 83

6. **The Tune from the Prairie Beyond**
   Interview with Lin Nan, a Chinese writer and critic in Canada / 91

7. **Only Writing Can Pacify the Soul**
   Interview with Lu Weiqing, a versatile Chinese writer in Quebec / 116

8. **Dance on the Fingertip**
   Interview with Bob Sun, president of the Chinese Pen Society of Canada and media expert / 141

9. No More Alarm Clock

Interview with Prof. Jan Walls, a Canadian sinologist and diplomat in China / 160

10. Heaven in the Heart

Interview with Wei Yan, president of Canada's Da Hua Pen Society / 170

11. Life and History Surpass the Novel

Interview with Xiao Yan, a writer and historian on the Chinese in Ottawa / 191

12. The Real Caring Voice

Interview with Paul Yee, a Governor General's Award Laureate, at his home / 209

13. The Snowy Spring

Interview with Zheng Nanchuan, president of the Association of Chinese Writers in Quebec / 226

14. Galloping in Quebec

Interview with Zhou Jin, a Chinese botanist and poet / 255

15. A Pioneer in Chinese Canadian Literature in English

Interview with Jim Wong-Chu, founder of the Asian Canadian Writers' Workshop / 283

Appendix 1

Chinese Canadian Literature in English, Chinese and French and Its Reception in China / 291

Appendix 2

The Chronology of Chinese Canadian Literature / 334

Walking Among the Snowy Maples: Process and Acknowledgements

泉音潺湲出胸壑
——专访加拿大华裔作家协会陈浩泉会长

作家简介：

陈浩泉，笔名夏洛桑、哥舒鹰、丁维等。先后任职记者、报纸编辑、电视台编剧、出版社和杂志社主编等。东亚大学新闻传播系毕业。现为华汉文化事业公司及维邦文化企业公司董事经理、总编辑，前香港作家联会理事，中国作家协会会员，历任加拿大华裔作家协会副会长、会长，世界华文文学联会副会长。

已出版的主要作品有：诗集《日历纸上的诗行》《铜钹与丝竹》（三人合集）、《诗恋》；小说《青春的旅程》《银海浪》《萤火》《海山遥遥》《追情》《扶桑之恋》《香港狂人》《香港小姐》《电视台风云》《断鸢》《香港九七》《天涯何处是吾家》《寻找伊甸园》《他是我弟弟，他不是我弟弟》（编著，韩文版）等；散文随笔《青果集》《紫荆·枫叶》《泉音》《鹿野山庄稿笺》等，共近三十种，分别在中国香港和内地、加拿大和韩国出版。作品被译为英文与韩文发表和出版，被收入海内外包括中国香港和内地、加拿大、韩国与印度的多种选本，以及大学与中学教材。

曾应邀出任海内外多项文学奖与征文比赛评审，亦应邀出席中国厦门大学、暨南大学、华侨大学、南昌大学、同济大学、香港中文大学、城市大学、澳门大学、加拿大西门菲莎大学、约克大学、滑铁卢大学、美国哈佛大学、夏威夷州立大学和韩国外国语大学、釜山大学等的文学与文化学术研讨会。其生平见于《香港文学作家传略》《中国文学家辞典》《台港澳暨海外华文作家辞典》《中国新诗大辞典》等辞书。获南昌大学首届中国新移民文学研讨会颁授的"突出贡献奖"、加华作协"加华文学贡献奖"、加拿大卑诗省政府嘉奖状、台湾地区侨联总会"海外华文著述奖"等。

访谈时间： 2018 年 2 月
访谈形式： 笔谈
访谈语言： 汉语

一、泉音潺湲出胸壑

赵：浩泉先生，非常感谢您拨冗接受访谈，也倍感荣幸。

首先，祝贺您的最新随笔集《泉音》付梓问世！书中的随笔，不拘长短,相容雅俗,表述了您对加国移民生活的鲜活感受和深思,而文笔的灵动、精美和浑然天成,更给人无上的享受。加国华人文坛的执牛耳者——洛夫、痖弦和梁锡华、西人汉学家王健(Jan Walls)和同济大学的评论家喻大翔教授,都予以很高的评价。① 我尤其欣赏痖弦先生引苏东坡《文说》,评价大作,"吾文如万斛泉源,不择地皆可出。在平地,滔滔汩汩,虽一日千里无难。及其与山石曲折,随物赋形,而不可知也。所可知者,常行于所当行,常止于不可不止"。同时,我亦被您文中体现的赤子情怀、包容豁达所打动,佩服您既能如飞梭般往来于港加或中加,工作、讲学、组织和参与文艺交流,也能静居于温哥华的山麓,遥对太平洋海边一盆夜晚的灯火珍珠,笔耕不止。

可以请您讲讲创作《泉音》的过程,以及它对于您的意义吗?

陈:谢谢您的访谈。

《泉音》这本随笔集是我在加拿大《明报》与《星岛日报》副刊部分专栏文字的结集。移居加国前,在香港的《星岛日报》,我就有一个小专栏《泉音》,到了加拿大,在《星岛》的专栏也沿用《泉音》此栏名,可说是一个延续。

报纸副刊的文字,很多时候是在"半被迫"的情况下写成的。交稿时间一到,写不出来也得写,根本不可能让你等什么灵感的到来。那么,要保证有东西可写,就得靠平时有意识的素材积存,多留心观察世情、人情、文情以至时情、国情、政情,而且要多思考,多读书报,这样,自然能累积下一些写作的素材,然后,就可以让自己看看如何去取舍剪裁、煎炒蒸煮,以一种最适合的方式把它"烹调"出来。这个方法也适用于其他体裁文字的写作,包括诗与小说。平时,我就有这样的一个习惯,剪下报章上有参考价值的数据,用纸笔记下脑海中一闪即逝的零星意念,或一些仍未成熟的想法。实际上,这就是"灵感",它是可以储存起来的。从这个角度看,灵感这东西其实并不神秘。

港式报章的"豆腐框"式副刊,特色就是"井田制"的分田分地,每位作者各据一块小地盘,各自耕耘,种瓜种豆,自由度极大。王亭之(谈锡

---

① 名家推荐陈浩泉新著《泉音》,见加拿大《环球华报》2016年1月8日。

永)先生戏称这种港式专栏副刊为"贩文认可区",是一个颇生动的譬喻。港式专栏的优点是文字精练,对世情时局的反应快,敏感度高,内容大多为读者所关心的,受众面广。作者要在每篇独立题目、数百字的篇幅里下笔经营一篇文章,有点像在鸟笼里跳舞,有一定难度,是一种挑战。同时,因时间紧逼,也不允许作者详加思考,精雕细琢。因此,专栏文字难免水平参差,结集成书时就必须经过一番筛选修改了。

专栏文字的写作意义,对我来说就是一种鞭策的动力,让我的写作起码可以细水长流,持续不断,同时,也使我有一个经常练习的机会,使笔头不会生锈。

陈浩泉(左)出版最新随笔集《泉音》,接受加拿大新时代电视台专访

赵:您未及弱冠就发表作品,迄今已经出版近30本书。小说、剧本、散文、随笔、诗歌,一应俱全。无论是在中国香港地区,还是在加拿大,都是报刊专栏的一支健笔。您的多文类创作获得了海内外华文文学学者,如袁良骏、刘登翰、黄维梁、陈贤茂、潘亚暾、刘俊、梁丽芳等教授的一致好评。您还担当数部文集的主编,总管两个文化出版公司,兼任加港文学团体的负责人……

能否请您谈谈自己是如何走上文学之路的?在香港汹涌的商业大潮中,如何能坚守文学阵地?

陈:阅读和写作是我从小的爱好,用一位前辈的话来说,就是"性近"。中学时期,我对数理科的兴趣不大,文科才是我的至爱。由于出身华侨家庭,从认字的童年开始,就要学习给海外的父亲写信。少年时期,我又开始养成了写日记的习惯,相信写作的兴趣就是这样自然而然地形成了。不过,文学创作虽是我的首选,但在文艺爱好上,我的兴趣却是广泛的,也是一个艺术的"多妻主义者",我的兴趣包括音乐、美术、戏剧、舞蹈、摄影、电影等等。不同的艺术形式都有其共通之处,广泛的涉猎对文学创作有融会贯通的作用,完全有必要。

在现实生活中,从另一个角度来看,文学艺术也是一种商品,作家、艺术家也得吃饭,因而,文学艺术创作在追求艺术价值的同时,也产生"为稻粱谋"的功能,那是很自然的事。我感到庆幸的是,一直以来,自己的工作都与文字有关,包括从事写作与在传媒机构任职,都在自己的兴趣范围之内,这是很幸运的。个人对物质的要求并不太高,追求的还是精神上的富足。一支秃笔养活了自己和一家人,终于让大家能在一个舒适的环境中生活,让孩子能完成优质的高等教育,这已是十分值得感恩的事了。当然,后来经营出版公司,可说是文化与商业的双轨行为,在出版业务之外,我们也做了一点商业营运,这方面的盈利保障了生活所需,也可在必要时用以弥补文学出版上的亏损,亦可说是"以商养文"了。

陈浩泉出席香港中文大学的研讨会　在首届世界华文文学大会上发言(2014年,广州)

泉音潺湲出胸臆
——专访加拿大华裔作家协会陈浩泉会长

赵：您从1992年移民加国，到今年已有26年了。愚见以为，就题材而言，1997年的随笔集《紫荆·枫叶》，或许可被视作您创作生涯的一个分水岭。此前，您的随笔集《青果集》多写香港生活和文化，您的代表性小说，如"香港三书"、《天涯何处是吾家》等，主要描写港人，尤其是底层人物挣扎失败的悲剧。而从《紫荆·枫叶》起，您开始把在加国的经历融入作品，细致表现了一位"来自香港身在加国的中国人"[1]的所感所虑。

其大我情怀和故国忧思，如《屈辱的字眼》《"包青天"可休矣》《我们的香港》《不应咒骂子民》《"中国人的耻辱"》《不要随便贴标签》，还有反映海外华人"保钓"热情的《外侮当前》等，尤其发人深省，足可令海峡两岸暨港澳地区的政客两股栗栗，无地自容。而有关海外华人如何尽快摆脱自怜、自大或自闭的文字，结合了对美加国情的剖析，又写得风光霁月，诚恳大气，不禁令人佩服，如《两点忠告》《为什么流浪远方》《西出阳关多故人》《海外华人心态》《身在福中应知福》《不是蛮荒之地》《快乐的候鸟》《温哥华的文化人》《加东的文化人》等。同时，您也对加拿大的多元文化国策、"魁独"风潮、华人在加国是否仍受歧视等时事问题，表明了自己的态度，认为华人不必过于敏感，既成为加国公民，就要有主人翁心态，为这个国家提出建设性意见，而不可一味指责。像《林省督的肺腑之言》《陈卓愉的担子》《沟通与对话》《不应砍伐树木》等多篇，都可作如是观。

责编过您长篇小说的福建海峡文学出版社编审林承璜则认为《紫荆·枫叶》"题材多样，涉及面广，提出问题尖锐，分析评点有创建性"[2]。我深有同感。

不知您是否同意我的以上拙见？或愿意就这部独特的质文兼备的随笔集，谈谈更多的创作感受？

陈：您把《紫荆·枫叶》视作我写作历程的一个分水岭，并无不可，从作者置身的地域与写作的内容来看，均可作如是观。这本书的内容

---

[1] 陈浩泉：《七月一日这一天》，见《紫荆·枫叶》，华汉文化事业公司，1997年，第185页。
[2] 林承璜：《独具慧眼看世情：读加华作家陈浩泉的〈紫荆·枫叶〉》，见《华文文学》2006年第4期，总第75期，第102页。

有点不同,除了收入报上专栏篇幅短小的随笔外,也有几篇字数较多的散文,还有一辑诗。当时因为还未有出新诗集的打算,就只好让这些小诗委屈一下,先在那里寄生了。这么看来,这本书变得有点杂了。

我认同您对《紫荆·枫叶》一书的解读。初到加拿大,文化上的冲击在所难免,特别是身为一个写作者、文化人,移位(dislocation)效应所触发的身份认同、角色定位、心态取向、思考视角,以至胸怀视野的改变,种种变化接踵而至,实在需要一段时日去调适、沉淀。而写作也正是自己的一个心理成长过程,它帮助了作者抚慰情感,梳理思绪,把问题看得清晰、准确。

一个身处加国的华人,特别是文化人,我们关心的范围包括中、加、美等国家和港台地区,确是"家事国事天下事事事关心",说起来挺累的,但你不能不这样。海外华人如何自处?作为文化人,自己应有什么使命?这是我们不能不时加省思的。写作,实际上就是自己人生实践的组成部分了。

赵:《寻找伊甸园》(2004)对加国华人移民的描述,更深入一层。化用您在加国探索了十几年的经验,您描写了来自海峡两岸暨香港的移民群体的生活。而且,这是一部较早真实反映"九七香港回归"港人心态的小说,具有历史分量和警世意义。书中的不少情节,其实就是真人真事的再现,也是华人圈的热门话题,如香港人面对九七巨变如何思考去留,华人移民中普遍出现"航天员""二奶"现象,移居加拿大的台商因经营失败杀死家人再自戕,导致四人毙命,大陆技术移民谋生不易,要做好吃苦准备等。

书中形形色色的移民人物中,主人公香港画家兼画廊经营者余丹逸,头脑清醒,勤奋通达,善于抓住机遇,从和妻子同上英语培训班开始,一步一步在加拿大站稳了脚跟,不仅成为卑诗省华裔美术家协会的领袖,而且在著名的西人艺术馆举办展览,用实干和开放的心态,谱写了移民的"成功故事"(success story)。余丹逸之妻方欣雁贤惠大度,打会计零工、操持家务、全力支持丈夫,夫妻同心,帮助一对十来岁的儿女度过了移民适应期。孩子从西门菲莎大学毕业后,在中国香港、日本等地工作,成为新一代的华人白领精英。我有种直觉,不知对不对?即余

丹逸是您的化身,他的温馨家庭也是以您的家庭为原型而塑造的。特别是读到书末,您写道:

> 今天的海外华人不是苏武,眼前的枫叶国也不是"胡地玄冰,边土惨烈……胡笳互动,牧马悲鸣"的夷地,何来凄惨悲苦?
>
> 当然,我们可以寻找他乡,也可以回归故土。这时,余丹逸想起陶潜的《归园田居》。"少无适俗韵,性本爱丘山。误落尘网中,一去三十年。"确如自己的写照呢!"久在樊笼里,复得返自然",当然是可喜的事,只是,自己的故土已无"方宅十余亩,草屋八九间",那么,就"且将他乡作故乡"了。不必归去,也可"一蓑烟雨任平生""也无风雨也无晴";同样可以"满眼云山书画开,清风明月还'画'债"……
>
> ——心所安处是吾家。原来伊甸园早在我心中!
>
> 余丹逸步履轻快地走下山坡,步向停车场。
>
> 在霞辉的映照下,他的车子向山下的一片灯海疾驰而去。①

此处,我仿佛看到您清癯的身影了,在霞光中行走,开车驶向山下,车上播放着您钟爱的古典音乐。

可否说,《寻找伊甸园》是您的半自传小说呢?而且,您也同书中的主人公一样,在加拿大找到了您的伊甸园?

陈:我的多部中、长篇小说,都贯穿着一个"离散主题",包括《青春的旅程》《海山遥遥》《追情》《断鸢》《天涯何处是吾家》与《寻找伊甸园》。严格来说,我的首部离散小说是写侨眷遭遇的《海山遥遥》。

《寻找伊甸园》里肯定有我自己的影子,但似乎还不能说是半自传小说,到底书中主人公画家余丹逸和我有不少不同的地方。不过,我的确和余丹逸一样,找到了心目中的伊甸园。

---

① 陈浩泉:《寻找伊甸园》,加拿大华裔作家协会,2004年,第170页。

事实上，在移居温哥华之前，我事先做足了"功课"，先把大洋洲、北美洲和欧洲的国家做比较，再在加拿大东西两岸的城市进行实地考察，这中间又得考虑个人条件和客观环境等因素，最后做出抉择。我最终的目的地是温哥华，结果梦想成真，实在相当幸运。

陈浩泉（右）接受加拿大 Omni 电视台访问

赵：您是客家人吗？您的祖父12岁就漂洋过海，父亲、叔父都在海外出生，您自己也经历了三度迁移，中国内地10多年，中国香港30多年，加拿大26年。目前，家人分居在数个国家和地区。请问，您怎样看待迁移对您个性、处世和事业的塑形作用？以后还会再迁居吗？

"取其中庸之道，出其平常之心，把自己当作一个普通的居民或公民，既不卑躬屈膝，也不趾高气扬，相信这才是海外华人的安身立命之道。"①对您的这段感悟，我颇为心仪。

陈：我不是客家人。客家人是一个很独特的族群，可说是"中国的吉卜赛"，具有象征意义，所以我让《寻找伊甸园》中的主人公余丹逸以客家人后裔的身份出现。

---

① 陈浩泉：《海外华人心态》，见《紫荆·枫叶》，华汉文化事业公司，1997年，第109页。

由于出身于华侨家庭,到我这一辈,可以说已经是第三代的海外华人了,迁徙对我们来说,几乎就是一种宿命。幼年时,我们就意识到迟早会离开家乡,远走高飞。漂泊的意念仿佛早已渗入了血液之中,觉得迁移是理所当然的事。一个当年便于出国的侨眷身份,竟就是祖辈留给我们最大的一笔遗产,想来这实在是一件悲哀的事。对写作人而言,有说"国家不幸诗家幸",但我宁可国家幸而诗家"不幸"。

性格决定人的命运,但相对地,人生际遇、生活环境也会影响人的个性。个人的人生历程中,不断的迁移形成了自己比较开放的性格、胸怀,较高的适应能力,以及较佳的人际关系,这对自己的事业是有帮助的,无论是对写作还是对所从事的工作,均有裨益。

以后是否还会迁移?那谁也说不准,一切得视乎当时的环境与需要,才能做出正确的决定。

二、加华作协立砥柱

赵:我有幸访谈过加拿大华裔作家协会(简称"加华作协")的创会会长卢因。他说自己在1973年从香港移民温哥华,在二十世纪七八十年代,温哥华华人小区的人文景观比较荒芜。中文报纸仅有三家,即《大汉公报》《新民国报》和《侨声报》,中文电视只有一个多元频道的中文节目,和其他族裔节目轮流播放,每次仅半小时。中文广播则以"华侨之声"为老大哥。文学社团只有一个写新诗的"白云诗社",活动不多,就解散了。

您1992年从香港来加,能描述一下当时加西的华人文学和文化氛围吗?

陈:加拿大的移民政策改变之后,第一波和第二波的华人移民大多是从中国香港来的。八九十年代,移民外国的香港人总数估计达一百万,其中到加拿大的占相当大的比例。目前,在加拿大的华人已逾130万。

七八十年代,加国华人小区的人文景观的确还比较荒芜。以温哥华来说,除了几家老侨报,华侨之声电台可听的节目内容也少,中文电视就只有国泰电视,也是播放一些旧剧集之类的节目。直至 1985 年前后,香港移民开始大批涌入,十余家香港地区报纸就在加拿大出版浓缩成航空版,每天由人造卫星传来版面,在北美洲印刷,由一家公司总代理。与此同时,《星岛日报》更在北美正式设立分社,出版本地的版本。后来,台湾地区《联合报》属下的《世界日报》也进军加拿大。至 90 年代中,《明报》亦出版北美版。至此,加拿大东西岸就共有三家中文日报了。

这时候,新时代电视和加拿大中文电台先后创办,稍后又增加了城市电视(中文台)。期间经营了一段日子的还有商业电台和《台湾日报》,此外,也有不少免费周刊、报章和杂志如雨后春笋般地涌现。加上平时众多的文化活动,如歌舞、音乐、戏剧演出、书画展览、文艺讲座等等,堪称丰富多彩,令人目不暇给。因此,90 年代可说是加国华人小区中文传媒最蓬勃发达,文化气氛最浓郁热烈的岁月。

华文文学与华文传媒的发展是息息相关、相辅相成的。华文传媒为作家提供了园地,也报道文学活动的消息;而作家的作品则丰富了刊物的内容,提升了它的质量。此期间,也有一些文学书籍出版,如枫桥出版社、中侨互助会、维邦文化公司和加华作协的出版物。踏入 90 年代,加华作协的会员骤增,在我的建议下,增聘了多位顾问,包括叶嘉莹、白先勇、聂华苓、洛夫、痖弦、刘以鬯、梁锡华、胡菊人、刘再复等,活动也开始频密,会务有长足的增进,发展迅速。这段时日,先后又有几个文学社团出现,加上原有以英文写作的加拿大亚裔作家工作坊,华人文学圈可说是呈现了生机勃勃、欣欣向荣的可喜势态了。

赵:加西的华文文学社团在振兴加拿大华人文学上筚路蓝缕,功不可没,包括加华作协、加拿大华人文学学会、大华笔会、加拿大华人笔会、漂木艺术家协会等。

其中加华作协历史甚为悠久,在 1987 年于温哥华成立,如今会员一百多人,出版丰富。曾出版 12 本中英文季刊《加华作家》和 7 本文集。这 7 本文集中,《枫华文集》(1999)、《白雪红枫》(2003)、《枫景这边独好》(2014)和首届加华文学奖文集《枫姿绰约》(2014)为多文类文集,《枫雪篇》(2006)是随笔集,《枫华正茂》(2009)是文论集,《枫雨同路》(2009)是中短篇小说集。其中,《枫华正茂》是加拿大首部用中文出版的加华文学评论专集。

陈浩泉（左）和痖弦（右）　　　陈浩泉（左）与洛夫（右）合影于雪楼

加华作协还出版了"加华作家系列丛书"20余本，包括您的小说《寻找伊甸园》和随笔集《泉音》、王洁心的小说《风在菲沙河上》、韩牧与劳美玉合著的诗集《新土和前尘》、梁丽芳的散文集《开花结果在海外》、杨裕平的文化评论集《艺影录》、林婷婷的散文集《漫步枫林椰园》、葛逸凡的中篇小说《金山华工沧桑录》、赵庆庆的散文集《讲台上的星空》、冬青的选集《福溪岁月》、若智的散文集《岁月遗踪》、曹小莉的自选集《嫁接的树》、青洋的小说集《黑月亮》和诗集《夜未央》、韩牧的诗集《梅嫁给枫》、吉羽的散文集《是谁呼唤我的名字》、汪文勤的小说集《心动过缓》等。这些至今还在推出新作的系列丛书，从各个层面反映了加拿大华人评作兼美、诗书文译并长的特色。

加华作协除了有稳定的出版成果外，亦积极促成当地和中加两国的文学交流。曾举办过六届脍炙人口的"秋之韵"中英文诗歌朗诵会、多次新书发布会和文学讲座。从1997年起，该会先后和西门菲莎大学、温哥华中华文化中心合作，在温哥华组织过10次华人文学国际研讨会，在海内外享有好评。2009年，该会向中国现代文学馆捐赠从加拿大收集的30多位华文作家的手稿，为保留加拿大华人文学史料做出了巨大的贡献。

您历任副会长、会长，直接促成和参与了上述的出版和文学交流活动，创会会长卢因先生认为您"任劳任怨"，肯定了您的巨大付出。①

可否请您讲讲让您印象深刻的"内幕"和心理感受？

陈浩泉（右）接受中国作协副主席陈建功（左）对加华作协代表团的欢迎（2010年，北京）

陈：加华作协的一百多位会员，分布于加拿大东西两岸和中部部分城市，也有少部分现居于海峡两岸暨香港。作协已出版七八部文集，还有一套"加华作家系列"丛书，到目前为止，已推出十六种书，都是作家的个人专著，最新的一种是《葛逸凡诗文集》。以上的这些作品大多是我策划和主编出版的。未来的日子，作协将会继续推出创作、评论和英语原创与翻译的作品。

加华作协多次组团访问中国内地（大陆）、港澳和台湾，主要由我发起成行。2009年的中国之行，我们向中国现代文学馆捐出了一百多件加华作家的手稿和著作签名本。这一项有意义的工作，我们将来还会做。

---

① 任京生：《陈浩泉：在枫叶之国享受文学人生》，见加拿大《环球华报》2015年6月5日。

1987年加华作协成立时，我就应卢因先生之邀以海外会员的身份加入。90年代初移居加拿大后，我自然归队了，后来加入理事会，并先后出任副会长、会长。至目前为止，我前后担任多届会长，累计18年，确是不短的时日。这20多年来，我为加华作协付出了大量的精力、心血。为了作协的义务工作，我曾经废寝忘餐，精神上也承受了巨大的压力，以至心血管出现问题，要入院接受手术治疗。健康亮起了红灯，但我还是没有放下作协的工作。看来，这是一个严肃的问题，我的确必须好好面对，妥善处理了。

加华作协由创立至今，30年来经历了不少艰难险阻，理事会同人曾经要面对不少大小风浪与挑战，这都需要智慧与魄力去应对。幸而，尽管道路崎岖曲折，在大家同心协力的努力下，困难与阻碍终被克服、化解，作协这个团队还是继续前行，不断壮大。这令人感到欣慰！

一直以来，从中国香港到加拿大，我都抱持着这样的信念：无论是写作，从事传媒、出版行业，还是做文学团体的义务工作，都是事业的一部分，这是个人的兴趣，也可以说是理想、抱负。能一直做自己喜爱的工作，这值得庆幸与欣慰。

赵：2017年，正值加华作协成立30周年大庆。加华作协于2017年7月在温哥华举办30周年庆典，并与西门菲莎大学林思齐国际交流中心成功合办"第十届华人文学国际研讨会"，主题为"跨域与交流：加华文学的流变与成就"。来自加拿大、美国、中国、韩国、泰国等地100多位学者、作家云集。加华作协收到了来自世界各地的多份贺函，包括加拿大总理杜鲁多、国会议员黄陈小萍、卑诗省议员屈洁冰、中国作家协会主席铁凝、中国世界华文文学学会、加拿大中国笔会、美国华文文艺界协会、匈牙利华文作家协会、菲律宾华文作家协会、缅华笔友协会等。

30岁是人的而立之年、有为之年，加华作协也步入了稳定发展的黄金时期。作为一个民间文学组织，没有固定的资金来源，而且是在以英、法语为主要语言的加拿大，发展得如此生机勃勃，绵延不断，这在北美华人文学团体中，用国内流行语来说，堪称"奇葩"。

请问，在您看来，这当中旺盛的生命力从何而来？

陈：30年来，加华作协算是取得了一点成绩，为加华文学以至世界华文文学的发展尽了我们的一点绵力。作协的不少活动与工作,在本地华人文学界是开先河的,诸如出版期刊、文集与丛书,在报章开办文学专版,举办筹款演出、中英诗歌朗诵会、新书发布会和国际文学研讨会,举办文学奖,组团外访等等,后来,部分措施为其他的文学团体争相效仿。甚至有海外的文学团体,是在加华作协成功先例的鼓励与启发下创办起来的。

对加华作协的成绩,不少文学界的前辈与学者都加以肯定与赞扬。对加华作协主办"加华文学奖",洛夫先生说:"这次评奖意义非凡……使加华作协的工作业绩更上一层楼,更提升它在世界范围的华文作家协会中的能见度与地位。"陈建功先生也说:"(文学奖)水平很高,有不少好文章……也展示了加华作协工作的成果。"黄维梁教授更认为:"(文学奖)水平之高,超过我的预期。"

痖弦先生在给作协和我的新书序文中说,我们"把文学活动提升到文学运动的层次,这是非常难得的",因为"运动是长久的,带有思想的,可以永续发展的,具有历史意义的"。

加华作协30周年会庆时,中国作协铁凝主席在贺函里说,"加拿大华裔作家协会作为加拿大第一个华人作家团体,三十年来为加华文学的进步做出了巨大贡献","加华作协在过去三十年里取得的成绩令人瞩目,为推动华文文学所做的努力值得称赞"。

在加华作协主办的第十届华人文学国际研讨会上,多位学者也对作协公开表扬。金惠俊教授在他的论文中指出:"加华文学能够发展当然有很多因素,其中加华作协的贡献是非常重要的。"严家炎教授也说:"加华作协创建三十周年来……为世界华文文学的整合与发展做出了重要贡献,值得我们庆贺和认真研讨。"

我看,加华作协的成功不外乎"天时、地利、人和"这几个因素。"天时"就是对正时机,80年代以来,一波又一波的华人移民潮带来了一批又一批的文学生力军,壮大了作家的队伍;"地利"是加拿大民主自由的社会环境和多元文化的小区氛围有利于族裔文学的成长;"人和"是作协同人大致上都能融洽和谐共处,同心协力去做协会的工作,没有争权夺利、钩心斗角。期间虽有一些风波,但终于平息,作协的步伐并没有停顿下来。

　　加华作协有旺盛的生命力，个人认为主要原因有三个：第一，作协同人对文学的纯真热诚，共同的理念令大家能携手同行三十载；第二，多位顾问、理事会同人与不少热心的会员、文友都愿意为作协出力，保证了各项活动与工作能顺利进行；第三，名誉会长贝钧奇先生、荣誉赞助人方君学先生等人在经费上的大力支持，使作协得以维持健康的财政状况。最后，是历任会长的胸怀与魄力，使作协能在正确的方向下一直向前走，并屡创新优，取得新的成果。

　　赵：您主编的小说集《枫雨同路》中，有16位加华作家的作品被译成韩文，以您描写小学留学生问题的短篇小说《他是我弟弟，他不是我弟弟》为名结集出版。该书由釜山大学金惠俊教授主持的现代中国文化研究室负责，被列入韩国的现代中文文学作品系列的丛书中，标志着加华文学走向世界的又一个里程碑。

　　您也应邀去韩国讲学，是否可以请您讲讲韩国学者对这些作品和中国文学的感受？

　　陈：加华作家小说选集《他是我弟弟，他不是我弟弟》在韩国出版韩文版，金惠俊教授厥功至伟，我们都衷心感谢他。20世纪90年代，金教授到不列颠哥伦比亚大学（UBC）担任访问学者，在报上看到加华作协的消息，主动和我们联络，我就提供了一些作协的数据给他。那一年，我邀请金教授夫妇出席作协的新春晚会，从此，加华作协在他脑海中留下了深刻的印象。金教授回韩国后，就一直记挂着要为加华作协做点什么。

　　后来，他看到了我主编的《枫雨同路：加华作家小说选》，就让他主持的釜山大学现代中国文化研究室的学者与我联络，表示希望把《枫雨同路》翻译成韩文在韩国出版。经过一番商讨编选，《他是我弟弟，他不是我弟弟》一书终于2016年在韩国的知万知出版公司（Zmanz）出版。当时，出版方在首尔举行了新书出版纪念会，后来，加华作协也与列治文公共图书馆合办加华作家小说选中、韩文版的新书发布会，加籍韩裔诗人安峰子（Bong Ja Ahn）应邀出席，在现场用韩语朗读了书中的片段。

2014年，我应韩国外国语大学的朴宰雨教授之邀，到首尔出席第一届韩国世界华文文学国际研讨会和第16届韩中教育文化论坛暨第4届汉语修辞学会年会，金惠俊教授知悉我到首尔，即热情邀请我在会后到釜山大学去，与我一起到首尔开会的梁丽芳教授也一起去了釜山。金教授安排了我们与釜山大学现代中国文化研究室的学者见面座谈，同时商讨了加华作家小说选的翻译与出版事宜，此事正式排上了他们的工作日程。

　　在韩国，我们真切感受到传统中国文化与韩国文化的密切关系，也感受到中国文化对韩国文化的深远影响。现在，韩国到处是华人游客，韩国人对华人也很友善。在学界与文化界，中国文化的元素更无处不在。在韩国外国语大学的华文文学研讨会中，出席会议的几位作家的作品都是研讨的对象。韩国外大讲师金英明的论文是《理想与现实的纠葛：解读陈浩泉的〈寻找伊甸园〉》，这是一篇很有深度的论文，她对拙著的分析有其独到的见解。我在会上发言的题目是《从无根浮萍到落地生根——我的身份认同与离散写作》，该文从家族的漂泊历史来观照自己的创作历程，这里面就贯串着一个离散的主题。

　　在韩中教育文化论坛，我的论文题为《近20年加华文学的开拓与成长》，用意是向韩国汉学界介绍加华文学的概况，内容以加华作协的历程为主轴。

　　在韩国，我感受到学者们对中国文学以及包括港台地区与海外在内的华文文学都很热衷，推介、研究的工作做得很不错，除了交流、研讨，他们也在翻译与出版方面出了许多力。就以金惠俊教授主持的釜山大学现代中国文化研究室为例，从2011年开始的六年间，他们就出版了著作与译作30余种，包括"现代中文文学代表作品系列"共四辑，还发表了学术论文数十篇。其作品为"现文室"翻译与出版的各地作家、学者包括叶维廉、张系国、钟理和、西西、梁秉钧、赖和、王祯和、朱天心、於梨华、陶然、平路、施叔青、陈浩泉、王德威、刘以鬯等。"现文室"的20余位年轻学者朝气勃勃，干劲十足，为韩中文学的交流做出了重大贡献，功不可没。他们的热诚与精神令人敬佩！

陈浩泉（右）出席在首尔召开的第一届韩国世界华文文学国际研讨会

三、传媒、文学相交久

赵：谈及加拿大华人文学的源流和发展，就不能忽略加拿大华报上的文学副刊。

加拿大历史最为悠久的华报《大汉公报》(1907—1992)上，先后辟出《大汉杂录》《汉声》《加华文学》等文学副刊，刊载了大量体裁丰富、雅俗并存、感时论事的作品，包括诗词、剧本、小说、随笔、粤讴、谐文、楹联等多种。仅就旧体诗词而言，该报从1917年起有文学版面到1926年，十年期间，诗词累计五六千首，洵为洋洋大观。

20世纪80年代，中国港台地区的《明报》《星岛日报》《大公报》《世界日报》进入加拿大。2000年前后，随着大陆移民的激增，加拿大华文报业迅猛发展，涌现了温哥华的《神州时报》《环球华报》《大华商报》《加中时报》和《华侨新报》，多伦多的《大中报》《北辰时报》《环球华报》（加东版）、蒙特利尔的《路比华讯》和《蒙城华人报》、渥太华的《新华侨报》等多家中文报纸。这些中文报纸的文学副刊，犹如一片片让加拿大华文文学滋养壮健的原野,新芽得以呵护,老树更见繁茂,花草竞相吐芳。

比如,从 2003 年 5 月到 2005 年 9 月,《星岛日报》副刊开辟了由加华作协主编的《枫雪篇》专栏,在不到三年时间内,就有 40 多位作者发表了 500 多篇,近 30 万字的小品文、散文和杂文。《大华商报》在 2008 年后刊登大华笔会主办的《作家文苑》,为每周一期的文学副刊,迄今已刊出近 400 期。另有《文苑诗坛》每月一期,已刊出 54 期。发表累计百万字。

即便是在华人比例相对较小的加拿大法语区——魁北克省,当地华报亦辟有文学版面。从 1997 年起,在蒙特利尔最大的华文周报《路比华讯》上,设有魁北克华人作家协会主编的文学专版《笔缘》,迄今已出 800 多期,600 多万字,作者 100 余人,堪称魁北克省为期最长、产量最丰的华报文学副刊。《蒙城华人报》上有魁北克华人作协主编的《红叶》副刊,偏重新诗、文化随笔和纪实散文,迄今已出 150 多期,约 60 万字。

您从事媒体工作多年,也认为"副刊是华文报纸的一个优良传统,海外的华文报纸同样秉承了这一传统,加拿大没有例外"[①]。可否请您谈谈您悠久的副刊写作历史。

陈:华文文学与报章杂志等传媒的确关系密切,在海外报章副刊发展至高峰期的黄金时代,文学与副刊更几乎到了不可分割的地步,两者就如连体婴一样。如今黄金时代虽已经过去,但海内外的大部分华文报章仍然保留副刊,它们还在发挥着作用。您所提到的那些加拿大华文报章,有的已结业,但也有新的报章出现,如《星岛日报》出版的《都市报》、《明报》出版的《明声报》,还有《高度周刊》《加拿大商报》等,这些免费周报的读者不少。

另外补充一点,加华作协主办的《加华文学》专版,最早是 1990 年在《大汉公报》刊出,共十期,2000 年移师《星岛日报》。当时,我与报社方面接洽,得到接纳,然后又与企业家方君学先生商谈,得到他以刊登

[①] 陈浩泉:《加拿大华文传媒与加华文学》,见《世界华文文学论坛》2010 年第 2 期,总第 71 期,第 14 页。

广告的形式赞助稿费。直至2003年,《星岛日报》上的"加华文学"共刊出35期。后来,报纸改版,"加华文学"暂告一段落,这时候,加华作协的专栏《枫雪篇》才在《星岛日报》副刊版登场。稍后,我与《环球华报》洽商,让《加华文学》版在该报复刊。由2006年至今,《环球华报》上的《加华文学》版已刊出230多期了。

说到我的副刊写作历史,应该追溯到二十世纪的六七十年代。从年未弱冠的"文艺少年"时期开始,我已向报章杂志的副刊投稿,70年代开始写专栏,包括随笔与中、长篇连载小说。那时候,除了在中国香港和澳门等地的报纸杂志写,也把稿件投寄到新、马、菲律宾等地发表。80年代开始有稿件在内地的杂志发表。当年,包括东南亚和欧美各地的中文报章,大多会转载香港报章的副刊文字,有的是选择转载,有的更干脆全版照印。那时候,我的一些随笔专栏和连载小说就这样在东南亚和欧美各地见报了。我清楚地记得,当时我在香港看到刊出自己文章的外地报章就有新加坡和马来西亚的《南洋商报》《星洲日报》、新加坡《联合早报》《菲华时报》和加拿大《大汉公报》等。

在中国香港的时候,我最多每天写四个半专栏,比起"十七段高手"(每天十七个专栏见报)的前辈,这只属小儿科罢了。90年代初移居加拿大后,我仍维持香港地区报章的部分专栏写作。后来,也开始在加拿大的《明报》和《星岛日报》副刊撰写专栏。其中,曾有两个《明报》的专栏是几个文友一起写的,叫《六度音程》与《三慧篇》,两个栏目名称都是我起的。至于《星岛日报》,我的专栏就叫《泉音》,这是沿用香港地区《星岛日报》专栏的名称。

赵:您对华报文学副刊和加华文学的互动素有研究,可否请您介绍这方面的互动情况?

陈:关于加拿大华文报章和加华写作人之间的互动,可以用以下十六个字来形容:关系密切,互动频仍,互惠互利,相辅相成。华文传媒和加华文学之间的关系,是一个大题目,留待专家学者去研究吧!

赵:除了传统纸媒、广播、电视外,计算机和4G手机共享的网络、电邮、博客、微博、微信等,也为文学提供了更为多元、快捷、开放的展示平台,形成了众语狂欢、鱼龙混杂的兴奋和骚动。能否请您谈谈电子大众

陈浩泉（左）与加华作协顾问、香港中文大学英文系前主任姜安道教授（Andrew Parkin）在温哥华诗歌朗诵会上

陈浩泉（右）与加拿大汉学家王健（Jan Walls）在温哥华诗歌朗诵会上

传媒和自媒体对文学，尤其是对海外华文文学的影响？

陈：近二三十年，电子传媒和计算机、互联网的发展日新月异，速度惊人,时至今日,电子传媒和网络上的新媒体几乎已经改变了现代人的生活,文学创作也不可避免地受到了影响。近年来,网络文学盛行,甚至有了"手机文学",文字的形式有小小说、"闪小说"、杂文、诗、幽默式的段子……这些网络与新媒体上的文字,内容庞杂,水平参差,里面有些水平较高的文章,但相当部分还是随意式、游戏式的文字,如"接龙小说",也有些文字粗鄙低俗,并非态度严肃的文学创作。

无可否认,电子传媒与网络新媒体会继续发展,但它们并不能完全取代传统的媒介与文字载体,长远来看,两者之间会起一种互补的作用,相辅相成,相依共存。电子传媒与网络新媒体对文学创作的影响是世界性的,不同地区并无太大的分别。

2014年,在南昌大学召开的新移民文学国际研讨会获"突出贡献奖"

赵:2016年11月初,第二届世界华文文学大会在北京举行,300多人出席。月底,中国文学艺术界联合会第十次全国代表大会和中国作家协会第九次全国代表大会在北京举行,出席人数达3300人,盛况空前。后者是传统上中国文艺界重要的"两会",国家主席习近平与其他中央常委全体出席了在人民大会堂举行的开幕礼和联欢晚会。您和李彦、陈河和张翎共四位加拿大华人作家,应邀出席中国作协第九次全国代表大会。

请问您在"两会"期间，感受到中国文艺界有哪些让您难忘的新形势和新气象？您对推广加华文学又做了哪些工作？

陈：中国作家协会第八次和第九次的全国代表大会，我荣幸地都被邀请出席，身份是海外特邀代表。这次"两会"的出席人数比上一次多了300人，规模更大。会议期间，我感觉到中国的文学创作比过去更活跃、繁荣，新作品不断涌现，写作环境相对来说也比过去宽松。随着莫言获得诺贝尔文学奖，中国文学在世界的能见度也大大地提高了。现在，中国文艺界更加强调对传统中华文化的传承，同时又要求走向世界，循此方向发展下去，前景应是乐观可期的。这次会议，也有网络作家的代表与会，可见中国作协的工作也是与时俱进的。同时，作协也很重视与海外华裔作家的联系，会议期间，铁凝主席在百忙中特地宴请与会的台港澳地区与海外作家，和大家进行直接的交流。

海外华文文学与中国文学是一种血缘的关系，这一条先天的脐带是永远切不断的，它就是中华文化的根。世界华文文学联盟在第一届世界华文文学大会时成立，每两年召开一次大会，这个组织与活动，以及港台地区及海外类似的团体与活动，相信目标都一样，就是希望把世界范围内的华文文学统合起来，让它真正地成为世界上最大的文坛，在人类的精神文明世界做出更大的贡献，产生更深远的影响。

这次到北京开会，个人是努力要在加中文学交流上出点力的。我邀请了中国作协委派作家与学者出席加拿大华裔作家协会创会30周年的庆祝活动和第10届华人文学国际研讨会。去年7月间，中国作协就派出了以书记处书记、作家出版社社长吴义勤为首的一个六人代表团到加拿大出席上述活动。此外，我向铁凝主席提出选派加华作家到鲁迅文学院研修，得到她的支持。经过一番具体磋商，四位"加华作协"的作家在2017年10月到北京，参加了鲁院第33届作家高级研修班的学习，收获丰富，开了海外作家团体成员集体到鲁院研修的先河。同时，我们将继续为中国现代文学馆收集加华作家的手稿和著作签名本，将来捐赠该馆收藏，也会继续进行加中作家互访、作品的发表与出版等方面的双向交流。

2016年12月,陈浩泉出席在北京召开的中国作协全国代表大会

赵:加华文学历史悠久,经过艰难发展而欣欣向荣,拥有丰富的多语种、多文类作品。

加华汉语文学,起源于先侨刻在海关羁留所墙上的诗文,近几十年来,既有久负文名的老一代作家,如诗词大家、加拿大皇家学会院士叶嘉莹,大诗人洛夫、痖弦,学者文人梁锡华,还有冯冯、胡菊人、阿浓、马森、许行、东方白、罗锵鸣、亦舒及您等名家,也有来加后创作日渐丰美的大批新移民作家,如居于温哥华的丁果、王洁心、吉羽、施淑仪、韩牧、刘慧琴、林婷婷、林楠、文野长弓、汪文勤、宇秀、贾葆蘅、萧元恺、任京生、青洋、王芫等多人,属于"多伦多小说家群"的张翎、曾晓文、孙博、陈河、冯湘湘、原志等,渥太华的笑言、杜杜等,蒙特利尔的郑南川、陆蔚青、紫云等,魁北克市的周进。获奖的中英双语作家有李彦和赵廉。加华英语文学,从一百多年前水仙花(Edith Eaton)的小说集《春香夫人》肇始,华裔英语作家,如朱蔼信、弗莱德·华、崔维新、余兆昌、郑霭玲、李群英、陈泽桓、林浩聪、黎喜年、胡功勤、邓敏灵等,在各文类上都有佳作,荣膺加拿大最高文学奖总督奖和美国文学大奖,入选加拿大文学选集,被用作北美大学教材。加华法语文学,以应晨为代表,荣膺世界文学大奖,并被译成多种文字。

您和加华文学渊源极其深厚,不遗余力地予以推广,能否请您就加华文学的总体特性和发展态势赐教一二？加华作家及其作品，和您接触过的其他地域，比如美国的华文作家、作品相比，有何异同呢？

陈：包括加华文学在内的海外华文文学，在作品内容与地方色彩方面有其独特性，因而，严格来说，不能把海外华文文学视作中国文学的一个组成部分或分支。对海外华文文学，包括加华文学未来的发展前景，我抱乐观的态度，理由有三点：

一、各地的华人移民源源不绝，令海外华人社会不断壮大，华文的市场也愈来愈大，同时，新移民中的写作人和文学爱好者也会成为华文文学的生力军，加强海外华裔作家的阵容。

二、海外华人小区的中文教学不断发展，让华人的下一代能继续传承中华文化。

三、随着中国经济的高速发展，国力日益增强，中国市场的吸引力与影响力也愈来愈大，世界各地学习中文的人不断增加，中文的重要性与地位日益提升，这也使海外华文文学有了更广阔的天地与发展的空间。

至于美国和加拿大，两国的华裔作家与作品，有不少相似的地方，但也各有其特性。北美洲的华人移民，最早是淘金时代，加拿大也有修筑太平洋铁路的华人劳工。20世纪50—70年代，美国的华人移民以台湾人居多，那时候就产生了第一代的"留学生文学"。加拿大的华人移民潮起于70年代，可称之为第一波，来的主要是香港人。第二波移民潮是八九十年代，来的也多是香港人，这一波的移民潮规模空前，人数更多。1997年的前后十余年间，移居外国的香港人达一百万，几乎是六分之一人口，是一个惊人的数字。这些香港人相当大的部分到了加拿大，据估计，目前在香港持加国护照的人达30余万。八九十年代，台湾人紧接香港人大量移民加拿大。而90年代以来，移居加国的华人新移民则主要来自祖国大陆。不同年代，一浪接一浪的移民潮把华人作家陆续不停地送到枫叶国，他们自然而然地成了加华作家的新血，促使了加华文学的发展。

在淘金与修筑铁路的年代，先侨华人社会中的加华文学可说是刚处于萌芽状态，我称之为三两渔火，直至七八十年代之后，加华文学才有长足的进展,直至目前,可说是姹紫嫣红、硕果累累了。

在六七十年代,美华文学的成就大于加华文学,80年代之后,加华文学已迎头赶上,如今也佳作纷呈了。正如您前面所列举出的不同年代的一大批加华作家,他们的创作成就已蔚为大观,确是今非昔比了。过去"美重加轻"的状况已然改变,这是有目共睹的。如果以并驾齐驱来形容目前美加两地的华文文学,相信会是较为恰当的。

此外,我要补充一点的是,加华文学正日益受到国际的重视,愈来愈多的加华作家及其作品在国外获奖,或作品被选入各地的选本与教材,例如,年前加华作家的韩文版小说选集《他是我弟弟,他不是我弟弟》在韩国出版,印度出版的《第二个创世纪:当代世界诗集》(The Second Genesis: An Anthology of Contemporary World Poetry)也收入了多位加华诗人的作品,他们是洛夫、陈浩泉、梁丽芳、青洋、韩牧、朱蔼信。这些都是值得欣慰的成果。

陈:谢谢您的访谈!您这个加华文学的研究计划很有意义,这些年来您所做的努力与贡献是有目共睹的。让我们在未来的日子,为加华文学、世华文学的繁荣昌盛,继续各尽所能,共同努力!谨以此与您和各地的文学同道共勉!

陈浩泉会长在给我的邮件中说:"许多朋友在不同的地方,不同的

左起:加拿大华裔作协会长陈浩泉、大诗人洛夫、作者(2009年6月,温哥华)

位置,都在为加华文学以至世华文学做着不同贡献,大家的目标是一致的。我一向都秉持着这一信念。"作为关注和支持加华文学发展的一分子,我想,我们都为同一目标努力着,那就是希望加华文学能持续涌现出经得起时间考验的精品佳作,加华作家在各自的园地勤奋耕耘,相容相契,使世界华人文学的天地变得更为广袤、缤纷和美好。

祝愿陈会长在新的一年:轻骑永跃天地浩,彩笔长流青春泉。

(部分载于《世界华文文学论坛》2020 年第 3 期,总第 112 期,第 105—112 页)

海外军团的险旅和骄傲

——走近"中山文学奖"首奖得主、跨界作家陈河

作家简介：

陈河，浙江温州人，曾是篮球运动员，当过兵，做过企业经理，担任过温州市作家协会副主席。1994 年出国，在阿尔巴尼亚经营药品生意，1999 年举家移居多伦多。著有纪实文学《被绑架者说》、中短篇小说集《黑白电影里的城市》《女孩和三文鱼》和《去斯可比之路》。曾获"首届中国咖啡馆短篇小说奖""郁达夫小说奖中篇大奖"、《小说月报》第 14 届百花奖、《人民文学》中篇小说奖等。《义乌之囚》入选中国小说学会2016 年度中篇小说排行榜，在上榜十部作品中位列第二。《天空之镜》入选 2020 年《收获》中篇小说榜。屡在《人民文学》《收获》《十月》等老牌文学期刊上发表作品。

著有以真实人事为蓝本的长篇小说《红白黑》《布偶》《沙捞越战事》《米罗山营地》《甲骨时光》《外苏河之战》等。其中，展现江浙草根华人异邦经历的《红白黑》被译成意大利文出版，令陈河成为意大利西西里首府巴勒莫的荣誉市民。聚焦东南亚抗战的《沙捞越战事》荣获 2011 年"华人华侨文学奖主体最佳作品奖"。描写安阳甲骨文挖掘和保护的《甲骨时光》不仅入选《中华读书报》2016 年度 15 本文学类好书、中国出版协会公布的年度中国 30 本好书，而且从海外华文作家的 148 部参评小说中脱颖而出，荣获 2016 年华侨华人"中山文学奖"首奖和 30 万奖金，2017 年被国家出版总局定为"向青少年推荐的百种优秀读物"。

作为加拿大华人作家代表，数次出席中国作协全国代表大会。

访谈时间： 2018 年 11 月
访谈形式： 笔谈
访谈语言： 汉语

一、意大利巴勒莫的荣誉市民

赵：陈河先生，您在 2018 年 10 月参加意大利西西里的移民文化节，西西里首府巴勒莫市长给您颁发了荣誉市民证书。能否描述当时的情形？还有，为什么会获得这项殊荣呢？

陈：2015 年，我跟意大利西西里的一个出版公司签约，把我的《红白黑》翻译成意大利文。2018年初出版后,在意大利大受欢迎,全国媒体、各大报纸都有评论。这本书在伦敦国际书市也受到好评。而且,法国一家有100年历史的大出版社很喜欢这本书,把法语版权签走了,2019年底出版。

西西里文化节,把这本书作为文化节的一个重要项目,邀请我参加读书活动。西西里首府巴勒莫市长在文化节上,给我颁发了巴勒莫的荣誉市民证书。

这本书写了很多中国移民,包括偷渡人在欧洲的生活。以前,欧洲白人对于中国移民的生活和历史了解不多。通过这本书,他们觉得真正看清了中国人的生活方式和内心世界,很感动,很喜欢。

赵:您一定被问过很多次,为什么出国到阿尔巴尼亚,然后又移民到加拿大?

陈:确实被问了很多次。1994年,从温州到阿尔巴尼亚时,我还在国有企业。一次机遇吧,当时叫"下海",就离开了工作单位,去阿尔巴尼亚待了五年,做药品生意。那个五年,经历了很多事情。就像知青生活,在边疆,在乡下,也就四五年、五六年时间,但是给他们的人生留下

2018年10月20日,意大利西西里首府巴勒莫的市长给陈河颁发荣誉市民证书

了特别宝贵的精神财富。我的情况也是一样。在阿尔巴尼亚的五年，我经历了动乱、经商、被人绑架这种生死的事情，对我非常重要。后来写作时，给我提供了很多素材。

　　1999年，我正式移民加拿大，把家人带过来，居住在多伦多。一下子20年过去了，时间真的很快。从阿尔巴尼亚到多伦多，这段时间我没有写作。一直到2005年，才回到写作，2006年开始发表。从2005年到现在，是我文学创作比较旺盛的时期。

意大利Sellerio出版社推出陈河（中）《红白黑》的意大利文译本，2018年10月陈河应邀访问该社

2018年10月，陈河（左）在意大利西西里文化节上签售《红白黑》意大利文译本

二、"写作和我出国有非常大的关系。"

赵：20世纪80年代，您在文坛已小有名气。出国10多年做生意，处于您说的"拼命"状态。2005年，您重新开始创作后，就接连在《当代》《收获》《人民文学》等国内主要文学期刊上发表纪实作品《被绑架者说》、中篇小说《女孩和三文鱼》《西尼罗症》等。如果没有出国，您的创作视野和水平是不是会受到很大限制？

陈：80年代，说实话，是一个"疯狂"的时期。刚刚改革开放，文学青年人特别多，个个写小说写诗歌，一点不奇怪。但把文学当作一生的事情来做的就不多了。80年代，我虽然写了一点东西，但毕竟在温州，影响只在浙江省内，在全国没有影响。作品数量也不是很多，那时候还得上班，业余写作时间不多。

后来出国，在阿尔巴尼亚、加拿大，真是要"拼命"做生意。你出国，有家庭，就要把生活搞好。这10多年，我非常辛苦、非常认真地做生意，要把家里的财务情况搞定。2005年以后，我在加拿大，生意开始有规模，经济条件改善好了。我就突然又想到写作了。虽然中断了10多年，但我知道写作是我一生中最重要的事情。一旦有条件，我就又回到文学创作上。这时候开始写，就有大量作品涌现出来，不像在80年代，篇幅比较小、规模比较小。

说实话，如果没有出国，我可能还在写，但假如一直在温州写，格局不会太大，不会写得多，成就也不会太大。出国以后，完全不一样，一个是"经历"多了，另一个是随着年龄增长，理解力也强了。最重要的是，视野、对人生的理解、对政治的想法，都和过去大不一样了。所以，写作和我出国有非常大的关系。

赵：您的中短篇小说集《女孩和三文鱼》共8篇作品，再现了20世纪90年代阿尔巴尼亚的贫穷和动荡，以及北美光怪陆离的当代移民生活等。结合您的生平经历，您是否觉得这些作品的成功，或者您多数作品的成功，是以人的命运改变为中心，把纪实性和艺术性巧妙地结合了起来？

海外军团的险旅和骄傲
——走近"中山文学奖"首奖得主、跨界作家陈河

陈:《女孩和三文鱼》是我的第二个中短篇小说集,第一个叫《黑白电影里的城市》,花城出的,作品数量比较少。第二个收录的都是2006年到2011年的中短篇小说。因为那时我的生意还在做,大块时间不多,主要是写中短篇小说。选题是想到什么写什么,写了好几个阿尔巴尼亚的故事,包括《被绑架者说》《黑白电影里的城市》。也有一个以温州为背景的短篇《夜巡》,这其实是很早以前的旧稿。

这些作品成功,你说是"以人的命运改变为中心,把纪实性和艺术性结合起来",是有道理的。小说总是要从生活过来,总离不开生活积累,一定要以现实为想象的依据,不能凭空编造出来。我的经历多,为小说提供了很大的资料来源。但写成非虚构,就不是小说了。所以,我最初的小说,偏重以小说的形式写真实的经历。

《女孩和三文鱼》就是讲绑架。我自己被绑架过,所以对绑架有一种特殊的敏感。这个小女孩叫Jessica,我到加拿大后,她家和我住同一条街,我住在路的开头,她住在路的尽头。她被绑架杀害,是一件十分让人心痛的事。但是,我把生命的摧残和消亡写得不那么残酷,真实的故事经过我的处理,完全是一种艺术状态,和现实状态相差蛮远了。这部小说当时感动了很多人。

2016年11月,陈河作为加拿大华文作家代表,在北京出席中国作协第九次全国代表大会

三、"我不是刻意去写战争题材,是碰到这种题材,就自然而然进去了。"

赵:您为什么对创作战争文学情有独钟?是不是因为参过军,还是因为在动荡的东欧生活过?

陈:我不是刻意去写战争题材,是碰到这种题材,就自然而然进去了。战争题材,作为文学作品来说,有它的好处。最近几年,国际上屡获大奖的都是写战争题材的。我看过不少战争题材小说,像海明威的《丧钟为谁而鸣》《永别了,武器》,还有《日瓦戈医生》等等。自己当过兵,在东欧经过动乱,这些经历可能让我对战争题材理解得更加深刻一点,写起来更加得心应手一点。

赵:《沙捞越战事》揭秘了二战中加拿大华裔士兵在马来亚丛林执行特工任务,重新解读了东南亚抗日的悲壮历程。二战期间,生于加拿大、长于日本街的华裔士兵周天化,会讲汉语、英语和日语,本想参加对德作战,却因偶然因素被编入英军,被空投到马来亚沙捞越丛林执行特工任务,参加了东南亚的对日作战。他一降落便被日军俘虏,顺利当上了双面间谍。当时,沙捞越地区是日占区,丛林里活跃着英军领导的 136 抵抗部队、华人红色抗日游击队和猎头族伊班人部落等多种复杂力量。从加拿大的雪山到沙捞越的丛林,从原始部落的宗教仪式到土著少女猜兰的风情,从游击队英雄神鹰到四处偷袭日军的猎头族……在错综复杂的丛林战争中,周天化演绎了自己短暂而传奇的一生。

请问,是什么契机让您对东南亚抗战产生研究兴趣?又是怎样了解其复杂的历史,做足写作前的功课?

陈:《沙捞越战事》2011 年发表在《人民文学》上,引起了很大反响。很多人喜欢这本书,现在还是有人喜欢。不少人在访谈、研究时,都会提到这本书,说明这本书是有生命力的。我最近在网络上看,虽然书出版了七八年,读者依然在豆瓣上放上文摘,好多都是最新的。我都好奇怪。现在这本书都买不到了,怎么还会有这么多人喜欢?

关于写这本书的契机,说起来非常偶然,但想想,还是有一定的理由。不是突然想写的。这也跟我出国有关系,在国内我绝对不可能接触到这个题材,也绝对不可能写这本书。

加拿大每年11月11日为"国殇日",纪念参加一战、二战的老兵,给他们特别的尊敬,请他们出来游行,媒体都会讲他们的故事。有一回,我在加拿大中文电视上看到一档节目,一个二战华裔老兵讲他当年的故事。在二几年、三几年或更早时候,中国侨民受到歧视,交人头税,不给加拿大国籍,一辈子辛辛苦苦进不了主流社会,连子女都很困难。那些年轻人为了改变身份,就去参军打仗。我看到电视上,那个老兵为了改变自己的命运,参加了英国部队,空降到马来西亚沙捞越,作为特种兵,是间谍部队。我听了这个故事,觉得特别有意思,一方面是早期的中国侨民居然会被英国部队训练成特种部队,到马来西亚丛林和日本人打仗,就像一个谍战剧,特别有传奇性。我特别想了解,后来就找到一本书《龙和枫叶》(The Dragon and the Maple Leaf),书里很详细地讲述了一战和二战中,华裔士兵参加加拿大军队,很真实。我觉得特别好玩,觉得可以作为创作基础,就深入进去。

日本从1937年全面侵华,打不下来,需要东南亚的资源,所以发动了太平洋战争,把马来西亚和新加坡全占领了。那时候,在马来西亚抗日的,全部是华人游击队。当年,我们就知道中国全面抗战,后来又知道远征军,没想到东南亚也抗日。这就激起了我极大的兴趣,发掘史料。我不想写成纪实的,便加入魔幻的写法,因为在热带丛林里有猎头族和好多原始的东西。作为小说来说,会很好看。这也是我多年阅读的好处,我知道很多民俗、巫术的事情,把这些元素融入小说,写成了《沙捞越战事》。

《沙捞越战事》和国内以前的抗日小说完全不一样。你看不出里面有什么特别厉害的英雄人物、正面人物、反面人物,说不清楚的。里面有眼花缭乱的原始部落的传奇事情。确实,我是做足了功课。这本书写后,我对马来西亚、抗日战争、太平洋战争这段历史了解了好多好多。

赵:为了写好《沙捞越战事》《米罗山营地》《外苏河之战》等长篇战争小说,您到东南亚等地考察。请问,有没有遇到二战飞行员老兵、后代或相识?我正在策划一套以来华抗战的中外飞行员为题材的"飞虎丛书"，很想了解一下您与他们接触的情况。

陈：当年很好玩的是，《沙捞越战事》出版很多年后，我都没去过马来西亚，完全是凭想象写的。后来，为了写《米罗山营地》，我才去马来西亚的怡保、吉隆坡、红土坎……实地考察。写《外苏河之战》，相隔了很多年，我去了越南。现在时间多了，为了写书去考察，也是一种旅行，开阔眼界，去接触一些真实的东西。但我真没遇到二战老兵。我主要写小说，去找二战老兵、采访啊，对我来说意义不大。经过几十年，很多人对现场的叙述非常不可靠。

2017 年，陈河在马来西亚沙捞越河边

四、"殷墟给我一种心灵感应。"

赵：长篇历史小说《甲骨时光》展现了 20 世纪河南安阳殷墟的发现，以及因之产生的惊心动魄的民族文化保护战。20 世纪 20 年代，甲骨文专家、自学成才的河南人杨鸣条受傅斯年所托，来到安阳调查殷墟的情况。他抵达安阳之后，发现这里是一个布满历史雾障的迷宫，充满梦幻、欲望、阴谋和暴力。他遇见了一连串的人物：伪刻高手蓝保光、患麻风病的跳舞巫女蓝保光母亲、保护5万片甲骨的加拿大牧师明义士（James Menzies）、为皇家博物馆搜刮中国文物的加拿大主教怀履光（William White）、盗运中国文物的日本人青木、一边教书一边演戏的前女友梅冰枝、当地匪首吴二麻子……所有人的活动都和地下埋藏的甲骨密切相关。此后的十几年，杨鸣条在安阳遭遇一连串神奇的事件，最终凭借灵异感应和天才的推算找到了商朝的甲骨典籍宝库。在日军大举南下之际，杨鸣条、李济、梁思永、梁思永的兄长梁思成及妻子林徽因等一批爱国学者将这些典籍宝库运送到了大后方——四川宜宾李庄。

您在《甲骨时光》的后记中坦言：该书前后写了五年（包括遍查资料、现场查勘和采访），中途多次想过放弃，甚至用抛硬币的方法来决定是否继续，虽然抛出的结果两次都是放弃，但您没有放弃，最终写成了。《文汇报》2016年7月4日载有您的文章《三折画——〈甲骨时光〉创作记》，讲述了该书创作可以追溯到1999年您移居到多伦多后，在安大略省皇家博物馆参观精美的商代青铜器和隋朝巨型壁画，而壁画成为您这部小说中最重要的线索……

您在微信中自云用"洪荒之力"写出这本书，又用"洪荒之力"推荐给读者。能不能具体讲讲？

陈：在我写作的这么长时间里，《甲骨时光》是一本非常独特的书，和我前面写的书不一样，和后面的很可能也不一样。年轻时我想过，要写一本特别好看的通俗书。后来，遇上了机会。我去了安阳，殷墟给我一种心灵感应。我接触到当时留下的很多史料。这本书让我感动的是二十世纪二三十年代中国留洋归来的知识分子，以及他们的家国情怀。他们用西方考古理念发掘殷墟，接触到三千多年甲骨时代的史料。我感觉能和古人心灵沟通，这非常有意思。

写这个小说，难度真是特别大。我在殷墟看到的就是几个坑，还有挖掘的考古学材料，每天挖出多少器物。没有故事，怎么写成小说？而且这个小说究竟要讲什么？我想来想去，都不明白小说能不能写成，只好投硬币决定了。这个小说有生命力，在我心里慢慢完善。我不止一次说过，好小说就像植物种子一样，撒到你心里后，会慢慢滋长起来，生出根和枝蔓，慢慢占满你思想，爬满你心间。此期间，我也写了其他作品，包括一部长篇小说。《甲骨时光》从头到尾，真的有七八年时间。最初，我考虑到小说的形式问题，后来决定采用畅销小说的形式，越是艰深、神秘、难懂的东西，越要有最轻松的阅读，要用通俗易懂带有娱乐性的方法写出来。我借用了西方小说的类型，比如《达·芬奇密码》的结构，看的人会觉得有意思。

我写这部小说，也得益于海外的生活经历，在国内我的想法不会那么多。小说里写到几个真实的外国传教士，是加拿大人，其中一位叫怀履光。他从山西运走三幅大型壁画，它们现在非常完整地保存在安大略省博物馆。我在这三幅壁画上动脑筋，在里面找到想象的依据，加入密码、星图、神秘的东西。所以，我最初想到的题目叫《三折画》，但作为书名，不是很合适。这种形式的效果挺好，业内的、普通读者，甚至甲骨文学者，都觉得这是一本特别有意思的书。这本书在很长时间，都会成为话题。影视版权，我也给了人家，着手在做电视剧、网剧、电影，还需要一段时间。

所谓"洪荒之力"，是当时奥运会上中国的游泳女孩说的，流行一时。我到北京做宣传，就用了网络语言。写作时的确是用了"洪荒之力"，宣传时倒没有。不过，一本书有自己的命，好书是不会被埋没的。我相信，这本书接下来还会有它的好运，但还需要一点时间。

赵：《甲骨时光》从海外华文作家的148部参评小说中脱颖而出，荣获2016年华侨华人"中山文学奖"首奖。颁奖词如下："《甲骨时光》深入古老中国腹地，围绕殷墟甲骨文物争夺，将民族危难、历史迷雾、人性幽暗、欲望景观熔于一炉，以考古学家的实证精神和历史学家的人文情怀，创造了一个充满诡异、象征、梦幻的文学传奇，这场特殊的文字穿越，表达了作家对战乱年代考古学者的深沉敬意，重塑了国人的勇气、智慧、气节，以及对伟大文明的敬惜。"

对于荣获这次文学大奖，您有什么感受？

陈：《甲骨时光》获得"中山文学奖"，确实是非常荣幸，不容易，这么大的奖。中国有很多文学奖，但大部分内地文学奖对海外作家考虑得比较少，特别是茅盾文学奖、鲁迅文学奖。我的短篇小说《怡保之夜》，曾经进入第六届鲁迅文学奖短篇小说最后的10个提名，获奖5个，我

海外军团的险旅和骄傲
——走近"中山文学奖"首奖得主、跨界作家陈河

陈河以长篇小说《甲骨时光》荣获华侨华人"中山文学奖"首奖,2016年11月在北京领奖

没有获奖,最后给了我一个提名奖。说实话,论那篇小说质量、我写作的资历、写作的整体质量,10个选5个,二选一,我绝对有这个资格和能力。

但是,我还是很幸运,获过几个国内的文学大奖。如首届郁达夫小说奖中篇大奖,奖金10万,当时最高的了。我那时刚刚开始写啊,没有一点名气和关系。而且,短篇小说大奖是铁凝拿的,国内好几个最大牌的作家也只拿了提名奖,奖金一万元,变成陪衬了。那时,我真的很幸运,一连获过很多奖。所以,在颁奖会上,我就说,"中山杯"这个奖是专给海外作家的,不会给国内作家。我们应该好好写,把这个奖杯擦亮。

这段颁奖词是谢有顺写的,他一定很认真地看了这本书,才写出这样到位的颁奖词。那次评奖,请了国内顶级的专家,包括陈晓明等人。评奖的班底和国内大奖的评奖班底一个档次,高标准。

37

五、"《外苏河之战》题材非常敏感"

赵：您的最新长篇《外苏河之战》首发于《收获》2018年第1期，被好评为"中国战争文学的新收获"。您曾经对记者说，"故事就像一颗种子一样埋在内心深处，慢慢发出芽来。为二十世纪六七十年代那场抗美援越壮举写部战争小说，于我是完成一项使命。"其实，战争是小说背景，作品着墨更多的是年轻人追寻理想、探求人生真谛的成长故事。

您最初是怎么知道国人鲜少耳闻的抗美援越战争呢？

陈：这几年，你一直看过来，就知道我一直很努力地创作。《甲骨时光》完成才两年，就出《外苏河之战》。

不管《外苏河之战》是怎样的一本书，它已经引起了很好的反响。2017年10月，我完成了书稿，给《收获》看。《收获》的主编说："哎哟，这本书一定要给我们，非常好。"而且，2018年第1期就登出了。2017年10月，通常已把2018年第1期的稿子排好了，肯定是把别人的稿子拿下来，把我的放上去。新年的第一篇稿子通常要选最好、最有意思的，说明他们对这个稿子非常器重。人民文学出版社也跟进了，准备出版这本书。

这本书是非常正能量的，歌颂了中国年轻人的理想和中国军队的国际主义精神。当年，和越南军民抗击美国人，是正义的战争。这本书发表了，出版了，很多媒体在报道这本书。北京的国家媒体、《南方都市报》都做了专访，全国媒体几十家都有报道。中国人民解放军总参都知道这本书，看过这本书，也都很喜欢。我上回在北京，给资深的军队作家和老将领签赠这本书。

这本战争小说和中国以往写战争的小说，完全不一样。我不是写战斗英雄故事，也不用煽情的细节。在我这本小说中，战争只是它的背景，实际上我写的是中国那一代年轻人成长的故事。为了理想而不顾一切的生命，虽然很短暂，却是非常美丽的过程。还有动人痛苦的爱情故事。年轻人在政治下受到压抑，也是一个精神悲剧。在战争这种特殊情况下，我写了人性。

2016年11月，陈河在越南河内胡志明墓前

写这本小说的来源，也是从电视上看来的。我看了凤凰卫视陈晓楠主持的《冷暖人生》，讲了抗美援越的老兵死后埋在越南，回不来，中越关系好了后，家人怎么找他们，去扫墓。我很感动，就研究这段历史，发现了很多我感兴趣的东西。因为当兵的经历，就觉得这个故事很亲切，后来去了越南考察。

所以，很难说，我自己是在寻找战争题材，还是战争题材遇上了我。假如我没有对战争故事的敏感和当兵的经历，我对这些故事可能会忽略过去。正是因为我内心的敏感，我抓住了机会，把它写成了这本特别的书。

到了年底，排行榜、评选还蛮热闹的，《收获》把这本书列入了排行榜的候选名单，其他名单也会列入候选。我相信，这本书在2018年中国的小说中，肯定是一本特别的有价值的书。

六、"贴着地面的写法，我不喜欢。"

赵：您的跨国书写，取材真实的历史事件和人物故事，在写作前实

2016年11月,陈河在越南胡志明市战争博物馆

地考察,查阅大量史料,但在小说中采用了虚实结合的写作方法,既有材料扎实的一面,也有魔幻先锋超现实的实验风格,师法了您所喜爱的福克纳、帕慕克、卡尔维诺、博尔赫斯等西方现代文学巨匠。语言自然洗练,人物丰满可信,风格凝练厚重,演绎了历史上被压迫民族荡气回肠的抗争精神,以及充满变故乃至凶险的当代移民状况。

您怎么评价自己的作品?期望它们产生什么样的影响?未来有什么写作计划?

陈:你提到了这几位西方大师,说得很准确。我比较靠近这几个作家,实际上中国很多作家都喜欢他们。这几个作家,在少年时期我有大量的阅读,中国古典文学、俄罗斯文学、法国文学……我都读得蛮多。到最后,回到这几个作家来。他们都有很好的古典背景,都采用了现代的方式。这样写出的小说,更符合我的文学理念,即用最真实的故事,但是用最有想象力的方法来写,用非常虚构的方式,但读起来又有依据,很逼真。这是我想要的写作风格。

比如,在《甲骨时光》中,写 3000 年前古人的交流、占卜,明摆着是虚构的,但在细节方面尽量做好,读起来都有合理性、可信度。在 20 世纪80年代,余华、莫言、格非、马原……用学来的西方现代派的方法,把小说写得特别新,眼花缭乱。当年的先锋探索者,到现在看不出什么先锋之感,变得非常现实。一直玩形式,是玩不下去的。像以前的法国"新小说",不是特别受人欢迎。我认为,写小说一定要有先锋性、现代性,要有这种意识,贴着地面的写法,我不喜欢。我里面一定要有飘逸的触及内心的理念,尽量用容易读的老实的文体来表现。那种故弄玄虚,没有意思。太写实,也不行。

从2005年到现在12年,我出了十几年书,七八个长篇,数十个中短篇,数量已经不小。质量嘛,确实是每篇都是认真写的,每篇都有反响,大家会记得住。读者、研究者越来越多,在中国读者的口碑不错,尤其是很多年轻人喜欢我的作品。国内外评论家对我作品的认可度越来越高,相信还会有更好的影响。

我没想到,《红白黑》在意大利会受到那么大的欢迎,法国明年也会出版这本书。在国际化的这条路上,会打开比较好的市场。影视方面也已经有点眉目。写了十几年,我还是比较满意的。

和其他作家不一样,我中断了很长时间,20世纪80年代到90年代初在温州也没什么名气。我有20多年没好好写,一直到40多岁才有全国影响。论创作时间,我还是比较短的,创作资源还很丰富,我准备好好写下去。下面写一个长篇,很有意思,也要达到自己定位的那个高度。

赵:您认为在当下"中国整体文学功利心太强",能否讲讲具体表现和原因?

陈:这个话题不太好说。很难判断中国文学的整体情况,中国文化界是有许多负面的消息,但中国文学创作的体量那么大,总能产生出好作品。西方的创作也会产生大量的垃圾。中国的体制文学虽然花掉不少纳税人的钱,但也有好处。那么多年轻人怀着文学梦想,需要体制提供发表的园地和资助,这在西方很难找到。

我们也不是特别了解中国文学现状。相信中国文学在进步,每年会产生好作品。西方好作品也很少。我近两年很喜欢的科尔姆·托宾,在他的短篇小说集里,一个集子里也就一两篇真正好的作品。所以说，无论国内还是国外，特别好的作品都是很难见到的。

七、"海外军团"还会存在下去

赵：您居住在加拿大华人人口最多的城市——多伦多，那里有60多万华人，华文文学活动丰富。哪些文学活动给您留下深刻的印象？

陈：多伦多60多万华人，还不如中国一个县的人口。人口基数小，文学活动能有多高的水平很难说，也不太能产生多少优秀作品。但是，海外情况不太一样，从中国出去的，文化程度比较高，有文学的需求，就给报纸写文章写诗。作为职业的写作者，我不是特别关注本地的文学社团和活动。我的目标和关注点在更大的方面。当然，我也支持海外文学团体多搞活动，给海外文学创作一种气氛。

赵：最后，请您自由发挥，就您感兴趣的话题说点什么。

陈："海外文学"是专家争论热烈的命题，难以界定。我觉得，"海外文学"有一部分属于中国"大陆文学"，海外写作人不少在祖国大陆发表作品嘛。

有一种说法叫"海外军团"，倒是比较准确。战场还在中国，无非我们生活在海外，但是可以经常回到国内。

二十世纪五六十年代出去的比我们老的移民大多不写了，我们是新一代移民，我们的子女大概不会写作，有人说"海外军团"会自生自灭的。我认为不是这样，"海外军团"还会存在下去。我们的第二代是不写了，但在最近的几十年，中国会有大量的人出国，年轻人出国，有的就会留在外面。他们当中肯定有喜欢写作的，在海外一定会拾起文学，所以"海外军团"会有新生力量出现，会不断有新作品。我现在看到，海外不断有新作家出现，达到了很好水平，在国内专业杂志上发表作品以引起注意。不像以前，就那么几个有名的海外作家。

一次，约克大学徐学清教授在家里招待几位作家朋友，高大魁梧的陈河也在。他挺安静的，直到大家问起他在阿尔巴尼亚被绑架的旧事，他才打开一下话匣子，平静、朴实地简叙着。他的简叙，有点像阿尔巴

左起：加拿大华人作家陈河、作者、加拿大华人作家曾晓文（2015年，多伦多）

尼亚的黑白电影,虽然胶片老了,人物都是历史了,甚至过时了,但还是值得看,还是撞着你的胸口。

（部分载于《名作欣赏》2021年10月,总第732期,第102—108页）

伟大的史诗会撒谎
——加拿大勋章得主崔维新访谈[①]

作家简介:

崔维新(Wayson Choy,1939—2019),加拿大英语作家。祖籍广东客家地区,生于温哥华,曾在不列颠哥伦比亚大学修读文学,是班上唯一华裔学生,师从加拿大著名诗人兼小说家厄尔·伯尼(Earle Birney),以一部获得麦克米兰奖的短篇小说《波浪的声音》("The Sounds of Waves")引起评论界倾目。自1967年起执教于多伦多亨伯学院。著有长篇小说《玉牡丹》(The Jade Peony,1995)和《一切要事》(All That Matters,2004)、自传《纸影:唐人街童年》(Paper Shadows: A Chinatown Childhood,1999)和回忆录《还没有:生死之忆》(Not Yet: A Memoir of Living and Almost Dying,2009)。参与了拍摄两部纪录片:描述自己以写作来保留过去的《蝴蝶揭秘》(Unfolding the Butterfly: Secrets and Memoirs)和记录到中国寻根的《寻找孔子》(Searching for Confucius)。

首部长篇小说《玉牡丹》历18载成书,从温哥华唐人街三个孩子的视角,叙述了加拿大华人生存奋斗的坎坷经历。1995年在加、美同时出版,连续6个月进入《环球邮报》畅销书榜。获1995年温哥华城市最佳书奖,和加拿大著名女作家玛格丽特·阿特伍德分享当年的安大略省三叶草图书大奖。《玉牡丹》还获得加拿大新书奖提名和吉勒大奖提名,是获吉勒大奖提名的首部华裔作品,并在1998年被美国图书馆协会评为"著名书籍"。《加拿大文学评论》(Literary Review of Canada)将《玉牡丹》列入"1945—2004年最有影响的100本加国书籍"。

2005年荣获加拿大勋章,成为首位获此殊荣的华裔作家,2010年被加拿大安省洛里埃大学(Wilfrid Laurier University)授予荣誉博士学位。

访谈时间: 1997年9月5日
访谈地点: 温哥华的一家餐厅
访谈形式: 面谈
访谈语言: 英语

[①] 崔维新在笔者访谈前不幸病逝,现将他生前与学者格伦·迪尔(Glenn Deer)的访谈翻译在此,以飨读者。该访谈发生在他首部长篇小说《玉牡丹》获得诸多文学大奖之后,刊于知名的文学期刊《加拿大文学》(Canadian Literature)(1999年冬季号,总第163期,第34—44页)。访谈的英语原文由加拿大华裔英语作家余兆昌(Paul Yee)和陈泽桓(Marty Chan)提供,在此特表谢意。

伟大的史诗会撒谎
——加拿大勋章得主崔维新访谈

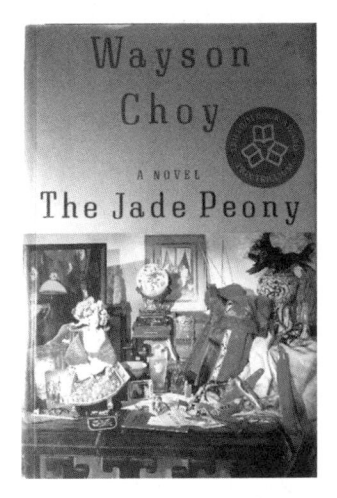

崔维新（Gary Gellert 摄）和他的获奖小说《玉牡丹》（*The Jade Peony*）

一、我说"温哥华语"

GD：我们一直在谈论过去是如何回归的，它像一条河流，被筑坝，被改道，但不可避免地会回到原来的路线。对你来说，汉语在多大程度上，就像这条河流，形成了让你回归的方式？语言怎样成了你记忆的一部分？

崔：我的第一语言是汉语，我由讲汉语的族人抚养长大。台山话是当地主要的方言。我曾经和一位女汉语专家谈起我大脑听到的唐人街语音，谈起我回想起来的童年听过的人声，我有一些有趣的发现。我得说，不仅声音、短语、人的讲话声会回归，他们的面孔也会重新浮现。我咨询过这位女专家，还有另外一位饱学之士，他们在我的回忆中辨别出了十几种方言。（崔维新后来指出，温哥华唐人街的主要方言是广东三邑和四邑地区的方言，但也有人讲客家话、闽南话、南海话等。）

我朦朦胧胧地知道一些声音的含义，就像很久以前，在小时候对这些发声做出反应，明白它们直接传递给我的意思。当然，那时，我并不知道这些方言的正式名称，只是简单地把这些声音当作有意义的语言，视之为我猜得出答案的声音谜题。不同的男男女女照顾过我，"阿姨

45

们"和"叔叔们"在家里私下会说他们特有的乡村方言。因此,作为一个作家,汉语方言的各种支流就成了我的一个重要源头。我认为,我笔下人物的思维模式、说话节奏、谚语运用、反复使用的神话意象、对吉凶的信念,很明显,都出自这同一个源头。例如,他们相信雄雌、阴阳、鬼魂、风水。我从唐人街继承下来的语言记忆,多少变成了我写作中的叙事声音。

汉语有乐感,有音调结构,我也终于能初赏它种种神奇的微妙之意,于是,它成了我是谁、我如何写作的重要源泉。我觉得,乡村的方言很像日耳曼语,喉音重,调门高,宛如粤剧的咏叹调。对我而言,它们就是过去的音乐和鼓点。听到七嘴八舌,回忆起那个社区,我就能清晰地回想起这些节奏。它们是我童年记忆的源泉,就像法国大作家普鲁斯特吃过的玛德琳小甜点一样;通过声音,我就能及时回到那些地方。

我在《玉牡丹》中描写了一个场景:妇女一边赌钱,一边闲聊美猴王开肠剖肚。有意思的是,我选用了她们的聊天来说明社区妇女之间怎么说话。小时候,我记得她们私下里讲话,总很坦率、粗俗,还有性的内容。我想象着,她们的体内运行着一股强大的生命力,使她们结为一体,让她们既小心谨慎,又无所顾忌,承受着夫权文化的重重限制,彼此紧密联系着。

确实,社会上的闲言碎语有助于连接起任何社团的男性或女性。八卦("社交故事"的一种形式)使现实中的他人变得具象可摸,使其他个体成为一种参考,借此可以了解八卦者自身觉得什么有意义。

你问我汉语是怎么成为我写作的一部分的,嗯,它仍然活生生的,是我与记忆相连的一个主要来源。我说"温哥华语",很好笑的,由基础的台山话构成,混合了广东话词汇、英语语法,哦,混合了一堆杂七杂八的东西。不管什么人,听我说汉语,一定受不了!我离开房间后,我怀疑他们会大笑不止。

但是,我大脑中的声音,我的记忆,似乎更完整,令我神接过去。我也用声音思考。在任何修辞中,说话者的声音和情感强度会超越语言本身,不管他或她说的是什么语言。我认为,所有孩子都这样:最早通过聚焦的内在的专注来吸收语言和意义。我试图重现过去时,这就是我可资利用的东西——聚精会神,竖起我的内在的耳朵。

GD:这种语言运用起来,有时会产生强大的把关效应,对吗?不同的方言,在社会环境中,具有不同的威望价值。我们看到,婆婆实际上在用不同的方言操控别人,祖母的权力和所谓的继母的劣势之间确实存在着一条裂缝。在你成长的过程中,无意听到女性讲话,有没有感觉到她们之间上演着权力的较量?

崔:有的,绝对有的。有时,她们暗示小村子里的哪个人是"那种人","你说"那种"时,会用一种有更高级或更低语调或地位的方言来说,这取决于你的意思。在某种程度上,我社区里的华人都明白,尤其是在他们说英语时。比如,《玉牡丹》里的父亲想要"平等"时,会突然一本正经地说英语;如果他不得不为了家庭的幸福或安全而妥协,他会突然改说一种低三下四的英语,一种洋泾浜英语,和美国老黑人汤姆叔叔如出一辙。事实上,所有的语言都演化出了显示社会阶层的声调、方言和词汇,与我们唐人街的华人英语没什么不同,或者,我更喜欢用"苦力的语言"称呼铁路、轮船、伐木场,说什么"最摆老板谱、专横、噼噼啪啪",等等。

GD:或者,像在美国华裔作家赵健秀(Frank Chin)的作品中,如《龙年》(*The Year of the Dragon*),弗雷德·吴(Freddie Eng)夸张地模仿陈查理①的口音讲英语。

崔:是这样。那种抑扬顿挫的语言被伪装成出神入化的侦探力量,而且总带点异国情调,带点"他者"特色。我觉得,这种语言是一个工具,借助它我们可以自嘲,可以谦卑地意识到我们没有什么选择,或者干脆没有选择。

记得有一次,我去博物馆看展览,看到一名澳大利亚土著演员穿着土著服饰,围一块腰布。你绝对不会料到,他会像在接受采访时,突然用一口纯正的牛津英语说话。事实上,他在牛津和剑桥上过学。所以,我们的想当然受到了现实的挑战,这种并置,正是我要探个究竟的。我

---

① 陈查理(Charlie Chan),美国小说家厄尔·比格斯(Earl Biggers)虚构的华人警探。比格斯写了六本关于陈查理的小说,在 1925—1932 年间出版。这个角色反映了西方人心中的中国人形象,在 20 世纪 90 年代改编的电影和漫画中风靡一时。——译注

父亲常常比别人更明白事理，可这时，他为什么会说洋泾浜英语？为什么突然选用这种方式说话？这与其说是一个谜，不如说，应该琢磨出它和什么有关。随着年龄增长，我琢磨出来了。它关乎生存，戴上不同的语言面具来应付现实、敌人，甚至是你不能完全信任的"老番"（即洋人）朋友。

我喜欢土著人托托和独行侠的故事。独行侠说："我们被包围了，托托！"托托无疑记得土著的历史，回答道："我们是谁，白人？"（笑声）

1945年，崔维新（中间排左二）在温哥华Strathcona小学的幼稚园

二、"突然间，学习中文的大门永远地关上了"

GD：在你的意识里，"黄色世界"和"白色世界"之间存在着边界，显而易见，语言就是那个边界的重要标识。白种人说英语，华人让你沉浸在母语即台山话里。在成长的过程中，你是不是想掌握外面世界的强势语言？你听上去在华人社区过得蛮自在的。是什么时候你产生了去掌握其他种语言的冲动？

崔：我的生命颇有趣，一直非常幸运。很明显，好运之一就是我热

爱英语，不乏写作的天赋。简而言之，我想用我喜欢的语言说说、写写。我接触英语时，没有受到限制，而是得到了鼓励，接触汉语时，可不是这样。

我是在唐人街长大的孩子，学习中文却是一段伤心事，从中国来的流放者充当了中文老师。我觉得，他们中的许多人似乎是被逐出中国的，怒气满腹，哀怨不已，或者是国民党的退伍军人。

我去的中文学校位于歌雅街和片打街，教学态度糟糕透了，不是惩罚，就是训练。训练和惩罚，对我这个富有想象力的孩子来说，就像坐监狱。我讨厌极了。现在，我相信自己原本可以成为喜欢中文的孩子，尤其是喜欢毛笔字、书法。但我讨厌那里的教学方法。一两个和蔼的老师留不住我，他们数量太少了。

我上了三个学期的中文课，两次不及格。我开始对学校恨之入骨，我把报纸捆起来，准备哪天把它们揉成一团，点着火，扔进学校。我母亲认为，那不是个好主意。学校也不会喜欢。于是，突然间，学习中文的大门永远地关上了。

我很喜欢英语。我们的 Strathcona 学校是一个多元文化学校，良师济济，上帝祝福他们。事实上，在我能流利说英语之前，我已经能读英语了。我在幼儿园就开始"读书"。在《纸影》里，我重现了这段经历。四岁时，我怎么看到单词，模仿它们的发音，与我的汉语词汇混合在一起。时至今日，我当英语老师的一个弱项是——先看到单词，再按照我看到的方式发音。学生们总以纠正我为乐。

GD：你的写作是声音和视觉的结合吗？你迷恋笔在纸上的感觉——我知道，你收藏钢笔。

崔：我喜欢文字的样子，我想是因为我一直喜欢中国书法的样子。小时候，我经常摆弄毛笔，就好像自己是书法家。父母过去经常告诉我，我铺开一张长长的纸，假装写中文。我会看着中文的行书，他们说我即使不知道在写什么，也会模仿。我记得，墨汁在纸上流动，有种美感，毛笔一点一画，不可思议。我说不出自己写得好坏。前世的我可能是书法家，这种感觉是自然和美妙的。然而，我就读的那所学校，中文教学十分糟糕。枯燥的教科书！冷酷的老师！

于是，我开始学让我开心的英语。你告诉我这点，颇为有趣，因为文字的外观对我来说至关重要。我看《玉牡丹》这个书名，就觉得它"看起来是中国的"，不管那意味着什么。我就是喜欢P-E-O-N-Y字母组合的外观。更重要的是，牡丹是具有中国象征意义的花。

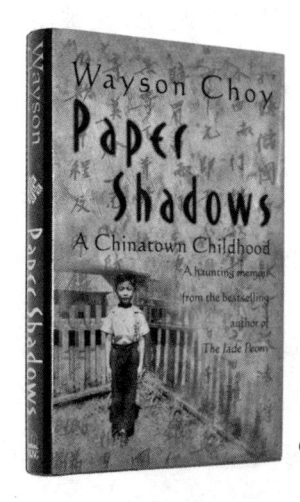

崔维新的获奖自传《纸影：唐人街童年》（*Paper Shadows: A Chinatown Childhood*, 1999）

三、"我喜欢荣格的话——外在亦内在"

GD：你已经讲过，过去的物件怎样几乎无所不在地与它们叠加的历史产生共鸣。玉牡丹是一个核心的护身符，汇集了许多人物和他们的生活。每一章都出现了过去的东西，如罗伊·约翰逊的大衣、荣格的手表、石龙的钟，围绕它们的是一段段过去的关系。你写《玉牡丹》时，有没有想象出这些东西的样子？它们是否有助你在这三章的每一章中，建立起焦点？

崔：这是我自己都感到匪夷所思的事情。我怀疑，在我创造性的想象力中，总是潜意识在运作，牵线搭桥。我先感觉什么重要，然后才意识到它重要。我认为，在优秀的写作中，象征应该从情境中诞生，而不是强加给它意义。对我来说，贯穿全书的象征物是有生命的存在，比如，我知道玉器在历史上的重要性。

牡丹，对祖母而言，具有象征性的结构和意义，它把她和杂技演员见她、赠她玉牡丹联系在了一起。他是她的初恋,也许是她唯一的爱人。所以,我觉得,当人们记着丰富自己生活的人时,就能发现对他们重要的物件是什么。

我乐于认为,大多数人都需要强化生活的真实性,其途径就在于——领会受赠之物现在有意义,将来则会变成一个触发点,承载记忆的重量。这个物件,就像中国人崇拜玉器一样,即使只是在我们的眼中,它也会繁衍创造,深刻地联系起我们的内心和外在。我喜欢荣格的话——外在亦内在。对我来说,这话说得非常有力。你看一个人房间的墙壁,看到挂在上面的照片或物品,他们也会说这就是我内心的反映。如果墙上空空如也,这也告诉了我很多。所以,我对学写作的学生说,应该时刻关注外部,将其作为人物内心生活的线索。

GD:有外在和内在,也有古老和新兴。《玉牡丹》中的祝良小姑娘拥抱王伯,似乎是在拥抱古老的中国,使他复又年轻,变成王叔。在你成长的过程中,你怎么意识到了中国的旧和新,怎么意识到身为加拿大人和身为亚裔加拿大人之间,存在着紧张和对抗?我知道,你在其他文章中写到了这个话题。

崔:在我成长的过程中,有些紧张是人们日常生活的一部分,无论是贫穷还是富有,深色皮肤还是浅色皮肤。我不明白这些是有意识的紧张,直到我足够大时,才意识到我的困惑源于身份的不定,联想的混乱,以及继续发现的隐秘边界。

我想,这就是我为什么在 55 岁时,终于可以开始写《玉牡丹》了。如你所知,我的作品被收入了《1962 年美国最佳短篇小说》。从 20 世纪 60 年代我初次想成为作家时,我就感到没有底气。首先,当作家肯定是一项艰巨的工作;其次,我有什么要说的?我觉得我没什么可说的。我疯狂地爱上了各种各样的文学作品,在不列颠哥伦比亚大学见到了艾伦·金斯堡[①]、罗伯特·克里利[②]等来自美国旧金山的作家。这不是因

[①] 艾伦·金斯堡(Allen Ginsberg, 1926—1997),美国"垮掉派"诗人领袖,代表作为《嚎叫及其他诗》。曾参与 20 世纪 60 年代的"嬉皮士"运动,反对美国越战。——译注

[②] 罗伯特·克里利(Robert Creeley, 1926—2005),毕业于哈佛大学,编辑著名的《黑山评论》,善以口语入诗,表现精神的压抑。曾获普利策大奖。——译注

为我谦卑,而是由于一种内在的压抑,我觉得自己乏善可陈。我无法理解我当时的生活,纠结于"香蕉情结"——外表皮肤是黄色的,内心想法却是白人的。我认为,人们处于这种身份挣扎中,没什么可说的,因为他们找不到定位。你苦苦寻找自己是谁,你的指南针却指引不了你。对于陷于文化或身份纠葛的人来说,指南针上没有"真正的北方"。你得找到自己的路。

幸运的是,我活得够久了,现在明白了,我有很多话要说,至少对我自己,如果不是说给其他人听。

崔维新在朗诵自己的作品

四、"伟大的史诗会撒谎"

GD:三年前,这个声音回来时,你有什么感觉?你可以重新开始写作,写回忆录和另一部小说。

崔:哈哈,我希望我能!(笑声)我想,这个声音从未离开我。自从我小时候读安徒生的故事,这个声音总是对我说,有一天我会写故事,讲故事。但我不明白,什么时候我会认真写作,或者在什么条件下写作。我想,我现在回想起的声音带有某种权威,伴随着我到年事已

高——再过几周我就60岁了。不管是好是坏,经历帮助我对爱和失望有了更清楚的认识。我现在困惑的是,是否有必要去理解人为什么活着。我想了解父母和拓荒一代所经历的可怕岁月,他们为什么能生存,怎样生存下来。

嗯,我相信我找到了答案:日常之中有快乐,有许多可笑的东西,而且,反抗社团的成员是有力量的。唐人街不是受害者的社区。这个族群被告知他们不比动物拥有更多的生命权,其性行为受到种族主义歧视。那些幸存下来的人克服了所有的时艰。

我真的很想写一本关于幸存者的书,关于那些体面的人和幸存下来的人。我认为,除了耸人听闻的书之外,很少有文学作品探讨过体面的日常生活。我喜欢一些人写的宏大史诗,希望自己也能写出来,赚上几百万美元。别误解我,但我认为伟大的史诗会撒谎。我认为,大手笔存在一个虚假的结构,因为你主要是从相机的角度思考,而不是扫描人物的内在,让你的人物(和你的读者)超越讲故事本身。

有两位亚裔背景的北美评论家,对我的书感到失望。他们失望,书中的人物似乎一事无成:什么都没做,哪儿也没去,他们怎么了?他们想知道他们究竟发生了什么。作者为什么没有写完这本书?这两位评论家有他们独到的聪明和敏感,他们无法理解人的生活由瞬间组成,而不是宏大的故事情节。格伦,你告诉过我,你父亲去世那天你看到了光——这就是你余生需要知道的一切。那道光,说明了那个非凡时刻的一切。你不需要知道他的全部生活。如果你写全他的一生,就得减少那些你觉得重要的时刻。所以,我的书很可能是一本关于瞬间的书,我想很多作家都会回归此处。也许,畅销书排行榜要求一本小说能把我们从旧金山席卷到北京,再到英国,等等,但我认为故事情节通常充斥着浪漫的废话。任何人唯一能确定的情节,说到底,就是——出生、活着、死亡。引用一位智者的话,"人物成就情节"。

GD:你认为加拿大亚裔作家在打造与众不同的作品吗?

崔:如果有所不同,我怀疑是一种独特的情感。在我这里,它伴随着成熟的过程,它的视角是某些事物的价值高于一切事物的价格。余兆昌(Paul Yee)的儿童故事令我无比激动,我认为他的《金山传说》

《Tales from Gold Mountain》是一部杰作,他创造了一种叙事的声音,捕捉到了他故事中的寓言意味。我想,黎喜年(Larissa Lai)在《千岁狐》(When Fox Is a Thousand)里也懂得了瞬间的感觉,她的扫描是诚实的,涉及内在的启示,例如,作为女人和狐狸结合体的超现实感——这里存在一种奇妙的创造性思维。当然,还有李群英(SKY Lee)的佳作《残月楼》(Disappearing Moon Cafe),尽管我觉得她的故事并不像我想的那样风格统一。我认为,她的视角是华人的,夹杂着加拿大西海岸人的背景,她被困在讲故事和人物的自我揭示之间。因此,我们所有的故事作者,包括我自己,可能仍然在寻找我们的方式。

2005年,崔维新(左)荣膺加拿大勋章

五、"历史被电视和迪斯尼的画笔同质化了"

GD:你的许多故事都以温哥华唐人街及其特定的地方历史为背景。我知道你在安大略省的贝尔维尔长大。你家开在那里的餐厅有什么独特的名字吗?

崔:开在天桥街的,叫"崔氏炸鱼薯条",后来开到了前街,叫"吉姆烤肉"。都是大众化的名字,而且都是炸鱼薯条餐馆,不是中国菜餐馆!(笑声)

GD:《玉牡丹》是献给你父母的吗?

崔:献给在温哥华照顾我的两个姑姑。我告诉你一些有趣的迹象。

出版商问我,是否需要写献给谁,我说:"当然要啊。"接着,我写了"献给我的姑姑——弗里达和玛丽"。我没有写"献给我的父母",我不知道为什么,我从没意识到,我写了他们的名字"托里·崔和莉莉·崔"。(小说出版后,有人向我指了出来,我才发现自己是被收养的。)我想,这很诡异。我以为,每个人都知道托里·崔和莉莉·崔是我的父母。

GD:你的养父母开餐馆。你在那里帮忙吗?

崔:是的,我在餐馆里干活。

GD:那儿非常适宜听人聊天,跟踪小道消息。

崔:正是。我年纪轻轻,会观察,但因为小,不招人注意。你是个孩子,看起来无害,人们当着你面说话,仿佛你压根不存在。我一直是不错的倾听者,以种种奇怪的方式吸收信息,储存精彩的只言片语。只要我觉得好玩的,都会记下来。我想,每个人都是这样。然而,我对自己保留了多少记忆并不总有知觉,直到需要它们,就像我写作时的情况。

GD:后来,你进了不列颠哥伦比亚大学,跟着厄尔·伯尼和杰克·齐伯,学习社会学、英语和创作,是什么感觉?

崔:对,厄尔·伯尼是我的一位老师。我真的过得十分愉快。幸运又一次眷顾了我,老师们对我很好。厄尔·伯尼、简·德·布鲁恩和杰克·齐伯指导我,认为我有特殊的天赋和潜力。但我以为,他们对所有学生一视同仁。毕竟,从那以后,走出了乔治·鲍林、弗雷德·华、达芙妮·马特、弗兰克·戴维,一批未来的作家和诗人,都是他们培育出来的。我并非唯一的一个。我现在明白了他们为我所做的一切,用他们的话说,就是——我是一个作家,这种潜力应该得到挖掘。

GD:对于具有少数族裔外貌的作家而言,写作能力令你卓尔不群。能进入英语研究的天地,你有什么特别的感受吗?

崔:有的,有的。我觉得自己并不怎么特别,是其他写作学生的优越感和他们高出我的真正才能赋予了我力量,也许是因为我还没有发掘自己的才能。其他学生并不恃才自傲,实际上,回头看看,我加入任何一个团体,如《蒂什》帮①,都会受到欢迎,不会有任何人反对。但是,我和唐人街的一群发小交往,就没和大学同学一起玩。我的感觉是一种自我疏离,即使我受到欢迎,也不觉得有归属感。如果和其他写作学生坐得太久,我会发现自己不会说他们的文学语言,没有他们的旁征博引。他们中的许多人脱口而出美国和英国的各类名字,而我才刚刚入门。他们有知识,而我缺少类似的知识,很可能因此感到不自在。

GD:你在亨伯学院上课时努力创造包容的环境,这种经历对你有用吗?你讲过,与加拿大黑人血统的学生打交道时,如何激励他们审视自己的家族和部落历史。你是否发现,自己的过去增强了教学能力?

崔:少数学生知道我的过去,总有人问我是怎么写《玉牡丹》的,为什么写,等等。我对过去的认识,帮助了我去教多重背景的学生。

我在所有的朗读会和公众见面会上,总是强调故事的力量,叙述的力量。正如卡罗尔·希尔兹②所说,"这一代人渴望叙事"。因为他们的历史被电视和迪斯尼的画笔同质化了,这种同质化导致许多学生忽视了他们自己家庭的故事。他们的家人沉迷观看同样的电视节目。

与此同时,祖父母静静地待在某个地方,可能还带着一台电视机,不和别人说话。我告诉学生,我们似乎都认为每个人应该来自比佛利山高中,他们通常对此嗤之以鼻。所以我说:"找出你真正的来历,探索你的家族史——因为这会引导你了解你真正是谁。"

我鼓励学生了解他们的历史。这种鼓励,可能源于理解我自己故事的重要性,理解真实故事的力量,而非纯娱乐的故事。

崔维新写回忆录《纸影:唐人街童年》期间,同意谈谈自己的工作和生活。访谈前,他和访谈者溜达进一家二手店,寻找别致的眼镜盒,用来装各式钢笔。他书写流畅、飘逸,钢笔就是他的神器。从这次编外之

---

① 《蒂什》(TISH),20世纪60年代的前卫诗歌杂志。TISH是SHIT("粪便")一词的倒拼,表明了不服主流趣味的抗议态度。《蒂什》受美国垮掉派和黑山派诗歌启发,主张以口语写诗,形成了以温哥华和西部加拿大为中心的诗歌运动,是加拿大文学史的一部分。——译注

② 卡罗尔·希尔兹(Carol Shields, 1935—   ),当代加拿大著名女作家,代表作有小说《斯通家史札记》《斯旺》等。——译注

旅,可以看出,他热衷于日常仪礼中的象征性物件。在温哥华的一家餐馆里,希腊烤肉串、中东皮塔面包和酸奶黄瓜蘸酱端上了桌,访谈进展着——关于他对过去的浸沉、对唐人街语言的记忆、对创作的臧否,以及他与知名文学团体的关系。

访谈过去了几年,在2001年,六十开外的崔维新突发昏厥,住院数月。他没有成家,多年和有家有口的西人朋友同住。住院期间,他命悬一线,尤感"洋家人"和医护粉丝的关爱。病愈后,他以一本纪实的《还没有:生死之忆》,感动了无数读者……

(部分载于《中文学刊》2021年第6期,总第80期,第144—149页)

坚守移民梦，奋建移民史
——加拿大华人作家贾葆蘅的心路

作家简介：

贾葆蘅，籍贯北京，毕业于北京工商大学（原北京轻工业学院）机械专业，曾在清华大学紫光集团和通源科技公司从事计算机和网络技术支持工作。1999年移民到加拿大，获得不列颠哥伦比亚理工学院计算机网络管理员证书和温哥华中央学院大专证书。曾在加拿大《环球华报》发表连载小说《人在温哥华》，著有长篇小说《弘治皇帝》《嘉靖王朝》《移民梦》等。《移民梦》在温哥华公共图书馆推荐的新移民20多本必备书目中，为唯一的小说类书籍。

和加拿大著名史学家黎全恩教授、评论家丁果先生合著《加拿大华侨移民史（1858—1966）》，2013年由人民出版社出版，为加拿大华侨移民史研究的里程碑之作，被中华人民共和国国务院新闻办公室和中华人民共和国新闻出版广电总局主管的中国图书对外推广网向世界推荐。该著荣获人民出版社年度十佳学术著作奖、经典中国国际出版工程项目基金、台湾侨联总会全球海外华文学术论著社会人文科学类首奖。2016年，贾葆蘅获加拿大新时代电视及城市电视主办评比"新枫采之艺术风采奖"。与丁果合作论文《从江湖走向立法——中医药和针灸在加拿大的发展史简论》，2018年刊登在中国教育部区域和国别研究基地北京外国语大学加拿大研究中心组织编写的《2017加拿大政策发展报告》中，被特别推荐。

访谈时间： 2018年9月—10月
访谈形式： 笔谈
访谈语言： 汉语

一、移民是梦，更是人格的重塑

赵：您从1999年移民到加拿大，迄今将近20年了。您在长篇小说《移民梦》中塑造了形形色色为追求梦想而移民北美的中国人，从20世纪80年代一直写到21世纪全球金融危机爆发。有众说纷纭的留学生活、异国恋、华人参政、投资创业，以及华人社区的陋习、偷渡、制毒贩毒、暴发户的纸醉金迷，还有西方民主的游戏规则和种族歧视等。

坚守移民梦,奋建移民史
——加拿大华人作家贾葆蕡的心路

这里面有您和家人的影子吗?您觉得自己的移民梦实现了吗?

贾:小说《移民梦》里面确实有很多是我和家人及一些朋友的亲身经历,书中很多故事都是真实的。1999年我和家人带着憧憬,来到了山清水秀、风光旖旎的温哥华时,感觉这里就是人间天堂,但蜜月期很快就过去了。我和很多新移民一样面临着语言、文化、历史、国情的种种差异,时时经历着文化上的"休克"。当年常听说,能出国的人不是精英,也是人才。在加拿大的华侨华人移民中,我们确实很容易就遇到从中国来的研究生和大学生,但问题是我们的文凭不被认可。"最适合人类居住"不等于"最适合人类工作与发展"。有不少在中国曾是优秀专业人才的移民,在加拿大却沦为体力劳工或惨淡经营着小生意,维持着艰难的移民生活。

2016年,贾葆蕡获"新枫采之艺术风采奖"

我们初到温哥华,就曾经有过一段异常艰辛的移民生活。印象很深的一件事,是有一次,我和一位在温哥华认识的朋友开辆极其破旧的车子,一起寻找工作。因为那天我先生可能要前往某公司面试,不能随我同行。我们不能把不到三岁的女儿留在家中,所以我和朋友带着我女儿一起寻找工作。我们按照招工广告上的地址连找了好几个地方,每到一处,我和朋友分开进去咨询,总有一人在外面看着我女儿。可是发现有些地方不招人,只是发广告而已。有些则是一个职位有好几十人在申请,因此到了傍晚也没找到工作。

黄昏时分,我们来到了一家华人餐厅,这时我们都很饿了,就一起走了进去。就在我与朋友准备向前台工作人员咨询时,我女儿突然大哭起来,她的小眼睛直勾勾地看着桌上的饭菜,带着一副可怜的模样哭着:"妈妈,我饿了,我要吃饭。"当时,想到两岁多的女儿随我们来加拿大如此吃苦，我都快掉泪了。心想赶快叫女儿吃饭，但是我们没钱在餐厅吃晚饭，只能尴尬地走出去，到旁边一家商店买了个三明治和一杯饮料。等我女儿吃饱后，我们饿着肚子继续寻找工作。

移民的过程就是重塑人格的过程，不少人经过几年移民生活后，都觉得改变了很多。像我们人到中年来到加拿大，如果问有没有实现了我的移民梦，只能说，和我最初的设想不一样。在加拿大，我们很多新移民没有任何社会关系，只有靠吃苦耐劳和勤俭节约。但是艰苦的生活锻炼了很多新移民子女，他们坚强、积极向上。比如，我女儿知道生活不易，一直很节省，主动为父母分忧，这也是一种收获吧。

赵：您这段刻骨铭心的经历，在中国出去的技术移民中，是有代表性的。我也认识从国内移民到加拿大的学者、研究人员、企事业干部，在移民初期，有些的确走过和您一样艰辛的谋生求职道路。我的一位大学校友，信息工程专业的高才生，从国内的好单位跳槽，移民温哥华，一连找了20多个工作，都碰了壁。大概三年后，才算稳定下来，将太太和孩子接了过去。他说，一开始拿着在国内攒的钱，坐吃山空，心慌慌的，感觉混得没脸。后来，有了枫叶卡，生活稳定了，有闲情在加拿大游山玩水了，孩子的教育又让他头疼。西化的青春期孩子不服管……我认识的高知分子，在移民后，有的开杂货店、送快餐、端盘子、当厨师、当超市上货员、做酒店清洁工、送货、打杂……为了找到更理想的工作，还会重新走进课堂，接受培训，以便取得加拿大或美国认可的这样或那样的证书。

在我眼里，他们都是非常勇敢、不怕面对现实的追梦者。不管他们最后能否如愿以偿，单是这种在国外另起炉灶、重新开辟一块天地的勇气，就足以令人钦佩的了。夸父逐日，精卫填海，愚公移山，让人感念的不是他们的成功，而是他们在成功可能性几乎没有的情况下，还去拼搏。

所以，向您、您先生，以及你们所代表的技术移民群体，谨在此表示由衷的敬意，衷心希望你们永远有梦，拥有安定、怡然、充实的国外生活！

坚守移民梦，奋建移民史
——加拿大华人作家贾葆蘅的心路

陈瑞琳（左二）、贾葆蘅（左三）与中国现代文学馆馆长陈建功（左四）参加 2011 年中国宜春·明月山第二届国际华文作家写作营

赵：您出身书香世家，自幼酷爱历史小说，中小学期间就阅读了《后汉演义》《东周列国志》《儒林外史》《三国演义》之类的十几部历史小说，有些还反复阅读，甚至手抄自己没钱买的长篇小说。您移民加拿大后，先后开始创作长篇历史小说《弘治皇帝》和《嘉靖王朝》。

请问，这当中的契机是什么？

贾：很小的时候，我就酷爱文学和历史。我父母都是中文系毕业的，在中学从事教育工作。小时候我们家住在学校里，学校图书馆有很多小说，我父亲也收藏了不少历史小说。因此，我不仅阅读了诸多历史小说，还阅读了不少评论历史进程的文章。这些文章也许读起来有点枯燥无味，但我却在这些古旧发黄的卷宗和评论文字的吸引下，走进了中国各个朝代，来到了一个个鲜活的历史人物中间。那些大智大勇的历史人物明亮了我的视野，开阔了我的心胸。可尽管如此，在中国我从来没有动过写历史小说的念头。

来到加拿大，重新扎根一片陌生土地，在经历无数次艰难困苦的磨炼后，我们家庭逐步稳定了下来。我在学习和工作中，均能感受到在加拿大多元文化社会里,各种文化思潮互相激荡。但因为我身上带着中华文化烙印,我非常希望再次接触故土的文化,渴望听到故乡的声音。一种更清晰地呈现历史,更深入探索中华历史长河的念头油然而生。在这种心情的驱使下,我先写下了长篇历史小说《弘治皇帝》。后来在父亲的建议下,又写下了《嘉靖王朝》这篇小说。

赵:为什么选择明朝为您演绎历史的朝代?如果您继续创作历史小说,下一部打算写什么?

贾:我是在北京长大的,多次参观北京故宫。一次,为了全面了解紫禁城皇家宫殿建筑群,从早到晚,我都在故宫里所有可以游览之处进行拍摄,没有顾得上吃饭,所以我对故宫印象深刻。故宫是明朝时期建立的,而我从小就敬仰和崇拜弘治皇帝,所以选择写明朝历史小说。

我曾有打算写一部明末历史小说,从明万历皇帝期间的萨尔浒战役开始,一直到明末清初。我花了很多时间收集和研读这段时期的历史资料。然而,可能是机缘巧合的缘故,命运安排我踏上了穿越时空的加拿大华人移民历史研究之旅。经过几年的移民史写作,今后我的重点,肯定是以研究加拿大华侨华人历史为主。"加拿大唐人街研究之

中国现代文学馆馆长陈建功向贾葆蘅(左)颁发入藏证书

父"黎全恩教授也希望我能传承他的严谨治学精神,继续将他多年悉心积累的成果充分运用在加拿大华侨华人历史研究之中。

二、"扛起加拿大华人移民史"

赵:您和"唐人街之父"黎全恩教授、著名时事评论家丁果先生合著的《加拿大华侨移民史 1858—1966》,为加拿大华侨移民史上的里程碑之作。为之,您在加拿大全国采访,实地考察,查证史料,夙兴夜寐,付出了常人难以想象的心血。在写作的三年多过程中,您"几乎放弃一切娱乐、查找、采访,尤其是最后两月校核注解,久坐电脑旁,以至视力剧降,两胯作痛"。

该著寄托了加拿大数代几百万华人的心愿,您也被凤凰卫视誉为"扛起加拿大华人移民史"的女性。对此,您有什么样的感受?

贾:2011 年,我与加拿大著名的史学家黎全恩教授及加拿大著名华裔评论家丁果先生开始撰写加拿大百年华人移民史。当时,我已经出版了两部中国历史小说和一部移民小说。由于经历过新移民初期的艰辛生活,我对华侨华人移民历史有些兴趣。我在准备写作期间,研究过有关华人历史的资料和书籍,但没有想到实际写起来有着很多艰辛,难怪很少有人涉猎。我初涉移民史领域,是个新手,没有加拿大各地区、各领域的人脉。要想理清侨社之间错综复杂的关系,让别人愿意接受采访,困难重重。刚开始的采访很不顺利,被婉言谢绝过。有次遇到对方,因推荐人关系,不好拒绝,但在整个采访过程中,对方却不怎么言语。

写学术专著,不是畅销小说,从来不以挣钱为目的,却需要付出很多用于实地调研。还花大量时间考证,短时间不见任何成效。那时,我根本没想到这本书后来会获奖,只希望把书写好后,能够顺利出版,对得起光阴岁月就可以了。我相信,如果是有名有利的项目,短期见效,早就轮不到我了。可那时,我认为人民出版社是中国很有影响力的出版社,肯相信我,让我去找著名学者一起撰写加拿大华侨移民历史,我不能辜负难得的信任。

黎全恩教授和丁果先生大名鼎鼎，肯与我这个无名之辈合作，我感到非常荣幸，我很珍惜难得的机缘。为此，我用心做事，待人诚恳，努力学会与不同社区、不同社团的人士沟通，慢慢取得了好的效果。

我们在写移民史中，多次得到加拿大侨社的支持和帮助。在这里，我要特别感谢很多老侨。我们的移民史是从淘金时期写起的，早先采访的都是老侨。很多老侨热心支持了我，给我讲述自己家族和自己的移民故事，无私地向我展示他们的家族资料。

原先我是学工科的，史学研究知识较少。尽管我带着强烈的兴趣，阅读了许多与加拿大移民史有关的著作和论文，并且在华人社区进行采访调研，可这些是远远不够的。我自认为尚缺像黎教授和丁果先生那样几十年的学术积累，深感自己对移民历史了解不够。我在写作中有着各种各样的问题，比如一些久远的事件难以考证、线索链中断。有些是当事人已故，权威档案资料没有详细记录，有些后代口述历史含糊不清。总之，如何判断众多史料真伪等等，难题颇多。

但我又是幸运的，黎教授和丁果先生都在诲人不倦地教导我、引领我，使我一步步踏进了移民历史研究的领域，少走了很多弯路。黎教授多次告知我什么样的史料体现了学术研究的真实性。介绍学术著作引文规格和注释形式等写作规范问题。他还用行动影响我。我记得，有一次，他在化疗后第二天，就给我打电话，磋商移民史写作之事。因为以前黎夫人告诉过我，每次黎教授化疗后，一个月内都很痛苦，所以当时我曾担心地说："黎教授，您先休息几天吧。"可是没想到他却回答："忘记我的病情，我们移民史最重要。"每一次提起移民史和唐人街，黎教授都会神采奕奕，完全忘记病情。

丁果先生对我的史学研究方面帮助很大。我在写作初期，丁果先生在把握我们移民历史学术专著写作全局时，几乎每过两三天就会花很长时间指导我，介绍如何做田野调查、如何获得一手材料、如何判别哪些史料价值高，分析哪些史料不可信，不可信的原因等等。记得2017年，黎教授和王健教授等人出版了一本关于唐人街的新著《加拿大的唐人街》。我参加新书发布会后，迅速写了一篇新闻报道刊登出来，并发给丁果。我的新闻稿介绍《加拿大的唐人街》中有一句："是全加拿大的

坚守移民梦，奋建移民史
——加拿大华人作家贾葆蕻的心路

华裔历史文献"，丁果觉得不妥。因为现在出版的应该叫"当代文献"，我赶快更正了。总之，他们使我明白如何撰写有生命力的历史专著，而小心谨慎、一字一句仔细斟酌是必须的。

凤凰卫视把我称为"扛起加拿大华人移民史"的女性，我更应该将之看作一种鞭策。移民史是我们三人合作的结晶。黎全恩教授对华人移民史有着执迷的酷爱，曾踏遍北美四十多个唐人街，拥有多年实地考察经验和第一手权威资料，写作时努力做到保持历史人物和历史事件的原生态。丁果先生知识渊博，满腹经纶，敏锐地把握了各个时期华人移民史的脉搏。我只是站到了巨人的肩膀上，在他们的教导和提携下，才在移民史研究的道路上取得了一点点进展。他们两人严谨认真、一丝不苟的治学精神，深深影响着我。我们在三年多的写史过程中，彼此之间既有切磋和探讨，也有争论和思想的碰撞。但我们每一次对移民史一些问题的探讨，都会引领出一个精彩的升华。这种升华犹如春雨润物无声，时时滋润我的心田。

2011年7月，贾葆蕻（右）与黎全恩教授第一次见面合照

另外，回想起来，我从不去想怎么走捷径，只是一步步脚踏实地寻找，繁杂又很艰辛，但我的移民历史知识日渐增加，这也是勤能补拙吧。在新的历史时期，华侨华人研究呈现新特点，是多学科交叉研究。网络

65

2014年5月,黎全恩(左二)、丁果(左四)和贾葆蘅(左五)三位作者参加《加拿大华侨移民史1858—1966》新书发布会

时代,给我们查找资料带来了便利。我曾经从事过计算机技术支持工作,我的理科知识在查找史料时派上用场,可以较快、较准确地找到资料。

赵:谢谢您详述了您与黎教授、丁果先生的精诚合作!从治学角度而言,后学能由大家引领,大家又如此倾囊相授,真是人生一大幸事。黎教授的著作,也是我了解加拿大华人历史的必读书目;丁果先生则以博学敏锐见长,善于剖析时政民生。两位都是谦谦君子般的严谨的学者,加上您的勤奋、悟性和良好的学术潜质,《加拿大华侨移民史1858—1966》的分量不言而喻。

在这部宏著中,当事人或其后代的口述极其珍贵,赋予了历史以鲜明、个性化的色彩。在收集加拿大华侨资料的艰苦过程中,您采访了加拿大政要、侨领、华人史学家、作家、艺术家、企业家、高科技人员、时事评论员、华工和华商后代、华工和原住民同居的后代、一战华裔军人遗孀、二战华裔军人、中西学者、留学生、难民等各路人士,肯定遇到了不少令您动容的真人真事。可否与广大读者分享一二呢?

贾:我在写《移民梦》时,就曾采访过社区人士、技术移民和时事评论员等。撰写移民史后,更觉得自己需要通过调研增长加拿大华人移民历史知识,就进行大量采访。加拿大各界侨社、侨领和先侨后代均对我帮助很大，他们身上洋溢的热心助人之情深深感动着我。第四代华裔 Gail Yip 的曾祖父是位华商，她的先生 Ken Yip 是华侨淘金者后代。他们夫妇两人不光介绍两家家族在加拿大的生活情况，提供历史资料和图片，还鉴于我不认识很多先侨后代和社团侨领，多次为我介绍华裔教授、学者、档案馆馆员、先侨佣人后代、二战华裔军人、小业主等，使我更好聆听到了先侨的移民历史，体会到了他们的移民百态人生。不仅如此，Gail Yip 和 Ken Yip 还不厌其烦地介绍一些档案馆，使我可以迅速查阅相关史料，这对于我的调研起到了关键的作用。

还有一次，我在采访二战时期加拿大第一位华裔空军，时年 95 岁的黄国雄先生时，老人激动地对我说："我已把所有的史料都拿了出来，希望你们能写好移民史。"说完，老人脸上洋溢出绚烂的笑容。一年冬天，我去采访修建太平洋铁路华工的后代，他动容地说，我是为华埠做了一件大好事。那天，从他家出来，我在公共汽车站等了半个多小时。当时下着大雪，漫天的大雪打下来，无遮无拦，可我一点都不觉得冷，因为我深受鼓舞。

现在我可以这样说，只要认真努力，脚踏实地下真功夫，上苍一定会开路的。

2011 年，贾葆蘅（左）采访华工 Hong Tim Hing 与原住民 Agnes Grant 所生后代 Larry Grant

2012 年，贾葆蘅（右）采访参加过二战的加拿大华裔军人黄金焕

三、全力完成黎全恩教授的遗愿

赵:2018年6月15日,黎全恩教授在维多利亚仙逝,海内外华人缅怀不已。黎教授生前曾将自己收集的近80箱资料捐赠给多伦多大学,也委托您保管他的华人研究部分资料,期望继续合作,写完1967年以后的加拿大华侨移民史。

请问,这第二本巨著的进展如何?遇到过什么样的难关?您又是怎么一一攻克的?

贾:黎教授的去世,给我带来巨大的打击,我有很长一段时间十分悲痛并难以接受。他交给我的一些资料,很多都呈现在我们的《加拿大华侨移民史1967—2001》初稿中。黎教授离世之前,我们这本移民史初稿已完成了一大半。

目前,我们在《加拿大华侨移民史1967—2001》写作中,确实遇到很多难关。比如,华侨华人数量飞速增加,华侨华人社团如雨后春笋大量涌现,类别开始繁多。社团已经由最初为了联谊乡情、亲情、守望相助的成立宗旨,转变为向着政治、经济和文化等多方位发展。不同行业的专业社团还具有一定的互补性,彼此之间的合作交流变得较为频繁。但是其中有一些社团矛盾重重,有的社团号称代表华人社区,其实并没有真正的代表性。因此调研时间剧增,难度加大。我要花不少时间考虑社团之间的关系,然后尽量取得社区大多数人士的信任。因为只有尽量取得诸多社团的信任,才能得到所需要的资料。

我曾先后在温哥华、维多利亚、多伦多、蒙特利尔、温尼伯、埃德蒙顿和渥太华各地华埠调研。对于我的调研,黎教授曾特地给一些华埠朋友写信,希望给我提供帮助。因为黎教授是著名学者,有公信度,丁果先生也是侨界闻名人士。我在他们光环的环绕下,再加上自己的诚心和努力沟通,得到加拿大各界人士的支持和帮助。

在多伦多,多伦多洪门民治党主委余卓文给我介绍了不少侨社,细心安排采访行程并陪我前往采访。多伦多东区唐人街地标"中华门"设计者张哲旋,不仅给我介绍"中华门"建造历史,还让我把"中华门"和原有设计方案图一起拍摄,留下历史纪念。张哲旋与多伦多几位著名侨领在"中华门"前,冒雨站立好几分钟,使我深受感动。多伦多著名媒体人黄学昆先生,一次次帮助我们联系侨社和寻找资料。每次我请求帮助,他都是用最快的时间帮我解决问题。

在蒙特利尔,魁北克华人作家协会主席郑南川先生,不光介绍当地华文文学的发展历史,还带我拜谒"北美华裔文学祖母"水仙花之墓。我的大学同学覃娜冒雨开车带我去临近蒙特利尔的一个城市,使我能顺利采访参加长沙会战的老兵。

在温尼伯,加拿大"红枫传奇"人物、加拿大勋章获得者、著名侨领余岳兴虽然身有残疾,还到机场接我。著名侨领颜国华细心安排我的采访行程,带我到不同侨社参观和采访。

在埃德蒙顿,孔子学院李伟院长给我联系不同侨社侨领,并安排我在孔子学院介绍我们加拿大华侨移民史的写作意义。

在渥太华,中华会馆主席薛金生花费很多时间安排我的采访计划,带我到不同侨社参观,并热情介绍当地侨社和中文学校情况。

在温哥华,著名侨领朱展伦和姚崇英等,一次次无私地帮助我。

加拿大著名华裔艺术家和策展人郑胜天先生、著名书法家古中先生,不光给我提供艺术资料,还对我列出的艺术人员名单提出具体意见,并建议了一些写作思路。

总之,全加拿大各地都有一批批侨领和侨胞,热情帮助我们的移民史写作,使我信心倍增。

2013年后,我曾抽出不少时间把《世界日报》和《华埠新闻》拍摄下来并分类。我还把《加华侨报》《加京华报》《世界日报》《华埠通讯》《瞻》《快报》和《明报》等先后下载再分类。这一时期,中文报纸增加,历史资料很多,需要考证和校核媒体报道准确性的时间也大为增加。千禧年之后,由于传媒经营艰辛,不少华人创办的报社几乎没有专门人手校对。就是编辑也要多面手,编辑、排版、校对,全部要管。在这种情况下,很多媒体刊登的社团活动,多是社团发来的通稿,准确性存有一定质疑。因此,现在研究加拿大华侨华人移民历史,不可能像使用《大汉公报》那样,把当今华文传媒资讯当作史料一一引用,而是需要深入辨析,筛选出典型性、合理性和可信度高的史料。最好采取中英文史料结合,相互印证。另外,不少口述历史具有局限性,有些口述者是选择性遗忘,有些甚至是有偏差和错误的。研究者一定要仔细分析和核实加拿大华侨华人历史大事后,才能撰写出真实的历史。

现在,我把通过调研和报纸找来的资料,分类筛选并挑选相关内容放在不同章节中。丁果先生过目后,为了最大可能发挥史料在探寻历史中的重要作用,经常指导我有的放矢地再选取些富有典型性的史料,以此增加历史研究的真实性和历史事实的说服力。

四、拾遗加拿大华文文学

赵:您是加拿大华文作家,生活在加拿大华文文学较早萌蘖、作家最为集中、华文报业最发达的温哥华地区。在那里,您对哪些文学活动或作家,留有深刻的印象?

贾:温哥华文学社团很活跃,比如加华作协,经常举办有影响力的文学活动。另一个文学社团加拿大华人文学学会为了"实现世界最大华文文坛"的梦想,曾在《世界日报》开辟《华章》专栏,影响很大,您也是《世界日报》《华章》版编委之一。2014年,应您的邀请,黎全恩教授、丁果先生和我共同撰写的"写在《加拿大华侨移民史》出版之际",于2月26日在《世界日报》《华章》专栏刊登,您是这一期的执行主编。

加西文学领域印象深刻的人物有叶嘉莹、瘂弦、梁丽芳、林楠和徐

黎全恩、丁果和贾葆蘅在《世界日报》《华章》专栏介绍其合著的《加拿大华侨移民史》

新汉等。但是近几年我专注于华人移民历史研究,对加西华文文学活动,参与不是太多。

赵:著名诗人和编辑家痖弦先生提出了"把华文文坛建成世界最大文坛"的蓝图,引领加拿大华人文学学会朝之努力。感谢你们慨然赐稿,让"华章"见证了加拿大华人历史研究的酸甜苦辣。

贾:另外,给我印象最深的活动,是加东滑铁卢大学孔子学院举办的国际文学交流活动。2014年4月24日,丁果先生和我应邀参加了由滑铁卢大学孔子学院举办的以"同一世界,同样梦想"为主旨的"文学百纳被"文学交流会。这次大会邀请了中国和加拿大数十名少数民族作家和学者,畅所欲言,表达对文学的看法。4月25日晚,多伦多圣力嘉孔子学院、滑铁卢大学孔子学院和加拿大中国笔会联合举办的恳谈会,中国少数民族作家代表团与多伦多文学爱好者进行交流。会上,丁果和我还详细介绍了新书《加拿大华侨移民史1858—1966》。我觉得这样的活动,有别于很多华人文学团体举办的活动。它更好地拓展中华文化的国际影响力,为加、中学者文学交流提供了更宽广的平台。

最近我有一个深刻感悟。2018年11月27日,我参加了多伦多大学利铭泽典宬图书馆举办的纪念加拿大唐人街研究权威、加拿大著名史学家黎全恩教授的学术活动。借此机缘,我采访了多伦多著名书法

2014年4月24日,贾葆蕤(二排左三)和丁果(二排右三)参加滑铁卢大学孔子学院举办的以"同一世界,同样梦想"为主旨的"文学百纳被"交流会

家陈汉忠先生。通过这次采访,我感悟到活跃在加拿大艺术领域里的一些华侨华人,是艺术与文学并置,陈汉忠先生就是如此。他不仅是艺术家,也是作家和诗词家,是诗、书、画统一。长期的艺术实践让他意识到书法要写得诗笔含情,离不开文学和哲学等造诣,因此他在热心推广书法的同时,尤重视诗词创作。2015年,他出版著作《翰墨传真——陈汉忠诗文集》,诗文集有五言绝句、五言律诗、七言律诗、对联、古体诗,达三百多篇。由于陈汉忠先生的打拼努力,耕耘艺术和文学界,倾情奉献,他获得很多殊荣。除了艺术领域奖项外,2011年他入选"华人华侨风云录"。2012年获得"英女王伊丽莎白钻禧奖章"。2015年获"加拿大红枫传奇"人物奖。温哥华擅长甲骨文的书法家何思捋,也是著名诗人,出版过不少文学作品。温哥华著名书法家古中先生,中文专业毕业,也写过一些文学作品。总之,加拿大一些艺术家将想象的触角伸向自身所在领域之外,他们的艺术作品中彰显着审美和文学修养。

红枫传奇颁奖典礼现场,背景为陈汉忠的篆书对联

赵:加西的不列颠哥伦比亚省和艾伯塔省、加东的安大略省和加东的法语大省魁北克省,是加华文学最为繁荣的地区,可谓形成了加华文学的三大板块。华人作家多集中在温哥华、多伦多、蒙特利尔、渥太华、埃德蒙顿等大城市。

但您通过采访,发现加拿大中部曼尼托巴省也有一些华人写作人,大多居住在其省会城市温尼伯。能否介绍一下他们的文学活动,以及创作成果?

贾:2016 年,我到曼省温尼伯调研,发现那里有一批华人作家。他们多数来自祖国大陆,创作始终有着"大陆"气质。但因为曼省位居加拿大中部,这些作家在作品中掺入了与加拿大相关的"元素"。

《枫华之声》的主编和创始人之一王虹,曾连续几年获得加拿大民族传媒协会颁发的最佳记者奖、最佳编辑奖。《枫华之声》多次获得加拿大民族传媒协会颁发的最佳杂志奖和视觉效果奖。王虹 1994 年来到加拿大温尼伯,1998 年在曼尼托巴大学硕士研究生毕业,曾先后担任艾伯塔省政府保护儿童社工、曼省社工和曼尼托巴大学国际语言中心指导顾问。从 1995 年起,她在《缅省华报》(当地华侨习惯称"曼尼托巴省"为"缅省")专栏《枫林心语》撰写随笔、散文和诗歌等。王虹创作面广泛,既有思乡怀旧、华侨华人移民生活等作品,也有婚姻关系、人际交流等方面的文章。因为是留学生出身,她写过很多关于留学生活的点点滴滴。

从中国来到温尼伯的专栏作家王玉玲,笔名"朗月",先后担任过杂志记者、编辑、编辑部主任等,获得加拿大时任总理哈珀颁发的"少数民族媒体最佳记者奖"。她的文学作品曾在《中原侨报》《越缅寮华报》《中华时报》《枫华之声》等曼省本地报纸和杂志上刊登,后被北美多家网络媒体转载。小说类有《今生不该遇见你》《他乡的月亮》《古吉特》《吉娜》《周末》《国际班》等。散文类有《在加拿大坐车》《在加拿大看医生》《在加拿大过新年》《旅行》《讲中文的老外》等。另外还有很多报道或评论文章。王玉玲的作品既有新移民感悟故事,也有移民加拿大后在新视野下的所见所闻。

来自菲律宾,1955 年在台湾大学医学院读书,1962 年到加拿大的蔡衍泰医生,在温尼伯生活多年。2000 年,他搬到了艾伯塔省坎莫尔(Canmore)小镇。他曾与一群朋友创办曼省中文学院(Manitoba Academy of Chinese Studies)和《缅省华报》(Manitoba Chinese Post),任《缅省华报》主编。蔡衍泰医生酷爱诗词,用"逸峰"笔名发表诗作。2007 年,在加拿大《游子吟》网络古典诗歌比赛中,他的作品《水龙吟·华工志》获得二等奖。

与加西温哥华、加东多伦多和蒙特利尔活跃的华人作家群相比,温尼伯的华人作家还没有被人注目。其实，他们努力办刊物，开辟文学园地，为温尼伯的读者打开了眼界。因此，我们在《加拿大华侨移民史1967—2001》加华文学一章，介绍了这些热爱文学的作家们。

2014年，贾葆蕸到多伦多采访"中华门"设计者张哲旋（左二）和侨领：多伦多开平同乡会会长周享利（左一）、多伦多孟尝会前会长关永添（左三）、多伦多中华门牌楼承建师张锦冲（左四）

2014年，贾葆蕸（左）与多伦多洪门主委余卓文合影

2015年，贾葆蕽（右）到蒙特利尔采访魁北克华人作家协会主席郑南川

2016年，贾葆蕽（右）到温尼伯调研，与获加拿大勋章、曼尼托巴省水牛勋章、红枫传奇奖的侨领余岳兴医生（中）和温尼伯侨领颜国华（左）合影

2017年，贾葆蘅（左）到埃德蒙顿调研，与当地孔子学院李伟院长合影

2018年，贾葆蘅（左）到渥太华调研，与渥太华侨领、渥太华中华会馆主席薛金生合影

五、走进真实的加拿大

赵：您不定期回华探亲、开会、讲学，发现国人对加拿大或美国最主要的认识偏差在哪里？中国学界对加拿大华侨移民史的了解，还存在哪些有待深化之处？

贾：现在，中国学术界在华侨华人历史研究方面卓有成效。中国一些学术刊物不仅刊登了一批颇有分量的学术研究文章，使中国学者的研究成果进入海外学者的视野，同时也与时俱进翻译介绍国外学者的研究成果和发展动态，为国内外学者合作创造契机。中国不少学术机构定期或不定期举行学术研讨会，还有中外学者进行合作研究，这些都对活跃学术气氛起到了积极的促进作用。但有些遗憾的是，国内研究华侨华人移民历史的学者实地调研机会较少，缺少第一手资料，难以从微观上详述华人在加拿大的历史变迁。一些论文没有参看原本文献，不能证实其所用的二手资料与原本文献资料是否保持一致。

如果研究学者能够来到加拿大进行考察，或作为访问学者来加拿大进修一段时间，与加拿大学术机构相互交流，再投入精力进行研究，其效果肯定是积极的。

我个人觉得，追寻真实的历史，实地调查与文献资料考证相结合，是研究之魂。

赵：对于一般读者（不是华人研究的专业人员），如果想了解加拿大华人或北美华人的历史变迁和当代状况，您有什么书籍、报刊、网站、博客、微信公众号、纪录片、影视节目……可推荐吗？

我记得，1998年11月1日，描绘加拿大太平洋铁路华工的八集文献纪录片《枫骨中华魂》(Canadian Steel, Chinese Grit)在渥太华举行首映式。英语版和法语版的片长为48分钟，普通话版和粤语版的片长8小时30分钟。这应该是一个不错的选择。

贾：您作为访问学者，来到加拿大进行过实地调研，所以熟悉加拿大华侨历史，尤其是加华文学发展史。您说得不错，《枫骨中华魂》在加拿大影响力不小。该部纪录片记载了华工修建太平洋铁路的历史，反映的不仅是加拿大华人的奋斗历史,也是加拿大历史的一部分。

目前加拿大有很多学术机构、网站刊登华侨华人历史资讯。但就我这几年的研究心得,我认为应该使用权威机构网站数据,如移民部和国家统计部门等网站的数据。应该阅读著名学者的学术著作或论文,如黎全恩教授和李胜生教授等著名学者的著作。因为这些著名学者撰写出来的学术著作,思维的逻辑性、准确程度和学术严谨性都相对杰出。阅读这些著作,可以节省查证时间,可以少走弯路。当然这是我个人的看法,仅供大家参考。

至于权威书籍、论文、报刊、网站、纪录片、影视节目等,我可以推荐一些。但因篇幅等原因,我只能推荐一部分。

一、学术著作和论文

1. 李东海:《加拿大华侨史》,加拿大自由出版社,1967 年。

2. Edgar Wickberg et al, *From China to Canada* (Toronto: McClelland and Stewart Ltd., 1982).

3. David Chuenyan Lai, *Chinatowns, Towns Within Cities in Canada* (Vancouver: UBC Press, 1988).

系华埠研究的权威著作,曾获卑诗省历史学会(British Columbia Historical Federation)1989 年功勋证书(Certificate of Merit)。

4. Patricia Roy, *White Man's Province* (Vancouver: UBC Press, 1989).

5. David Chuenyan Lai, *The Forbidden City Within Victoria* (Victoria: Orca Book Publishers, 1991).

6. David Chuenyan Lai, *Chinese Community Leadership* (Singapore: World Scientific Publishing, 2010).

揭开了加拿大第一个中华会馆——维多利亚中华会馆的面纱,让主流社会重新认识了华人社区。

7. Peter S. Li (Li Sing Sung), *The Chinese in Canada* (Toronto: Oxford University Press, 1998).

8. Laura J. Pasacreta，*White Tigers and Azure Dragons: Overseas Chinese Burial Practices in the Canadian and American West* (1850s—1910s)（Vancouver：Simon Fraser University，2005）．

探讨华人在加拿大和美国的墓地，对早期华人在卑诗省的墓地进行了相关调查。

9. Jiwu Wang，*His Dominion and the Yellow Peril* (Waterloo：Laurier University Press，2006)．

二、具有权威性的文献和报告

10.《第一次皇家调查报告》[*Royal Commission on Chinese Immigration: Report and Evidence*（Ottawa：Printed by Order of the Commission，1885）．]

《第一次皇家调查报告》专门调查华人问题，记录了华人生活状态、思想言行、人口数目、男女比例、职业、工资收入、工作效率、社交活动、犯罪记录、交税情况、有无恶习等等。

11.《第二次皇家调查报告》[*Report of the Royal Commission on Chinese and Japanese Immigration*（Ottawa：Printed by S.E. Dawson，1902）．]

《第二次皇家调查报告》认为华人难被同化，对加拿大无益处，还认为美国排华法并没有影响到美国和中国的贸易，因此加拿大政府也应该实行较为严厉的限制华人法案。

12.《加拿大年鉴》[*Canada Year Book*（Ottawa：Census and Statistics Office）．]

1967年《加拿大年鉴》首版。从1867年到1967年，以文本、表格、图表、地图等多种形式记录加拿大的统计历史。数据来自加拿大统计局，该局是加拿大联邦政府的部门之一，负责全国人口、经济、资源、社会及文化的统计工作。《加拿大年鉴》从2006年到2012年，可通过html和pdf格式在网上获取。《加拿大年鉴》最后一期是2012年11月，2013年4月停止发行。

13. 维多利亚中华会馆票根单据（维多利亚中华会馆是加拿大华人第一个统一的正式社团，是华人社团权威机构，它的票根单据有一定权威性。)

三、学术刊物、论文、专业文章和报纸

14. David Chuenyan Lai, *Canadian Steel*, *Chinese Grit* (Vancouver National Executive Council of the Canadian Steel, Chinese Grit Heritage Documentary, 1998).

15. David Chuenyan Lai, "Chinese Opium Trade and Manufacture in British Columbia, 1858—1908." *Journal of the West* 38, No.3(1999).

16. Zhongping Chen, "Victoria as a political centre for globalized Chinese reforms,"*Monitor* (June 24, 2012).

17. 陈翼耀:《陈翼耀专员奉命调查全坎洪门事务报告书》,温哥华全坎洪门总干部印发,1944年。

18. 曹建武:《致公堂复国运动史》,见温哥华《大汉公报》,1978年9月25日至12月18日。

是洪门元老曹建武在20世纪30年代撰写的重要文献。介绍了洪门的活动、孙中山在加宣传革命、筹募经费,取得洪门信任和支持的大事件,以及洪门人在辛亥革命前后奔走革命的事实。

19.《洪门贡献加拿大一百四十周年纪念特刊》,蓝马柯式印务(海外)有限公司,2003年。

20. 黎全恩:《天鹅湖华人坟场之谜》,见多伦多《加华新闻》,2007年6月16日。

21. David Chuenyan Lai, "The Chinese Cemetery in Victoria." BC Studies 75(Autumn 1987).

22. 黎全恩:《域多利华人坟场简史及美化建议》,见域多利《华埠通讯》,2001年4月第49期。

23. David Chuenyan Lai, "The Issue of Discrimination in Education in Victoria 1901—1923," *Canadian Ethnic Studies* XIX, No. 3(1987).

24. Peter S. Li and Eva XiaoLing Li, "Changes in the Chinese Overseas Population 1955 to 2007," *Canadian Review of Sociology/*

Revue Canadienne de Sociologie 48，No.2(2011)：137-152.

25.《大汉公报》《世界日报》《明报》《星岛日报》等。

赵：多谢您为大家提供了有关加拿大华人的丰富信息资源，而且具有权威性和可信度。关于加华文学方面，中国世界华文文学学会的网站除了有加华文学社团、活动和作品的介绍，也有其他各国华文文学状况的链接，可供您比较和参照。

最后，非常感谢您在著述、调研的百忙中接受访谈，分享了许多让人感动的奋斗故事和研究细节。衷心祝愿您和丁果先生实现黎全恩教授未尽的遗愿，顺利完成《加拿大华侨移民史 1967—2001》的撰写和出版，为加拿大华人华侨移民史留下一座光耀千古的丰碑。

贾葆蘅(右)、作者(左)参加中国加拿大研究会第 15 届年会(2013 年，广州)

贾葆蘅的外公董秋芳(1898—1977)，是季羡林先生的业师，也是与鲁迅同时代的翻译家，曾出版《争自由的波浪》，并由鲁迅亲自作序。中华人民共和国成立后，注释了毛泽东、鲁迅的著作以及许多国内外名著,作为全国中学语文教材使用。因此,这位才女的身上流淌着文学的血液。此外,她的几位叔父参加过抗日战争和革命,大伯父贾一波曾带领太行山区里的人民子弟兵,创建了平山团,故她又不乏军人家庭的担当和坚毅。

  由是,贾葆蘅开始了记录华侨移民故事的漫漫长旅,走进了历史,也创造了历史。

(部分载于《加拿大商报》2020年4月3日,第8—10页)

我们在这儿,就很好
——著名华裔医生作家林浩聪的世界

作家简介:

林浩聪(Vincent Lam,1971—),英语作家、医生。越南华裔的后代,出生在加拿大,父亲是教授,母亲是画家,妻子是希腊裔医生,育有三个孩子。林浩聪少年时就有写作梦,擅长小提琴,曾就读于白求恩毕业的多伦多大学医学院,后任多伦多医院的急诊医生13年,曾是加拿大空中急救队的成员。其写作才华深受加拿大著名女作家玛格丽特·阿特伍德的赏识,出版了关于加拿大医保之父汤米·道格拉斯的传记,带有强烈职业色彩的短篇小说集《放血和奇疗》(Bloodletting and Miraculous Cures)和长篇家史小说《校长的赌注》(The Headmaster's Wager)。《放血和奇疗》2006年夺得吉勒大奖,此奖为仅次于总督奖的加拿大文学第二大奖,奖金达2.5万加元。林浩聪则为第一位获此荣誉的加拿大华人作家。该书已被改编成电视连续剧,在北美播放。《校长的赌注》也得到了欧美英语文学界的肯定,获得多项提名,包括2012年的总督奖、2013年卡耐基优秀小说奖章、2013年IMPAC都柏林奖和2013年英联邦布克奖。

获吉勒文学大奖的华裔英语作家林浩聪(中)和中英双语作家赵廉(右二)在2007年多伦多大学亚洲遗产月(Asian Heritage Month)(赵廉供照)

枫雪同行：加拿大华人作家访谈录

访谈时间：2011—2015
访谈地点：多伦多林浩聪家中
访谈形式：面谈＋笔谈
访谈语言：英语

一、忙碌的医生作家

赵：您大概在 14 岁时开始写作，同时梦想当医生。是更想当作家，还是更想当医生？

林：更想当作家。但是，在想当作家的中途，我想，要是有份工作就特别棒了。我佩服的所有作家，除了写作，还做其他的事。我觉得要找一件非常重要的事来做。当时的想法很简单："嗯，我要选择的工作，要能让我了解人，那么，什么工作最完美呢？我可以当医生嘛。"我压根没想过，当医生辛苦得让人难以置信。

赵：您在多伦多东部总院当了 13 年的急诊医生，还为国际空中救援队服务，参加过北冰洋和大西洋舰船的医疗队。现在，您从事戒瘾治疗，并在多伦多大学授课。您还有三个未成年的孩子。怎么挤出时间写作的？

林：写《放血和奇疗》时，我是全职急诊的排班。但是，急诊只是上班时忙，这是由工作性质决定的。你到了急诊上班，全力以赴，忙得不可开交。一旦下班，离开了，你的工作就结束了。因此，你可以自己安排时间。每个月也许会少上一天班，也许会这周多上三天班，下周不上班。

理想的一天是早上 8 点左右起身，从早饭后，写到下午两三点，然后去医院。要是下午没有排班，我就做其他事情。

现在，我当内科医生，也当作家，有时要出差。最重要的，我是三个可爱小宝贝的父亲。孩子对于时间安排的影响，远远大于看病和写作。

怎么玩得转，就是所有事情都要有计划，要坚持不懈，还得分轻重缓急。我生活中有许多七七八八的事，就必须计划出写作的时间。医

84

院工作要排好班,还要保证有陪孩子的时间。然后,按照时间表执行。

坚持不懈,意味着在没有立刻回报的时候,长期地努力下去。一路上,会有许多令人沮丧的挑战,就把它们当作学习的机会。也许不太容易。但不汲汲于成功,至关重要。我在医学院苦学了四年,写书花去了四年。两者都要求坚持。我刚开始为人父,有人就告诉我一日为父,终身为父。

对我而言,分清孰轻孰重,就是做出明智的决定,有得就有舍。从我们住的地方,骑车十分钟就可以到我医院,或者到我太太工作的医院。我在家写作,孩子的学校在步行距离之内。我们爱我们的家,虽然比其他地方差不多价格的房子小一点,但省下了通勤时间,每天省下的时间比大一点的房子,重要多了。这听上去是小事,在多伦多,有人一天来回三个小时在路上。这个时间累积起来,几年后,就是一部小说。我们没有电视。我购物就尽量一次买好所有的东西,不到需要的时候,不会再去。

林浩聪医生夫妇(右一、左二)、作者(右二)和孩子们(2015年9月,多伦多林医生家中)

二、吉勒大奖的首位华裔得主

赵:您的首部短篇小说集获得吉勒奖,吉勒奖在加拿大是炙手可热的文学大奖。而且,您是获得该奖的首位华裔作家。您肯定很惊讶吧。讲讲您在领奖时的感受吧。

林：我上了吉勒奖入围名单后，就参加了吉勒奖颁奖宴会。宴会电视直播，是加拿大小说界最大的盛事。那天晚上，有宴席，可我没什么食欲。我和其他入围的作家在一起，期待听到获奖结果，都知道那个结果可能会改变我们的生活。我觉得自己不会得奖，但是整个局面让我紧张。公布结果前的几分钟，一个做图书报道的女记者朝我走来，介绍了一下自己。我和她握了握手，问了好。她说，"在报上把你批得体无完肤的，就是我。"空气中有一种紧张的气氛，大厅喧闹，做电视的人试图让人群有秩序点。我不知道对这位记者说什么，就什么也没说。她带着邪邪的笑，接着说："今晚，真的没人给你捧场，你不这样认为吗？"我觉得她好像要把我扼死，她的咄咄逼人和粗鲁无礼，让我十分震惊。几分钟后，我赢得了吉勒奖，就得考虑其他事情了。

赵：您考虑的其他事情中，有一件就是获奖的影响。既激励您多写，又让您感到要维持高水准创作的巨大压力。您怎么解决的？

林：获奖后的那一年，我的确感到云里雾里的。我写《放血和奇疗》时，没怎么想到要出版。而且，当时压根没指望获吉勒奖。那种状态挺好的，我完全没准备获奖。获奖后，有这么一年，我脑筋浮游在各种各样的地方，努力去写，却不能聚精会神。我想，我不承认获奖给我造成压力。一年后，我放弃了，对自己说："是的，我确实感到了压力。"挺复杂的，我老在想，如果这本书写不好——不是从销售的角度而言，如果我写不出这本关于越南的书，或写不好，人们就会想我在证明什么，而我证明不了。（这纯属我的想象，是我自己的作家内省妄想症。）我想着就有点愤愤不平了，接着又想我从来没想证明什么，没想证明自己能拿吉勒奖，等等。我就管写书得了。我想，自己得首先承认压力，不去管它，它就会变得毫不重要了。我所在乎的，只是写书的艺术和书本身。

赵：你怎么评价HBO电视网把《放血和奇疗》改编成系列短剧？忠实于小说吗？

林：熟悉小说的，和事先没读过小说的，都会觉得系列短剧蛮有意思的。在某些方面，处理手法不一样，但还是非常忠实于书的核心内容……许多作家担心改编，我倒觉得毫无必要。改编不外乎两种结果：人们看了，要么说改得很好，要么说马马虎虎，原书更好。一比较，才显得你好。不管怎么比,作者都不吃亏。

赵:很荣幸,我把这本书翻译成中文,在中国出版了。您有什么要说的吗?

林:《放血和奇疗》被译成中文了,我欣喜万分。读者在书中邂逅的四位主人公,都是学医的年轻人:两位华裔,一位印度裔,一位欧洲裔——都是加拿大人。该书讲述了他们在学医过程中遇到的各种挑战。像多数年轻人一样,他们行事的动机五花八门,但都与人为善,渴望成功和爱情。他们面临的挑战,是所有医学新手在学习救人和照顾自己时所必须经历的。以上种种,均发生在加拿大。在这个多元文化并存的国度,人们不仅独有己见,有时还带来了不同文化的视角。年轻的医生们身处如此复杂而迷人的社会环境,尽力在世上探索出前行的路来。该书的中译版,对我至关重要,因为我是出生在加拿大的华裔。我英语纯熟,在加拿大工作,但对中国别有深情。我的作品能与中国读者见面,幸乎,乐乎。

获吉勒大奖的《放血和奇疗》及其中译本

赵:《校长的赌注》以越南为背景,您从来没在那儿生活过,怎么做写作前的功课?

林:家庭故事提供了情感基础。听家人讲家里的事,我才形成了对越南的感觉,但故事不等于事实。我的功课多半是阅读。读历史、政治评论，读 20 世纪 70 年代末和 80 年代的许多回忆录。这些回忆录在文学上没有什么价值，但分享给我各具特色的经历。从阅读中，我了解了实际发生的政治事件。

你需要知道一万件事，才能写出一百件事，至少我是这样。我不知道要写哪个细节，直至我知道所有细节。我去了越南两次，想看看某些地方，感受一天的节奏。我有许多美妙的经历，不是什么大事，而是炎热的感觉，下雨的声音。我想看的很多，可惜都不在了。我第一次去越南，一下子就被那里的变化震撼了。我需要一台时间机器！我怎么才能把故事讲对？最终，它让我得到了解放，进展的唯一办法就是走进故事中去。

我和家人是来自越南的华人，战争是我们家族历史迁移的中心原因，但我得说清楚，战争一点没有波及我个人的生活和成长。因此，这本书不是挖寻我自己的根，而是对与我有重大关系的历史做一思考。每本有意义的书都多多少少描绘了作者的心灵，不是吗？它是非常个人的，但并非自传。

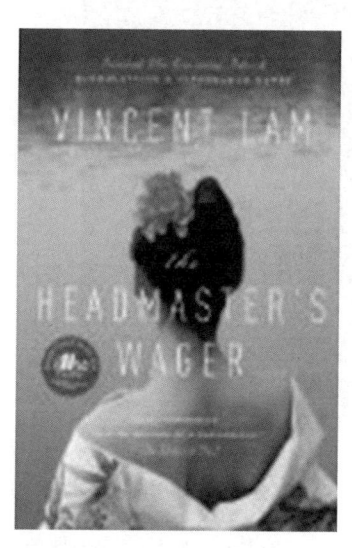

以越南为背景的家史小说《校长的赌注》

赵：《放血和奇疗》里有一个短篇《长途迁徙》，是您写爷爷的。您写道："爷爷说，我应该记住，日子向前过，别老为过去伤心。"①在《校长的赌注》结尾，您爷爷的原型陈校长也说了类似的话："你一旦离开了一个地方，就再也回不去了……但是，别担心，它在你心里。带着好运气，向前走。爱你的人，你爱的人，总会留下来。"②这个一往直前的态度似乎对您具有特别的含义。爷爷是对您最有影响的人之一吗？

林：这是整个时代给我们的教诲。我家人把各种各样的东西留在了越南，越南重新对外开放后，可以要回一部分东西，但是有代价的，比如要给钱，给在我们走后住我们房子的人，要重新装修。奶奶想了想，说："我不要了。我们有新生活了，干吗回去？那些东西，就留在那儿吧。"我认为，这可太对了。在我成长的过程中，这样的想法以多种方法呈现出来，是我们家庭的世界观。现在我们在这儿，就很好。

林浩聪（右）和作者（左）2011年3月在南京

---

① 林浩聪：《长途迁徙》，见《放血和奇疗》，加拿大铁锚出版社，2005年，第117页。[Vincent Lam, "A Long Migration," in *Bloodletting and Miraculous Cures* (Toronto: Anchor Canada, 2005), p.117.]

② 林浩聪：《校长的赌注》，加拿大双日出版社，2012年，第387页。[Vincent Lam, *The Headmaster's Wager* (Toronto: Doubleday Canada, 2012), p.387.]

说来也巧，在我有意将林浩聪医生的小说译成中文时，他来中国参加2010年的上海国际文学节。我有幸出席了他的讲座并做了点评。

　　他一袭栗色的休闲装，戴黑边眼镜，儒雅、谦逊，讲话慢声细气，仿佛和急诊医生的雷厉风行一点不沾边。他让我想起了一则古老的英国谚语："医生必须有一颗狮子的心和一双女士的手。"他爽快地答应了我的翻译愿望，解答了我对某些字句的疑问，还欣然为中译本做了序。

彼岸的草原长调
——与加拿大华文作家、评论家林楠的心灵对话

作家简介：

　　林楠，满族作家，镶黄旗，曾在内蒙古工作多年，任地区创作研究室主任，建立了具有示范意义的乌海群众文化模式。创作的《第一次见面》在电视台专题播出，并在自治区现代戏调演中夺得创作奖、表演奖和导演奖。

　　曾在中国作家协会任职。出版冰心作序的散文集《生活的歌》、散文和报告文学集《青青草韵》。在首个教师节出版的报告文学《众多的学生记着她，这是最珍贵的》，得到《红旗》杂志的专评，入选新中国成立60年《中国少数民族报告文学卷》。

　　2000年，移民加拿大，定居温哥华。曾任加拿大《神州时报》总编、加拿大大华笔会会长。现任加拿大华人文学学会副主任委员、世界华文作家交流协会副秘书长、《世界日报》"华章"编委、香港地区《橄榄叶诗报》荣誉顾问、《加拿大商报》文学专版"菲沙文萃"顾问、纽约北美作家协会专家组成员。作品入选《当代世界华人诗文精选》《北美华文作家散文精选》《众笔汇华章》等，出版80万字文集《彼岸时光》和《含英咀华集》。以集豪气、灵气和大气于一体的散文著称，长于审美评论。积极推广海外华人文学，为海内外近70位作家和文坛新人作序或撰写评论，切中肯綮，情理交融，获得广泛的肯定。中国作协书记、《文艺报》前主编、文学评论名家阎晶明认为"林楠的评论已自成格局"。

访谈时间： 2016年12月—2017年1月
访谈形式： 笔谈
访谈语言： 汉语

一、"狠感激乌海对我的养育。"

　　林：庆庆，很高兴与你聊聊我们共感兴趣的话题，这几年我俩虽只有两三次短暂的相聚，但你的著述、你的聪慧给我留下了非常深刻的印象。

　　赵：谢谢，我其实是笨鸟先飞多练，还有幸得到了一些师长文友的帮助……我们从您的名字聊起吧。您是满族，伊尔根觉罗氏是您的满

林楠从草原来到海天一色的温哥华

族姓氏。请问这表示什么意思？后来，怎么又成了"林楠"呢？

林：伊尔根觉罗是满族的一大姓氏。据传"爱新觉罗"和"伊尔根觉罗"这两个姓是宋朝徽、钦两位皇帝的后裔。传说是后人编的，往好了编，往高贵上贴，是完全可以理解的。辛亥革命成功以后，或者说清政府垮台以后，东北的觉罗氏们纷纷改姓"赵"，不能说跟这个传说一点儿关系没有。很长一段时间，硬舌头的满洲人将"赵"字读为"觉罗"。庆庆，你姓赵，我也姓赵，咱俩说不定有什么亲缘关系呐。哈哈，不忙时查查，追根溯源一下。

林楠是我的笔名，移居加拿大之前用过，定居温哥华之后，就彻底用了。加拿大朋友中很少有人知道我与宋朝皇帝一个姓。

赵：简直有点像听天方夜谭，咱们居然是一家人?！得找老赵家的家谱查查……您出生在内蒙古大草原，小时候写的作文经常得满分，被老师当作范文在全校诵读。才华横溢，文名远扬，22岁即以叙事长诗《早晨》在全国征文比赛荣获一等奖。您那时的生活和学习环境，具体是什么样？有没有刻骨铭心影响了您一生的事情？

林：庆庆，我童年生活在西部地区，生活条件极差，经常饿肚子。我的语文老师是位刚从师范学校毕业的漂亮女子，她对我很好，很信任我，三天两头派我给县城税务局局长送信，并且把税务局局长写给她的信带回来。可能是作为酬劳或是奖励吧？常常给我买一些好吃的。这差事太美了！

念我的作文给全班同学听的就是这位老师，知道了吧，这里面很可能有水分。信送久了，好奇心生出，半路上悄悄把折成蝴蝶样子的信纸打开，哇！朦朦胧胧觉得是情书，有时是情诗。从此，情书与情诗，在一个孩子的心里，便与美好紧紧联系在一起了。

我喜欢写作就是从这个时候开始的。我是在内蒙古自治区征文比赛中荣获一等奖的，是省级，获奖给了我很大的激励。

如果说真有哪件事对我有刻骨铭心的影响，我认为就是偷看语文老师的信，从而爱上了文字表达。

赵：(笑)您出任乌海地区创作研究室主任，创建了地区第一本文学刊物，培养了一支业余创作队伍，还建立了一大批基层厂矿文化站，大大活跃了职工的业余文化生活。当地群众艺术馆馆长、奇石专家郝孝礼这样描述您的火热生活："林楠在乌海工作期间，长年累月乘一部破旧的'二一二'吉普车下基层，普及厂矿文化站，辅导业余创作，想方设法活跃矿区文化娱乐生活，被矿工誉为'我们的暖心人'。"您持之不懈的亲力亲为取得了丰硕的成果：1984 年，内蒙古全区城市文化工作现场会在乌海召开，您被誉为"乌海群众文化的奠基人"[①]。您创作的《第一次见面》在电视台专题播出，并在自治区现代戏调演中一举夺得创作奖、表演奖和导演奖。您可以回忆一下当年创业和创作的甘苦吗？

林：我很感激乌海对我的养育。乌海现在已是一座现代化的城市了，当年的乌海，苍凉而寂寥。地理位置在黄土高原最西端，城市建在荒漠草原上。但它也是一个很能让人在静谧中思考的地方。我很享受安静孤独中的思考。

1980 年夏天，妻子调回北京工作，当地挽留我，破例答应了半年工作、半年创作假的优厚条件。这很让我感动，决心把工作做好，以对得起在那个年代很少见到的恩典。这里，我要特别提到一个人，既是我的

[①] 任京生、李爱英：《林楠：在文学原野上跃马扬鞭》，见《环球华报》"人物"专版 2015 年 12 月 11 日。

领导,又是我的朋友,他叫何天祥,一位相当有水平有眼光的领导干部,他当年担任乌海文化局局长。看似普通的外表下,却有着中华传统美德的深厚积淀。在工作上何局长放手让我发挥,在生活上热心关照我。局长常带我到他家吃饭,理由是"咱们聊聊工作"。实际上他知道我每月都悉数把工资寄回北京家中,自己靠稿费生活,而稿费不都是能按时收到的。那几年我几乎每周都要下厂矿,组建文化站或辅导普及群众文化工作,辅导业余创作。

几年下来,厂矿文化站遍地开花,群众文化活动异常活跃。1984年,自治区城市群众文化现场会在乌海市召开,就是对我几年工作成绩的认可。市群艺馆馆长郝孝礼是位很有作为的基层领导,他对乌海城市群众文化工作的起步和发展,做出了很大贡献。称我为"乌海群众文化的奠基人"这句话,就是他最先讲出来的,是他对我发自内心的真诚的褒奖。

《第一次见面》在内蒙古电视台播出后,反响较好。我这里要特别感谢导演邹兰英。邹兰英是巴彦淖尔市歌舞团导演,我们请她过来帮忙。那年月还没兴起为导演付钱,只给邹导安排了食宿。30多年过去了,今天提起往事,我只想在大洋彼岸再真诚地补上一声:谢谢你,邹导。

庆庆,那时人们的生活清苦而简单,没有奢望的日子反倒给创作的激情打开了一个广阔天地。我愿意进入这种状态。

二、冰心说:"坐,坐。好高的个子,这么年轻就要出书了?"

赵:冰心先生为您的第一本散文集作序,又是怎样的因缘呢?

林:有关冰心给一名初学写作的边疆青年写序,坊间流传着不同的说法。1978年夏天,我的朋友翁如兰邀我到北京参加一个活动,顺便到她家里做客,到达北京南池子69号那天,她爸爸,大名鼎鼎的元史专家翁独健先生,正坐在沙发上吸烟斗。听了翁如兰的介绍,许是这几个词——从内蒙古来，满族，妻子是蒙古族——引发了翁先生的谈兴。问得很细。接下来的交谈中，先生说到一个让我十分惊讶的事，我妻子的舅父，美国杨伯翰大学教授扎奇斯钦居然是翁先生在哈佛时的同学，这无形中拉近了关系。当听说我的一本散文集已被列入内蒙古人民出版社出版计划时，翁先生说，好啊，我请我的朋友冰心给你看看，提提意见。

听了这句话，我当时激动得有些失态。庆庆，我想你能体会。

过了几天，翁如兰亲自带我去见冰心，冰心住在中央民族学院内一幢公寓楼，每层只住两家，冰心、吴文藻夫妇与费孝通住在二层。请允许我说几个当时的细节，很有意思，当时摁门铃，开门的正是冰心，翁如兰问声谢婆婆您好，我跟着也说，心里忐忑着。冰心说，"知道你们来，坐，坐。好高的个子，这么年轻就要出书了？"边说边亲自给我俩沏了茶。主人的爱猫在茶壶边端详着我。冰心读过翁先生的信之后，边翻阅我的书稿边说，最近我为马耳他国王翻译七十首诗，赶在他访华前出版，作为礼物赠送。忙完了这件事就看你的散文集。过了不到十天，翁如兰电话告诉我："你来我家取吧，谢婆婆给你写了序。"庆庆，你猜，我当时激动成啥样了？

赵：怎么猜得出？只是一个劲儿为您高兴。不知道为什么，也有点想落泪……我也曾去过那栋楼，那栋简朴的居室，拜见冰心先生的女儿女婿吴青教授和陈恕教授，向两位约稿。冰心先生和她的爱猫早已仙逝了，但总觉得他们的精气神儿还在，一直让我们觉得温暖而有力量。吴青教授和陈恕教授都是望之不俨然、接之更温和的大家。吴青教授短发，海蓝色运动装，不久就交给我《娘永远活在我的心里和身边》。我那激动，林楠兄，说不出来，大概有一点能和您的一样，心里甜甜的，非常感动……

赵：是什么精神支撑您在那么艰苦的环境中，写出了文情并茂的散文集《生活的歌》、散文和报告文学集《青青草韵》等力作？

林：庆庆，准确地说，那只能算是一个学步者留在岁月版图上的一串蹒跚，但最终坚定下来的脚印，从不同角度记录了我自己对生活的一些感悟。

赵:30年后,当您带着用生命、热诚和智慧写出的40万字大书《彼岸时光》,重返乌海参加您的作品研讨会,您都有什么感慨?

林:得知家乡要召开《彼岸时光》作品研讨会,我很激动。遗憾的是我因故未能出席这次会议。感谢家乡人对我的厚爱,感谢乌海市文联主席魏文欣、乌海市作家协会主席张宝桥等为筹办这次研讨会花费的心血。参加研讨会的不仅有当地的作家,还有几位我当年在乌海工作时的领导。大家在发言中对我的创作,对我在乌海的工作,都给予了很高的评价。认为林楠这些年所取得的成就,不仅是乌海的骄傲,也是内蒙古的骄傲。会后还出了本"乌海在关注,家乡在阅读"的纪念册,纪念册把到会嘉宾的题词全部录入。作为曾经在乌海工作生活过的海外游子,每想到这份厚重的情谊,就让我感动不已。

赵:20世纪80年代后期,您调入中国作家协会,移居北京。在一次次"被仕途"的同时,继续热情地笔耕着。在首个教师节发表的报告文学《众多的学生记着她,这是最珍贵的》誉满全国,《红旗》杂志刊出专评。该文还入选新中国成立60年《中国少数民族报告文学卷》。这应该是对您创作成果的又一次巨大肯定。请问,北京岁月对您的创作、工作和家庭生活产生了怎样重大的影响?

林:报告文学《众多的学生记着她,这是最珍贵的》,是写一位把毕

首届世界华文文学大会在广州召开,林楠(右)喜逢陈骏涛(中国社科院研究员、著名评论家)(2014年11月)

生精力贡献给少数民族教育事业的国家特级教师的感人事迹。最初发表在中国作家协会主办的《民族文学》月刊上，记得还曾荣获 1985 年《民族文学》"山丹奖"。这篇作品适逢全国掀起一场尊师爱师的热潮，那年也是中国设立教师节的第一年，俗话说，赶在趟头上了，因此受到重视。《红旗》杂志刊出专评，显然带有官方倡导的色彩。这篇报告文学后被收入《建国六十年报告文学少数民族卷》，在文学的意义上，应该是又一次被肯定。很长一段时间里，我在中国作家协会某二级单位做管理工作，但接触到的人大都是知名作家，有的还成了很好的朋友。

三、海外华文文学，有它独特的不同于中国本土文学的美学神采

赵：2000 年，您离开北京，移民加拿大，定居温哥华，是出于什么样的考虑呢？无独有偶，温哥华是加拿大华人文学的福地，居住着多位和北京渊源颇深的移民作家，如叶嘉莹、刘慧琴、贾葆蘅、萧元恺等。

林：两个原因促成，其一，我想拉开些距离观察生活；另一个原因，基础条件成熟了。

庆庆，你说对了，到了温哥华，对我来说，真是如鱼得水。在《神州时报》总编辑任上，结识了不少海峡两岸暨香港地区的华语作家。在《神州时报》副刊"海外作家艺术家传略"这个文化工程推出后，更是让众多业内朋友见面并联系了。

叶嘉莹以及洛夫、痖弦，是文学界大师级人物，他们的作品和文学活动，统领着加华文学的万千风光。我与刘慧琴大姐应该是唯一在海外遇到又一起共事的、来自中国作家协会的同事，感觉尤为亲切。作家中，北京乡亲应该更多，我知道还有《世界文学》副主编申慧辉、小说家王芫。

赵：从您移民后的作品中，几乎读不到因远离故国文化而产生的彷徨和失落，一篇篇纯净、明朗、大气的文字饱含着对移居国的深情和洞见。《大海》《温哥华组曲》等散文诗是对这个国家自然风光的讴歌，《海洋大厦素描》《冠军的风采》《迈向成功的青春坐标》等人物传记，展示了

97

大陆移民奋发融入主流的神采,一般华人作家较少碰的时论文,您写来也晓畅而中肯,如《向克里田总统告别》《积极推进民主进程——再论迎接联邦大选》《提升公民意识》等,反映了移民对接纳国认真而效忠的主人翁心态。可否这样说,您虽然还依恋着故国的草原和历史人文传统,但在心理上已经完成了从中国公民到加拿大公民的转变?倘若中国女足和加拿大女足相遇,您会支持哪一方?还是为双方加油?

林:庆庆,感谢你认真读了我的作品。你说得非常对。诚如张翎说的那样,海外作家要用一个新的站姿去观察过去看不到的东西。有了这种不同于以往的"站姿"和"视角",其作品才会有移民文学的精神质感和东西方价值判断及文化冲突所带来的深层次意蕴。我一向主张,"在境外写中国",不能算作海外华文文学;同样的道理,在中国境内写海外故事,也不能看作海外华文文学。移民文学与海外华文文学,有它独特的、不同于中国本土文学的美学神采。这些年,我是带着这样一个理念去观察研究海外华文文学的。当然,这也是我创作始终坚守的美学原则。

庆庆,你提到的几篇时政论文,是我为《神州时报》写的社论。我现在是加拿大永久居民,持中国护照。我会为双方女足鼓掌。

赵:林楠兄,您提到了学界近年来热议的话题,即海外华文文学的内涵和外延。在多数人看来,它通常指生活在中国境外的华人的汉语文学作品。这些华人可能已入移居国国籍,生活在该国——这在海外华文作家当中是一种普遍的情形。也可能未入籍但获得永久居留权,就像您这种情形。还有的入籍,或获得永久居留权后,不常在该国居住,而是回流到原居国或到其他国家居住。比如,加拿大华人作家中,叶嘉莹先生长期在南开大学授学;陈中禧、黄国彬回流到中国香港地区;王兆军、阎真回流到内地;潘名燊、江岚在美国教书;汪文勤往返于中加之间;林婷婷往返于菲律宾和加拿大之间。

如果按照国别文学的划分来看,根据海外作家的移居经历,他们有的可以归属几个国家和地区的文学版图。比如,叶嘉莹先生在中国大陆、中国台湾和加拿大都居住多年,其作品理应属于中国文学、台湾文学,也属于加拿大华人文学。陈中禧和黄国彬从中国香港到加拿大,再回中国香港,其作品兼属香港文学和加拿大华人文学。王兆军、阎真多在中国创作出版,属于中国文学,但他们在加拿大期间的文学活动,比如王兆军在多伦多创办加中笔会、阎真出版留学长篇小说《白雪红尘》,是不是应该纳入加拿大华人文学的范畴?潘名燊从中国香港地区到加拿大,再居留美国,其作品可以同时属于香港文学、加拿大和美国的华人文学。江岚从大陆移民美国,获得加拿大国籍仍然长住美国,同时参与加拿大华文文学的活动。其作品则可以同时属于中国文学、加拿大和美国的华人文学。汪文勤在移民前后都有丰美诗文出版,其作应该既属于中国文学,也属于加拿大华人文学。林婷婷是中英双语作家,在菲律宾和加拿大的华人文学界都占有重要席位,荣获过菲律宾作家协会授予的终身成就奖,因此她属于菲律宾文学,也属于加拿大华人文学。

这就给了我一种启示,海外华文文学作家的"海外"是相对于中国而言,在写国别文学史的时候,他们可以同时出现在中国和居留国的文学史中。我的老师、艾伯塔大学比较文学系教授、总督奖诗人E.D.布洛杰特就指出,人们提到加拿大文学,"一般想到的是英语和法语的加拿大文学,而加拿大还有一些移民用母语——德语、冰岛语、意大利语和乌克兰语写作,还有汉语"①。所以,加拿大华文文学其实也是多语种的加拿大文学的组成。

林楠兄,就您的移居和创作经历而言,您的创作属于海外华文文学,同时也应该是中国文学、加拿大华人文学、加拿大文学的组成。

海外华文文学的研究先驱、《华文文学》前主编陈贤茂教授,对"海外华文文学"还有过如下发聋振聩的定义,"在中国(包括台港澳)以外的国家或地区,凡是用华文(即汉语)作为表达工具而创作的文学作品,都称为海外华文文学。"这个定义,既包括了中国以外华人的汉语文学作品,也包括了非华裔外国人的汉语文学作品。后者早在一千多年前,

---

① 爱·德·布洛杰特:《什么是加拿大文学比较研究?》,见《比较文学面面观》,钱德拉·莫汉编,印度出版社,1989年,第46—47页。[E.D.Blodgett, "What is Comparative Canadian Literature?" in *Aspects of Comparative Literature*, ed. Chandra Mohan(Delhi: India Publisher, 1989), pp. 46-47.]

就已存在。日本、朝鲜、韩国、越南等国是使用汉语创作最多的国家,作品包括诗、词、赋、散文、笔记、小说等,数量巨大。公元751年,日本第一本汉诗集《怀风藻》问世,收汉诗117首。从奈良时期到明治时期出版的日本汉诗集共769种,收20余万首诗。由朝鲜诗人、学者徐居正编选的《东文选》,收录了朝鲜半岛自公元7世纪至15世纪的汉文学作品,共130卷。越南在19世纪未被法国占领前,汉文书写近一千年……①我觉得,陈贤茂教授对"海外华文文学"的定义比较全面、严谨,符合历史事实。

  林楠兄,您说,"在海外写中国",不能算作海外华文文学;在中国境内写海外故事,也不能看作海外华文文学。这是一个按写作内容来划分作品归属的新颖提法。照此说法,您在加拿大写中国,就不能算海外华文文学了?叶嘉莹、洛夫、痖弦、张翎等作家在加拿大写中国,聂华苓、白先勇、王鼎钧、刘荒田、严歌苓等作家在美国写中国,云鹤、蓉子、朵拉、梦凌、曾心、何乃健等作家在东南亚写中国,赵淑侠、丘彦明、谭绿屏等在欧洲写中国,等等,都不能算"海外华文文学"了?

  林:庆庆,这个问题是海外华文文学学科理论建设绕不开的一个基本理论的出发点。我的观点是应该把"海外作家作品"与"海外华文文学"加以区分。凡海外作家写的作品,都应该视为"海外作家作品"。而作为"学科"概念的"海外华文文学(或称移民文学)",就应该看它有没有文化学意义上的精神特质。海外作家写"文革"遭遇的不少,也有写故乡生活经历的。这些作品不是学科意义上的"海外华文文学"。

  何谓移民文学或海外华文文学?我以为,通常是指在脱离了母文化环境之后,用华文写出的以反映移民生活为主的文学作品。作者是在以开放的文化目光观照其置身于异文化环境中的生活经验和人生体悟。尽管有时候在叙事方式、情感方式上还不能完全摆脱故土气息,但生活画面的主架构、主色调、整体氛围与心灵秩序……已完全拥有了鲜活的异域格调。移民文学与海外华文文学,有它独特的、不同于中国本

---

  ① 陈贤茂:《海外华文文学的定义、特点及发展前景》,见《香港文学》1988年,第42、43期。

王红旗(首都师范大学教授和中国女性文化研究中心主任)、林楠(右)(2014年11月,广州)

土文学的美学神采——那种无处不在的鲜活的人物和场景,它的气场,它的心跳,它那种内涵独特的奔突流淌的血脉。当代海外华文文学,应该力求体现出这种不同于中国本土文学的美学神采,那种由东西方文化交汇生成的生活样式和情感色调。

具备了这样一种基本神韵,才能算是"海外华文文学"。

我的这一观点,得到陈瑞琳、刘荒田和曾晓文的赞同。陈瑞琳读后的评价是:"太棒了!"刘荒田鼓励我继续深入探讨下去,他强调"作家必须住久了,住久了才能写出移民文学的神韵。"曾晓文将我的论文贴上她的博客。

赵:看来,您是从作品是否反映移民生活来界定海外华文文学,而不是从作者是否居住海外来看。

四、从《神州时报》总编到大华笔会会长

赵:您居住在加拿大西部太平洋沿岸的温哥华,因为历史、地理、经

济、文化等原因,那里是加拿大华人人口比例最高的城市,每五个温哥华人中就有一个华人,华人总数约50万。因此,中文报刊种类丰富,中国港台地区的《世界日报》《星岛日报》《明报》、美国的《侨报》、本地的《大华商报》《环球华报》《神州时报》《中华时报》《女友》《枫华家庭》《松鹤天地》……一度竞争并存,不仅丰富了华人的精神文化生活,而且为传递中文文学薪火、培育文坛新秀做出了重要的贡献。您曾任《神州时报》总编,开辟了品位不俗的《海外华人作家、文艺家传略》副刊专栏,著名诗人洛夫欣然为之题词。您能讲讲您当主编、办专栏的具体情况吗?怎么评价华文报刊文学副刊和专栏在海外华文文学发展过程中的作用?

林:在加拿大,温哥华是华人相对集中的地方。华文报纸应运而生。众多报纸各有各的文化定位,但共同特点是资讯丰沛。我到《神州时报》后,用了不少时间,从专业角度切入,研究各家报纸的特点,发现要文版、政经版、生活版、娱乐版大同小异。真正区别在副刊。各有各的优势,但我比较欣赏《世界日报》副刊。有的报纸副刊固定几名写手轮番上场,不能说没有精彩之笔,但时间久了,读者觉得乏味。除了编辑省事、省力之外,这实在是个糗主意。这是我上任后思考的中心课题。

综合各种利弊因素,"华人作家艺术家传略"文化工程出台。我们的作者队伍随之很快形成阵容。温哥华华文报纸副刊为繁荣华文文学事业,组织培养作者队伍,做出了很大的贡献。

我要特别感谢四位文化名人对我的帮助:我上任后,洛夫为《神州时报》题写了报名,为"华人作家艺术家传略"题写了栏名。号召力、凝聚力顿生;痖弦的"副刊理论"思想,自始至终给了我全方位的滋养,我还不时前往当面请教;中国社会科学院专家、俄罗斯友谊勋章获得者高莽应我请求,特意托人把他新出版的《作家文艺家画传》带给我,供我在神州副刊插图选用;高瑛把她新出版的《我和艾青的故事》交给我在神州副刊连载。

庆庆,估计你能想象到,《神州时报》副刊的面容。

赵:您的切入点很好,起点也高。"华人作家艺术家传略"办了多少

期？多少时间登出一期？还有，《神州时报》的大概历史方便介绍吗？

林：过奖了，我只是尝试把在中国办刊的经验移植过来。刚刚起步，一切都还处于摸索阶段。很遗憾，"华人作家艺术家传略"刊出不到十期就因报纸所属公司总体发展态势失衡而被迫中断了。

赵：林楠兄，您在 2005 年创建了大华笔会，亲任会长。当时会员仅有 14 名，现在已达 100 多人。笔会主办的《作家文苑》迄今已刊出 400 多期，"文苑诗坛"每月一期，也刊出 50 多期。笔会还组织了新书发布会、文化讲座等丰富多彩的文艺活动，数次获省议员、温哥华市政府、协作单位的感谢状……会员的作品也在加拿大、美国、中国乃至世界性华文文学比赛中获奖。您在笔会成立之际定下的目标"同心协力繁荣文学创作"，已经逐渐变为令人鼓舞的现实。请问，您是怎样解决资金、管理、发表、出版等多方面的难题的呢？

林：庆庆，我参与创建了大华笔会后，只做了两届会长。期间，又创办了《作家文苑》周刊。许多成绩是继任者微言做的，之后，他们又创办了"文苑诗坛"和纯文学专版"菲莎文萃"，反应都很好。说到海外华文文学，人们常常会想到严歌苓、张翎、虹影、刘荒田，他们是顶尖人物，但华文文学的整体是一座塔，要有坚实的基础。微言的特殊贡献是长年累月不辞劳苦地构筑并加固着塔基。绝大部分海外作家是靠自费出书的。

赵：说到微言，也真是奇人。一位精通蘑菇养殖的科学家，古典诗词、新诗、文评、时论、序跋、翻译……样样玩得转。一部《青草集》，洋洋50 万言，在加拿大华人写作群中，绝对不多见。您为大华笔会找了好的接班人，有机会我会向微言请教。

五、"跟随着痖弦以及刘慧琴、林婷婷、文野长弓等名家，为这项事业一起奋斗。这可以说是我此生中最有意义的一段时光。"

赵：2009 年成立的加拿大华人文学学会，是加拿大华文文坛，乃至世界华文文坛的一桩喜事。著名诗人痖弦亲任主任委员，您和知名的华人作家、菲律宾和加拿大华文文学的"推车人"林婷婷担任副主任委

103

员,以"把华文文坛建设成世界最大的文坛"为宗旨,成绩斐然。[①] 2011年3月,该会和温哥华列治文图书馆合办了新书发布会暨加拿大华人文学作品联展,有近百部书籍参展。该会在短短六年内编选了《漂鸟:加拿大华文女作家选集》《归雁:东南亚华文女作家选集》《芳草萋萋:世界华文女作家选集》和《翔鹭:欧洲暨纽、澳华文女作家文集》四本文集。四本书的繁体版均由台湾商务印书馆出版,前两本还有简体版,由大陆致公出版社出版。《漂鸟》由著名诗人痖弦和该馆总编方鹏程作序,荟萃加华女作家的50篇代表作,是海内外首本加华女作家文集。其简体版在北京举办首发式,2011年3月8日央视中文国际频道还做了专门报道。后来,《漂鸟》荣获2011中国年度优秀图书奖。除此,该学会除了林婷婷和您外,作家兼翻译家刘慧琴、散文家文野长弓、徐学清教授、吴华教授、江岚博士等委员,每一位都有重量级的书籍出版。学会同仁为此付出良多,请问加拿大华人文学学会是怎么运转的,凭着什么样的理念,才在短短六年内取得了如此突出的成果。

林:庆庆,谢谢你这样评价。我们在痖弦这面大旗下,凝聚了学会每个人的智慧。两套丛书均由学会策划,一套是学会作家丛书,一套是世界华文女作家丛书。由林婷婷和刘慧琴主编。痖弦主委亲自指导,大家齐心协力。

除了你提到的这几本之外,我想借这个机会,为文野长弓的散文集《步履酩酊》说几句。《步履酩酊》是文野长弓先生侨居海外期间创作的散文、随笔精选,是作者身处东西方文化交汇点上的情感抒发,对传统的散文文体也有较大的突破。是继刘荒田散文、陈瑞琳《家住墨西哥湾》之后的又一本具有文学史意义的经典之作。《步履酩酊》不仅是我们学会的文学成果,也应该是海外华文文学的重要收获。

赵:那本书,可以说是文野先生的心灵史。移民初期给女儿的孩子当"保姆",彷徨失落,三个月后结交邻居画家老人菲利普,悟出只有把温哥华当作家园,才能走出自我的围城。进而结交钓友、文友,向《世界

[①] 痖弦:《为世界华文文学添砖加瓦》("华章"发刊词),见《世界日报》2012年12月28日,A2版。

日报》投稿,探寻加拿大的自然美景和人文底蕴,才能达到融入生活、融入宇宙的妙境。六年后,这位在异域生存,还有伤痛缠身的耄耋老人,潇洒地写出:

尾随飞瀑流泉的踪迹,树枝飘拂的山风,随波逐流的花瓣,树丛中啾唧的小鸟,跳跃着水珠的卵石……都以自己的方式与飞流瀑流的轰鸣遥相呼应。倾注于最富包孕的那一瞬间,我仿佛也是山岚![1]

文字纯粹、晶亮、激越,有如生命的放歌,令人为作者重新找回精神生活的力度而欣慰不已。但也有时,文野先生是沉潜、内敛的,像描绘以垂钓寄托生命意趣的《渔翁之意不在鱼》,感受从飞机上鸟瞰落基山夜色的《千江有水千江月》等诸多散文、随笔,还有像《青苔》这样的小诗,大概就是作者静静审视和定位自我的真情记录吧。而作品在艺术层面上的精微、丰润和高妙,无疑是一流的。

林楠兄,您说得对,文野先生的作品的确是"海外华文文学的重要收获"! 衷心希望有更多的人得缘品赏。

"华章"编委会的首次编务会议
左起:王海伦、林婷婷、刘慧琴、痖弦、《世界日报》总编韩尚平、林楠、文野长弓(2013年4月,温哥华)

赵:从 2012 年 12 月起,加拿大华人文学学会开始在《世界日报》主办每月一期的"华章"纯文学专版,推出加拿大华人作家,精邀世界各地

---

[1] 文野长弓:《诗意生活》,见《步履酩酊》,大世界出版公司,2013 年,第 65 页。

名家撰文，其中有著名诗人叶嘉莹、痖弦、洛夫等，作家阿浓、王鼎钧、陈若曦、赵淑侠、刘荒田、王性初、严歌苓、张翎、陶然、陈河、黄碧端、朵拉、贾葆蘅、江岚、汪文勤、郑南川、陆蔚青等，德高望重的学者黎全恩、刘再复、赵淑敏、陈思和、陈贤茂、陈骏涛、陈公仲、曹惠民、黄万华、刘登翰、赵稀方等，资深评论家丁果、陈瑞琳、徐学清、吴华、王红旗、刘俊、刘红林等，还有创作、评论和翻译兼长并美的彭歌、马森、余光中、李文俊、朱虹、高兴等，可谓名家云集，精神的盛宴异常丰美，深受海内外读者的欢迎。由痖弦亲任主编，收录了加拿大（42人）、美国（12人）、中国（29人，包括台湾地区5人、香港地区2人）、东南亚（3人）、欧洲（2人）、澳大利亚（1人）共89位作者的佳作，这些文章后来集成《众笔汇华章》一书于2016年出版。您负责了"华章"专栏和《众笔汇华章》一书的许多具体事务，而且这正值您抗癌的生死攸关期。学会同仁文野先生钦佩您不仅坚持阅读，一如既往地为新老作家认真写书评，而且"每次都不顾路途要转换四次公交车，车程往返时间最少要耗费四小时以上的精力，坚持准时出席学会主办的一切活动和'华章'编务会议。坚持承担'华章'日常约稿、审稿、改稿、编稿任务"。您能否讲讲"华章"诞生和一步一个脚印、既艰难又华彩的成长历程？

林：庆庆，谢谢你这么认真细致地归纳。"华章"在《世界日报》刊出，又聚集了几乎所有世界华文文学界的名流登台亮相，这的确是个奇迹。我很荣幸，跟随着痖弦以及刘慧琴、林婷婷、文野长弓等名家，为这项事业一起奋斗。这可以说是我此生中最有意义的一段时光。

2009年，我被诊断出癌症晚期，权威医生说，如不抓紧治疗，我还有3—6个月的生命期。我向来愿意把最阳光、最热情洋溢的一面展示出来，不想让亲人和朋友为我担心。刚好，治疗期间，我没有像别的癌症病人一样掉头发，也没出现其他副反应。这有利于我瞒过大家。因此，没影响丛书的校对，也没影响《华章》的编辑和编务。学会的活动和会议（我住地偏僻，换乘四次车，往返路途四个半小时），一次都没缺席，一次都没迟到。有一段时间不能说话，我说谎称声带做了个小手术，把发言写在纸上，给大家传看。因此，人们不知道我得病，更不知道我得了那种病。

彼岸的草原长调
——与加拿大华文作家、评论家林楠的心灵对话

痖弦、刘慧琴、林婷婷和文野长弓，不顾年迈体弱，主动挑起重担，承担一切杂务，就是我最好的学习榜样。相信，由痖弦带领的"华章"同仁们的努力，会永远留在华文文学事业的记忆里。

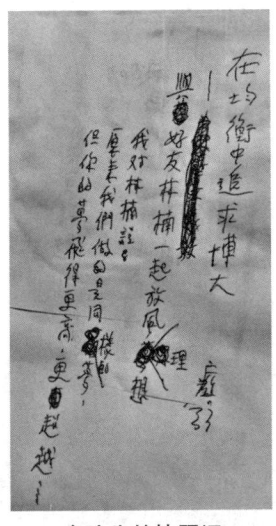

痖弦为林楠题词　　痖弦主编的《众笔汇华章》(2016年出版)

林楠(右)在温哥华痖弦(左)家外(2018年11月2日)

赵：衷心希望您身体好转大安！作为"华章"的掌门人，痖弦善待每位作者、每篇来稿，但把关非常严格。主编"联副"的那些年头，他曾用

107

四个工作日找出两个校对上的错误,自道编辑的工作是神圣的,找出错误是对语言文字尊严的捍卫。他潜心点评,交予作者,修改往复,有"三载通信,终发一稿"之佳话。《华章》的一些来稿虽然出自名家之手,有时却未达到名家应有之水平,对于编委会的求询,痖弦答复得既诙谐又严肃,"名家的庸作不登不好,登了更不好"。这保证了《华章》每篇作品的水准,有了这样的编辑精神和团队奉献精神,《华章》怎么会不载入华文文学史册呢?

左起:京剧演员李小芙、林楠、痖弦(2019年1月23日,温哥华)

六、"加拿大华文作家队伍比较整齐,有相当的气象,队伍素质较高,阵容也比较庞大,作家作品丰厚,反响较强烈。"

赵:说到推广海外华文文学、鼓励文坛新人的评论家,您和美国的陈瑞琳是海内外华人文学界交口相传的两个名字。您以灵矫的散文笔触、渊博的学识和热诚的情肠,为加拿大、美国、荷兰、德国、新加坡、新西兰、中国香港等国家和地区的近70人作序,写评论,总字数达30万言。您撰文评述的作家和作者包括痖弦、刘慧琴、林婷婷、文野长弓、陈浩泉、曾晓文、笑言、宇秀、微言、江岚、吟寒、李秀清、张士方、陈瑞琳、宋晓亮、尤今、文榕、姚园、冰花、刘瑛等等。拙书也有幸蒙您著文点评鼓励,文出后我才得知,那种暖流将永远流淌在心灵深处。您的《诗意的人生——痖弦印象》《海外华文文学的领军人物——记著名作家、评论家陈瑞琳》《宇秀作品的文学定位》等长文已成为海外华文文学评论的名篇,广被征引和转载。

中国世界华文文学学会副会长、中国小说学会副会长陈公仲教授,评价您"帅气十足,凛然大度,充满豪情,坦荡真诚。可作文著述却心细如丝,一丝不苟,严肃认真,缜密严谨。又是位难得的具有奉献精神的可贵学者"[1]。深受华文文坛敬重的作家林婷婷说"林楠的评论像散文、像诗,有时也如短篇小说一样精彩,不需借重任何文学批评的理论,却能以独具的慧眼,发出他对作品深切的心灵感受,也能透视作者的内心世界,亦如在静谧的深夜,一位知音,中肯坦然地向你剖开心扉的明镜,让你更清晰地看到自己"[2]。加华文坛的前辈刘慧琴则认为,您不是"传统意义上的评论家,但的的确确是一位在海外华文文学事业中勤恳耕耘的我们身边的评论家"[3]。

我在拜读您的文学评论时,也深有同感,而且我发觉您用字很美,用情很深,有时您甚至会为所评作者的文字洒泪。这让我想到了沈从文在西南联大教写作课时,曾说"要贴着人物写"。我觉得您写评论,也是贴着作者的人生和心灵来写,写得丝丝入扣,荡气回肠。中国作协书记处书记、《文艺报》前主编、评论名家阎晶明说"林楠的评论已自成格局",这是无可争辩的。

您怎么看自己的文学评论?如何在越来越壮大的海外华人文学队伍中,拣选您的评论对象?

林:庆庆,我迈上文学评论这条路,说起来,是始于你的一次约稿。大约在2006年,当年加华作协会长刘慧琴大姐对我说,中国《华文文学》杂志要我们写一篇加拿大华文文学概览,时间很紧,还有十天结稿,写好后,你直接传给赵庆庆。那时我俩还不认识,电脑与我之间也互不

---

[1] 陈公仲:"评语",见《彼岸时光》,林楠著,大世界出版公司,2010年,封底。
[2] 林婷婷:"评语",见《彼岸时光》,林楠著,大世界出版公司,2010年,封底。
[3] 刘慧琴:《和读者与作者相伴相随——不是评论家的评论家林楠》,载《彼岸时光》,林楠著,大世界出版公司,2010年,第32页。

熟悉。加华文学的各种资料堆满了我的书桌。异常艰苦的九昼夜不由分说地占据了我的生活。接触这么多加华文学资料,我被震撼了!一个意念在我的头脑里强烈生成:我们共同努力奋斗的事业缺少评介。

庆庆,我有时愿意浏览一下文学评论,那种严密的逻辑魅力和闪烁的思想光芒都令我陶醉。当然,我也知晓,很多时候,文章虽好,读的人并不多,这不能不说是一种遗憾。因此,我在想,可不可以就增强论文的可读性,做一些尝试?这就是我这10多年努力做的事情。

这些年,一方面为已成名的作家写书评,写序,写跋;另一方面,也是我着力最多的,是为众多的普通作者写评介文章。

赵:听了您的回忆,既惊讶又感念!说到我替《华文文学》约稿,参加组织该杂志"加拿大华文文学研究专号",那还得感谢杂志的编委之一、汕头大学的易崇辉教授。2005年秋,我和他联系,他立刻表示杂志需要有关加拿大华文文学的文章,就热火朝天地干了起来,次年就登出了17位中、加、美作家和学者的23篇评介文章。这应该是国内首次如此集中评介加拿大华文文学。编后记中说:"在编辑部大量的来稿中,加华文学研究的稿件是非常少的,尽管加拿大华文文学有着不俗的表现。"[①]2007年杂志主编陈贤茂教授亲自参与,登出"加华文学研究专辑"。燕世超教授、庄园教授等编辑部老师也出力良多。现在,10年过去了,您参与点燃的加华文学评介之星火,已经在中国学界和评论界旺旺地烧起来了。在此,我也再次向《华文文学》编辑部表示诚挚的谢意!

赵:您是加拿大华文文学的亲历者和推进者,您的《加拿大华文文学概览》一文是同类文章的开先河之作。就您观察而言,加拿大华文文学和其他国家或地区的华文文学相比,在发展道路、文本质地、作者构成、海内外影响力等方面,有何异同?

林:庆庆,你接触加拿大华文文学的机会相对比较多,想必你也有这个认识,加拿大华文作家队伍比较整齐,有相当的气象,队伍素质较高,阵容也比较庞大,作家作品丰厚,反响较强烈。非常庆幸,由于有叶嘉莹、洛夫、痖弦等大师居住在温哥华,让加拿大华文文学天地,显得大

[①]《华文文学》编辑部:"编后记",见《华文文学》2006年第4期,总第75期,第112页。

气而高贵。重要的文学社团就有漂木艺术家协会、加拿大中国笔会、加华作协、加拿大华人文学学会、魁北克华人作家协会、加拿大大华笔会、加拿大中华诗词学会、加拿大华文作家协会、加拿大三维艺术家协会、菲莎诗社等等。这些文学社团常年坚持活动,发展会员,创办会刊,其中《作家文苑》为周刊,常年坚持了下来。新创刊的纯文学专版《菲莎文萃》为半月刊,其他均为月刊。此外,各家每年都有新书出版。

东部有张翎、陈河、李彦、曾晓文、孙博、郑南川、陆蔚青、余曦等知名作家,西部有阿浓、许行、刘慧琴、林婷婷、文野长弓、陈浩泉、梁丽芳、沈家庄、丁果、贾葆蘅、刘慧心、葛逸凡、宇秀、汪文勤、微言、张士方、沈漓、申慧辉、王芫、杨立勇、任京生、寄北、吟寒、王海伦、付红妹、萧元恺、青洋、韩牧、曹小莉、李爱英、王立、桑宜川、芦苇、冯玉、陈良、凡凡、容若、李德生、文华、银鹤、华溪、金继昌、刘梅、杨澜、何蕾等。

我以为加拿大华文文学是由作家文学与媒体写作(受报纸版面制约的散文和随笔)两大板块组成。作家文学板块的辉煌与影响,已为世人皆知;痖弦先生倡导建成世界最大文坛,实现这一宏愿,或者说要建成世界最大的华文文学大厦,要有一个相当规模的基础工程。这个基础工程,我认为就是我刚才说的要吸引众多的人关心、关注并参与进来。媒体写作板块的主角,就是这批人。这部分作者起初只是以文字

2014 年南昌新移民文学国际研讨会新移民文学优秀创作奖获得者
左起:张奥列、谭绿屏、江岚、林楠、华纯、王威

表述生活,现在已从有感而发逐步迈入了人文思考阶段。他们的作品,已在传统审视与多元认同之间尝试寻找新的表达方式和途径,不少作品充溢着深厚的艺术魅力和现实的批判精神。总体上看,已展示出一种蓬勃的文学朝气和活力,作家阵容有了相当的规模。

如果说有不同,这就是加拿大华文文学的文化特质。

我这里还想特别提一下文学义工这个概念。温哥华有三位诗人作家:芦苇、冯玉和陈良。他们本是以精彩的诗作走进公众视野的。就其作品而言,都不愧是优秀的诗人。相信,如果他们全力投入创作,会有更多的佳作问世。然而,他们把主要精力、时间的大部分奉献出来,担当起文学义工的职责,组稿,编稿,传版,组织讲座,辅导创作。他们的热情和所付出的努力,已成为海外华文文学不可或缺的助力。

七、大草原是我精神成长的母地

赵:维特根斯坦说过:"每一位作家都有其精神成长的母地。"您在移民加国后,写下多篇怀念草原的佳作。在散文诗《重返草原》中,明镜般的希日哈达湖、湖边油画般的牛群、毡包和勒勒车的倒影,令人悠然神往。您也写过:

也许是骑射民族血统使然,我喜欢苍穹下的寂寥,喜欢蓝天白云,喜欢原野,喜欢马蹄踏响大地,喜欢草浪涌往天边,喜欢牧歌的缱绻,可如果我唱,一定是大声量的,憋红了脸,也要努力让山那边的人听到……当然,是在旷野,一个人的时候。正式场合不敢。[1]

您的评论家朋友陈瑞琳把您形容成"北美草原上温柔的骑手"[2]。有学者甚至创造出"草原美学"一词,来分析您的草原情怀贯穿了您移

---

[1] 林楠:《"哇!陈老师!"》,见《世界日报》2015年6月29日。
[2] 陈瑞琳:《北美草原上的温柔骑手——悦读林楠的〈彼岸时光〉》,见《彼岸时光》,林楠著,大世界出版公司,2010年,第18—26页。

民后的诸多散文和评论。① 不知您对此身份和美学定位是否心仪？

在我看来，您移民后，除了对草原存有难以割舍的情结，似乎因居住环境改变，在行文间也不知不觉多了对大海、星空等辽远意象的描摹和象征使用。如果说，草原让我感受到了您对生命热烈和厚重的礼拜，对大海和星空的凝望则让我感受到了您冷静的超越人寰的思索，一种对生命本质的叩问，一种哲学意义上的存在。您博客首页的肖像照就是一帧大海边的留影，雪白的 T 恤，简朴的原色草帽，双臂自然地张开……传递出了和骏马秋风塞北不一样的意境和情思。

林：这些年，瑞琳的鼓励和提携，已是我的精神动力。多年来，陈藩耕（即盼耕）教授一直关注我的写作，而且将我的一部分作品提升到"草原美学"的理论高度加以剖析，让我有受宠若惊的感觉。真心感谢老师们对我的栽培！

是的，我对大草原一往情深。

我的工作性质方便我到祖国各地参观。我曾写过："走南闯北，说不清有多少次游览祖国大好河山。烟雨江南，小桥流水，很美，很写意，有感觉，不激动。而北国大草原的漫天风雪，暴风雪中牛羊的嘶唤，才真正令我震撼，令我热血沸腾。"这是一种血脉带来的天性性格。痖弦先生说，这对我人生观的形成，影响深远。大草原的确是我精神成长的母地，给予我多方面的精神滋养，包括在我与病魔做斗争时，她的辽阔，她的沉静纯洁，都在给我注入能量。

我眷恋我的祖国，眷恋我的家乡。

赵：非常感谢您拨冗接受这次访谈！相信您会再次给海内外广大作者、读者和学者带来启迪和美好的精神享受。祝愿您身笔两健，在彼岸继续驾驶着文学的风帆远航！祝愿海外华文文学涌现出更多经得起时间考验的作品！

曾经把林楠兄的大书，放在背包里带着去校园，在授课前后细细品

---

① 盼耕：《草原美学在彼岸蓝出一片天空——评林楠〈彼岸时光〉》，见《世界华文文学论坛》2015 年第 2 期，总第 91 期，第 89—94 页。

林楠在深圳民族文化村（2014年11月）

读，读不完再带回家，在夜阑人静批阅作业后，再读，再回味……现在，谨将当时的欣悦和激动挽成一束烂漫的诗花，也许不那么精致，敬献给他。

彼岸时光如斯度

握住了托天的大手

靠近了容海的胸膛

满族的汉子，大笔飞驰昭陵六骏

驻马俯身则捧最柔弱的塞草，

不伤一丝一缕，一发一毫

倾听如风如沙如雪如井的幽怨

古道音尘不绝，不绝

难得的侠骨，难得的真情，难得的男儿泪，难得的孩童笑

掀起了灵府的波澜，聆长鲸对歌，品琼顷皆酒

文行巫，字翩舞

忽忽草原、黄河、大西南，

忽忽古镇、京城、大枫国

忽忽墩子当胸一老拳，迎面高唤"啊呀……你小子……把

这些年的酒全补上……啊呀!"

忽忽独徘大海,爱心如最白最美的浪花悄悄、悄悄地舒展吐香,向太阳的家人,向月亮的情人,向群星的朋友们,向那无穷神秘的大自在。

好一本大书!

好你个林楠!

(部分载于《世界华文文学论坛》2018 年第 3 期,总第 104 期,第 79—86 页)

唯有写作能让灵魂安静
——魁北克作家陆蔚青如是悟

作家简介：

  陆蔚青，多才的实力派作家。原居于中国哈尔滨，毕业于黑龙江大学中文系，曾在中国艺术研究院进修，任黑龙江省艺术研究所助理研究员，后任《黑龙江晨报》副刊部主任。2000年移居加拿大蒙特利尔。在《人民日报》《解放日报》《文艺报》《新民晚报》《北京晚报》《上海观察》《世界日报》《侨报》《世界华人作家》《红杉林》《北方文学》《青年作家》《鸭绿江》《香港文学》《山花》《广州文艺》《芙蓉》《文综》《新地》《中华文学选刊》《华文文学》《文艺评论》《剧本》《戏曲研究》等知名报刊发表了多篇小说、散文、诗歌、童话、文艺评论等，并被收入多种文集。曾接受加拿大国际广播电台（Radio Canada International）的专访。出版有短篇小说集《漂泊中的温柔》、散文集《曾经有过的好时光》、诗集《魁北克玫瑰》、哲理童话书《帕皮昂的道路》等。

  北美中文作家协会终身会员，加拿大华裔作协会员，魁北克华人作协理事，蒙特利尔《路比华讯》专栏作者，《七天》周报文学版面"北往"编辑和专栏作者、《北京晚报》专栏作者。曾荣获魁北克首届华文文学奖二等奖、加拿大华裔作家协会颁发的加华文学奖小说第二名、中国世界华文文学学会颁发的首届全球华文散文大赛三等奖和第二届全球华文散文大赛二等奖、国际华文诗人协会颁发的第二届世界华文国学经典诗歌大赛奖、第三届世界华文诗歌大赛奖三等奖、第22届北美汉新文学小说优秀奖、"文学与人"第九届华语文学原创大赛入围奖等诸多奖项。

访谈时间： 2018年11月—2019年2月
访谈形式： 笔谈
访谈语言： 汉语

一、两次投胎在寒冷的北方和多元文化的城市

  赵：哈尔滨和蒙特利尔是您生命中的"双城"，一个是中国的"冰城"，一个是加拿大的"雪都"。能否讲讲您跨国移民的"冰雪奇缘"？

  陆：这实在是一个有趣的话题。哈尔滨和蒙特利尔有诸多相近之

唯有写作能让灵魂安静
——魁北克作家陆蔚青如是悟

处。就自然地域来讲，它们同处北纬45度，具有温带偏亚寒带特有的寒冷冬季，白雪覆盖大地。夏日很短，却很美丽，日照丰盈，阳光垂直地照在大地上，夜空湛蓝深邃。就文化地域来讲，哈尔滨曾经是欧洲大陆进入亚洲大陆的门户，是早年俄罗斯人作为他们的远东城市而建立的，居民生活习惯至今都还有欧洲气息，比如他们习惯吃面包、香肠，啤酒销售量很高，还有冬泳。语言中含有洋泾浜俄语。而蒙特利尔

魁北克作家陆蔚青

则是欧洲进入北美的通道，是北美独特的具有欧陆风情的城市。这两个城市，在建筑风格、生活习俗，甚至居民性格上，都有相近之处。再看历史，二者都是移民城市。据记载，20世纪30年代，哈尔滨有两万多犹太人，10万多来自欧洲的移民，还有很多是来自河北、山东等地的移民。而蒙特利尔更是拥有来自世界80多个国家和地区的移民，说着130多种语言，据说最少的一种只有五个人说，真是知音的语言。有小意大利区、英语西区、法语东区等不同民族聚集区。

这个"北纬45度"的确具有独特的文化概念。地域文化对文学的影响是文学理论史上一个有意思的话题，法国女作家斯达尔夫人有关这方面的理论研究给我留下了深刻印象，尤其对南方文学和北方文学精神气质上的不同，在文学史上影响甚大，的确很有意义。我以为，鲜明的地域文化特色在一个写作人的笔下注定有所表现，并体现在写作中。

对于白雪、寒冷、辽阔、冬天、高大的树木、萧瑟的风景、人类生活习俗，我有几近本能的反映。有人说移民是生命中的第二次投胎，我两次投胎都投在寒冷的北方和多元文化的城市。这是冥冥中的指向，也是我生命的道路。我想这样一种自然风光和生态，一定存在于潜意识中。这是独一无二的地缘记忆。哈尔滨和蒙特利尔在我的生命中展现出不

同时间段的交替,某种在相似中更细微的对比。比如,蒙特利尔是一个大岛,雨水更加丰沛,雪花柔软轻绵;哈尔滨是内陆城市,雪花比较坚硬如冰。这种对比让我兴奋,也让我沉湎其中。更具体地说,当我书写的文学版图更大时,我会感到一种辽阔无际的平面。在这个平面上,没有中国和加拿大的分别,没有城市的分别,没有国界的分别,它们融为一体。好像一片雪野。

赵:除了斯达尔夫人,丹纳写的《艺术哲学》也谈及了地域文化和作品的关系。一方水土养一方人,同样孕育出了和那方水土气质相吻合的文艺作品。这在中国,从遥远的《诗经》年代就开始了。您看,《诗经》中的十五国风,十三国风多半产生于黄河流域,即今河北、河南、山东、山西、陕西等地,二国风《周南》和《召南》(又称"二南"),则大都产生在江汉流域。北方的国风,像《秦风》就简洁质实,刚毅健朗,多尚武精神。而郑、卫处于商业中心,交通便利,男女交往自由。所以,郑卫之风多情诗,情真意切,委婉细腻,难怪孔夫子要"恶郑声"。再看"二南",它们近楚,受楚地南方文化的浸染最明显,物色刻画细致贴切,抒情直率炽热。像《召南·摽有梅》写女子在大龄青年约会的场合,唯恐青春易逝而急于求偶,以南方生长的梅子起兴开头,就很有地域的自然和文化特色。北方的国风就从没有"梅子"的意象。《诗经》后的《楚辞》,充满繁丽、浪漫的神巫色彩,香花芳草令人目不暇接,很大程度是拜山泽氤氲、植被葳蕤的楚地环境所赐,北方诗歌哪有那样的繁密、朗润、迷离?中原的《木兰诗》不同于江南的《采莲曲》,京派不同于海派,东北"二人转"不同于至今流传在西南地区的"傩戏",有太多的例子来说明不同地域的气候、自然和风俗会赋予文艺作品以独特的辨别标志。鲁迅笔下的绍兴、老舍的北京、沈从文的湘西、陈忠实的陕西、王安忆的上海、池莉的武汉……都是地域文学的杰出代表。

说到加拿大,它的"七人画派"、魁北克文学(包括您的作品在内)、艾丽丝·门罗(Alice Munro)、辛克莱·罗斯(Sinclair Ross)、法利·莫瓦特(Farley Mowat)等作家的创作,都非常具有地域特色,但丝毫不显得狭隘。透过独特、纷繁的表象,就可以触摸到共通的人性,比如孤独、自我实现、人与人的关系、国家和民族意识等等。我们常说,越是民族的,就越是世界的,其实,优秀的地域文艺也会走向世界。

您说,自己在书写时会"感到一种辽阔无际的平面",在这个平面上,没有国别之分、城乡之界,"好像一片雪野"。我想,您出生、成长、生活的地方会在您的创作中留有印记,但在创作时,您的思情不受任何时间和地域所限,恢恢乎,游刃于天地之间,灵心妙运,如风一样在茫茫雪野自由驰骋,故能以不同的表述方式创造出无穷无尽的艺术美。

小说集《漂泊中的温柔》、散文集《曾经有过的好时光》(陆蔚青著)

赵:"蒙特利尔像一个联合国,你可以在这个城市的不同地方感受不同民族的风格。这是我喜欢蒙特利尔的一个重要原因。"这是您在写蒙特利尔热门餐馆"马尾松锅"时的话。除此之外,您还喜欢蒙特利尔的什么? 或者,在您看来,中国人移民加拿大,选择蒙特利尔,而非温哥华、多伦多等其他城市的原因是什么?

陆:这个问题比较难以回答。事实上,中国移民留在蒙特利尔的相对很少,很多人在这里站一站脚,就转移到温哥华或者多伦多,第一个原因是那里只需要英语,而在蒙特利尔则需要英法双语,这就意味着要适应这里,需要双倍的时间和努力,这对新移民是一种挑战。第二个原因是温哥华和多伦多的华人历史时间长,人数多,已经形成了规模可观的华人社区。相比较之下,蒙特利尔华人来此历史短,人数也少。蒙特利尔的唐人街只有两百多米,两条大街成一个小小的井字形,与温哥华、多伦多实在不能比。

但蒙特利尔的确具有与众不同的文化风情。蒙特利尔一位英语作家曾经这样形容，走在街口，就会听到英语和法语等不同语言的碰撞。对这一点我深有同感。走在街上，身前身后，可能同时有好几种语言在交流，时间长了，人与人的交流已经不再仅仅表现在语言上，还表现在表情、肢体、行动上。在这样生存状态中的人们，必须具有包容和开阔的心态，必须尊重其他民族的价值观念和生存方式，换言之，尊重别人就是尊重自己。而这个世界之所以美丽，正是因为这种文化的不同。我想这是我喜欢蒙特利尔的重要原因。

当然另一个原因就是上面说过的，蒙特利尔与我的故乡哈尔滨非常相似，在这里，我较少有远离故乡的失落，北纬45度的风情在我生命中一直持续着。我曾经写过散文《哈尔滨记忆》，很详细地比较了这两个城市在民俗和精神风貌上的相似度。此文在《北方文学》上发表。另外一篇《冬天到魁北克来看雪》则偏重描写魁北克和哈尔滨的雪，发表在国内的《上海观察》和美国的《红衫林》。

我是一个雪人，北方一直都是我的家乡，这也是我写作比较鲜明的命题。

赵：我对加拿大最深的感触之一，也是雪。我留学的艾伯塔大学在埃德蒙顿，那个城市在加西，北纬50度，比哈尔滨纬度还高，是哈尔滨的姊妹城市。我从南京来上学的第一年，10月下旬开始下雪，到第二年5月还没下完，怎么等春天都等不来，让我第一次感受到"五月洛基雪，无花只有寒"。这种情形和蒙特利尔的多雪类似吧？蒙特利尔的移民写作人郑南川在诗歌中写过"飘雪也是春天"，说得贴切诙谐，还带着对新家园的热爱。我想您也会认同的。

二、唯有写作能让灵魂安静

赵：您是写作的多面手，诗歌、散文、小说、童话、文艺理论、报道文学……都有佳作。诗歌方面，现代诗写得亲切隽永，古典诗词则浑然天成，妙韵袅袅。当代的中国作家和海外华文作家中，有此多能者屈指可数。请谈谈您的文艺修养是怎么形成的？

陆：与同龄人相比，我比较幸运的是较早接触了很多书。我出生于1963年，1968年我父母作为黑龙江省第一批干部下放到五七干校，我们全家一同前往。之后辗转到呼玛，又到漠河的下一站兴安公社生活近一年时间。1973年回到哈尔滨。我们到达兴安时我六岁，就去上学，那个小学只有一间教室，五个年级的学生都在这里。老师给一年级上课，其他年级就写作业。我很荣幸置身其中，跟着不同年级学习，很快认识了很多字，所以我六七岁就开始阅读能看到的一切书籍。

赵：所以，您和文学作品结缘很早，有"童子功"。还记得有哪些作品给当时的你留下了比较深的印象？

陆：很多书是1976年后，通过广播、图书馆等渠道才知道书名的。比如《小城春秋》是听小说连播才知道名字，《野火春风斗古城》是看电影才知道的。还有一些书，我到现在还不知道书名。那时我只有六七岁，对很多内容理解似是而非。还看了《青春之歌》《呼兰河传》《唐诗三百首》。十岁以后就记得比较清楚，那时开始看一些苏联书，比如《叶甫盖尼·奥涅金》《阿穆尔河的里程》《卓娅和舒拉的故事》《青年近卫军》等。此外，《毛泽东诗词》《红楼梦诗词选》《钢铁是怎样炼成的》《苦菜花》《渔岛怒潮》等书都给我留下了深刻印象。

我的大学专业是汉语言文学，大学期间开始在《文艺评论》上发表文章，毕业后分配到黑龙江省艺术研究所，参与艺术科学国家重点研究项目文艺集成志书《中国戏曲志——黑龙江卷》的编纂工作。这段时间，我主要从事地域艺术史料的挖掘整理。一年多之后，我被保送到中国艺术研究院进修，遇见很多名师，在史论上有所进步。尤其在京城看了很多戏，很多地方剧种，对舞台有了感性的理解。这个感性是很难的，必须在看很多戏之后才能体会到。后来到黑龙江晨报社工作做副刊编辑，也在杂志上开专栏，更多地接触了社会生活。这十几年中我多次更换专业，尽管都在社会科学领域，但也是各有不同。我曾经很遗憾没在一个专业上精进，以为是命运的捉弄，那时并不知道上帝之手在何处等待自己，也不知道这样一些经历，在某一天都会成为写作的财富。

2000年，我移民加拿大。初来之时，为生存起见，我集中精力学习英语、法语和计算机，还有家庭需要照顾，孩子还小。生活非常紧张。我曾一度自我放逐，没有继续写作。我甚至以为不会再写了。新生活中需要学习的实在太多。但一旦生活安顿下来，灵魂就感到空虚，唯有写作能让灵魂安静。你谈到我的多文体写作，是的，每一种文体的写作，其实都有故事，都有必须写的理由，这些理由让我成为一个八爪鱼。曾经有人问我，近体诗在现代社会的意义是什么？那些戴着镣铐的舞蹈是不是很过时？我不以为然。古诗词的写作让我可以达到某个精神的高度，是其他文体不能达到的。

我写近体诗还因为魁北克中华诗词研究会，他们大多是老华侨，有来自柬埔寨的华人，也有来自中国台湾的军人，我一度是其中最年轻的写作者，当然现在不是了，我们有了更多的新生力量。刚开始接触诗词研究会时，我完全没有想到在遥远的加拿大还有这样一群人在写近体诗。这有点超出我的想象。他们最年长的已经九十岁，很多人没有受过高等教育，但他们坚持不懈，用平水韵写自己的心境和生活，而且对韵律要求绝对严格，绝不通融。他们谋生的方式很多，有工厂的工人、

陆蔚青 2016 年在蒙特利尔老港

唐人街的商人、餐馆经营者、杂货店主,有前国民党海军将领,还有一位雷一鸣先生毕业于金陵大学,曾经是蒋经国的秘书。他们的写作多为朋友之间的唱和之作。这种朴素而古典的写作让我感动。现在情形大不同了,老一代正在消失,新一代成员大多是大陆新移民,他们都受过高等教育,虽然专业不同,却都热爱古典诗词,在他们身上,我看到中华文化的繁衍生息,真的非常感人。

对我而言,每一种文体都有不同的特质,对生命形态有不同意义上的契合。每一种文体都分担了我生命中的不同层面,只有使用多种文体才能尽情表达我内在的生命力,这大概是我使用不同文体写作的原因。当然更多的时候,我并不考虑我该使用哪一种文体,都是情之所至,信手而来,是一种非常自然的状态。

赵:我有时觉得,艺术创作有点像魔法棒,给平淡的生活带来色彩,无论经历过什么样的悲欢离合,得失错落,一旦能以写作、绘画、音乐、歌曲、摄影等这当中的任意一种方式表达出来,就会给人一种存在感和创造的快乐。不仅聊以自慰,也能在无意中为他人带来精神上的愉悦,乃至心智的启迪。

移民经历,则有点像写作的催化剂。移民前不怎么写作的,移民后因为环境的巨变,在适应过程中体验了未移民前想都想不到的甘苦,失业者中一度流行过"吃不着的苦比吃得着的苦还要苦"的戏言,这自然会使新移民产生不吐不快的写作内驱力。您加入的魁北克华人作协和魁北克中华诗词研究会,就有不少会员在移民后才舞文弄墨,走上文学之路。而您本身就有扎实的文艺功底,在度过移民初期的紧张忙乱后,创作的愿望多半像雪后的绒柳一样苏醒、爆芽,而且肯定体会到了与在国内创作不同的感受和氛围。视野扩大了,内容自主了,表达方式更加多元而积极了。

另外,我觉得,新移民通常感到当地的人际关系不像国内的那般复杂,应酬较少,社会关系网还没有完全建立,比较能静下心写点东西。像张翎、薛忆沩、应晨这样多产的移民作家,就把加拿大当成寂寞、辽远的土地,大雪封门时,更适合闭门著书。

关于"魁北克中华诗词研究会",它 1999 年在蒙特利尔成立,创建者是来自柬埔寨自学成才的诗人白墨和耄耋老人谭锐祥等同道。该会在当地《华侨新报》上设立每周"诗坛",由白墨主编,17年间刊出700多期,发表各家诗词逾18000首,作者近200人。据说,该会是海外历时最久、创作最多的中国传统诗社。您都参加过他们的哪些活动?有什么让您"感动"的故事?

陆:我大概在2011年参加了诗词研究会,之前我接触的多是大陆新移民,与我背景相似。在研究会接触了一些与我们人生道路完全不同的老先生。当时坛主谭锐祥先生就已经80多岁,还在工作,而且在工余之时写诗词。他记不住韵律,就写在一个小本子上,放在西装口袋里,随时掏出来对照。这些老人阅尽沧桑,心态平和,对中国古典诗词有一种让人惊讶的执着。他们通过诗词记载生活,大多是应酬唱和之作。还有的老诗人自费出书,书中也保留有家族的照片,留给后人,是一个家族历史。他们的世

2014年,陆蔚青在魁北克华人作协新书发布会上点评作品

界观和人生哲学很传统,与新移民有很大不同。他们的人生大多苦难曲折,比如白墨先生,他是柬埔寨华人,依然用华文写作,还写古诗词,写《华侨新报》上开的专栏已经过了1000期,这本身就很让我感动,也因此看到中华文化巨大深厚的生命力。

三、迷人的合力

赵:您全家移民到蒙特利尔后,曾开过书店。你素喜加拿大首位诺贝尔文学奖得主艾丽丝·门罗的作品,无独有偶,门罗也开过书店,在书店里写作。门罗书店在加西的维多利亚市,至今仍在营业,我还拜访过,送去了门罗的中译本。能讲讲您开书店的情况吗?书店怎样成了您和中西顾客交流的窗口?

陆：很荣幸和大师门罗从事同一种谋生职业。在国外写作，就像伍尔夫说的那样，要有基本的生活保障。我们仰望着月亮，却不能从根本上挣脱六便士，这也是人类生存的局限。当然，在蒙特利尔开书店，是一件很有意思的事情。因为电子书的骚扰，纸质书的销售每况愈下，但还是有人来买书。我的小店在犹太人居住区，犹太人在节日期间，或者去看望病人，都会买书作为礼物。这是让我非常赞赏的民族性。当然，其他族裔的人们也有这样的读书习惯，不过如今纸版书江河日下也是不争的事实。我只希望不至于一泻千里，让我还有立身之地。

我在店里经常看书写作，当他们看见我看书，也会讨论一二，通过这种方式结交有相同趣味的朋友。有人对我的书非常感兴趣，也因为看不懂而遗憾，还会敦促我出版翻译作品。有人对我的写作进度保持催促的姿态，每次见到总是问我进展如何，是否顺利，有没有瓶颈。他们也会讲一些自己的故事，有一些还真被我写了出来，比如《凌晨4点55分》《破碎的雨滴》中都有我客人的痕迹。还有的人因为我而开始写作，非常有趣。遇见不同的人，与他们交谈，是写作者的幸运。

赵：对于爱书的人来说，书店和图书馆就好比天堂。大作家博尔赫斯从小酷爱读书，成年后当了图书馆馆长，他甚至说，天堂的样子就像图书馆。对于您来说，书店就是一小片乐土。请问，您主要经营什么样的书籍和杂志？犹太人一般买什么类型的书？

陆：我的小店主要经营杂志，每周都有固定公司送来最新的出版物，包括世界范围内的最新杂志，有来自欧洲的西班牙文、意大利文、法文、英文杂志，当然大部分是来自美国和加拿大，包括娱乐、生活、科学、历史、文学等很多门类。书籍大多是《纽约时报》上的畅销书。顾客买书因人而异。

赵：您在小说中塑造了一些中老年华人知识女性的形象，她们在国内多有坎坷的遭遇，移居到加拿大魁北克后，反而能较快适应，活出了自我和真我。比如《楚雅茹的寂寞》《季夏》《马莉和玛丽》《谭木匠的梳子》等。您觉得，是不是魁北克那种多元文化氛围和自由精神促成了女性知识分子的身心转变？对您的影响主要在什么地方？

陆：谢谢您注意到这一点。我喜欢与老人交朋友，对老人抱有好

陆蔚青（右一）2011年出席魁北克华人作协《岁月在漂泊》新书发布会

奇，因为他们经历丰富。我的朋友大多年长于我。很多人半生在国内度过，到魁北克之后，以开放的心态，接纳外来的思想和价值观。我想这有他们自身对自由生活的向往和要求，当然也得益于魁北克多元的文化环境。文学的目的就是要写出典型环境中的典型人物。

比如《楚雅茹的寂寞》，北美作家江岚博士说她喜欢这篇小说，在于立意。很多人是因为无爱而寂寞，但楚雅茹是因为有人爱而寂寞。也就是说，楚雅茹对爱情的理解，已经超越了自然性，上升到精神性，而精神的洁癖让她对爱人的容忍度相对比较低，而纯度比较高。从爱情与婚姻的走向上，她更自由地处理个人生活，更多保持自由空间，她对婚姻这个形式看得很轻，相对而言，对恋人精神上的契合看得很重。事实上，这也是魁北克当地人的生活方式。在魁北克，将近一半的家庭没有婚姻而是同居。魁北克法裔对婚姻采取自由的开放态度，这在其他族裔中很少见。华人移居至此，耳濡目染，打破原有的婚姻概念，接受新的观念，也是另一种融入。这篇小说被选入《离岸芳华——海外华文短篇小说选》，2019年由外研社出版中文版，之后还会有不同语种翻译。

《季夏》这篇小说获得了"文学与人"第九届华语文学原创大赛入围奖。故事表面看，是所谓"西男中女"的异域爱情模式，其实其中有很深入的价值观念的冲撞。情节简单，甚至没有强烈的抵触，看似平淡的故事，是划在心底的伤口。我要表明的，是季夏这个看似十分西化的中国女性内心深处对中国文化的认同，以及中国文化观念对她的影响。这是通过小荷这个人物与之交流的。小荷是一个季夏虚构的人物，时间跨越百年，在生命的旅途中，她们从未相遇，却因为中国民间刺绣工艺，达到了精神上的水乳交融。受过西方教育，被唐人街称为"维多利亚"的季夏，在西方世界行走多年中，在貌似完全接受了西方生活状态中，在与西人男子如火如荼的爱情中，隐含着对中国文化和艺术超出常人的认同，在这样的认同中，通过小荷的刺绣而升华，她感到了真正爱情的忘我和纯洁。她最终与男朋友分手，是百年之前那个从未谋面的刺绣女孩给了她力量。而她把这些心爱的刺绣捐给了博物馆，把自己的爱情和小荷的爱情通过这种方式珍藏起来。也就是说，把真正的爱情珍藏了起来。这是我要表达的主题。

赵：楚雅茹、季夏的确是不一般的知识女性，生命过半后，倍加看重生命的精神向度，在不伤害他人的前提下，坚决不做违心的选择。两人都崇尚精神上的自由，同时对百分之百相融相契的爱情，抱有理想主义的追求。若没有遇上这样两全其美的爱情，则绝不将就，宁可将单身进行到底，也要拒绝任何一种会委屈自己的婚恋。可以说，这两位华人中的老年女性完全突破了传统的性别期待角色，而作为一个自立、自主和健朗的个体形象出现，心行如一，让读者感到了别样的性格魅力。不过，话又说回来，若她们不是移民到魁北克，没有接受当地那种得天独厚的重人性和个性的文化熏陶，她们还能拥有如此幸福的我行我素的生活方式吗？

常言道，性格决定命运。殊不知，地域及其文化也会影响性格，决定命运。

陆：是这样。女性的书写是文学中重要的课题。女性的飞翔需要比男性更高远和辽阔的天空，这个话题自五四以来一直连绵不断，我相信在今后也将不断深入。我对此很感兴趣，也有计划对女性的自我解放进行书写和探索。魁北克是一个女权社会，女性非常独立。社会制度也保护女性权益。魁北克婚姻制度沿袭法国社会。同居而不结婚的比例很高，溯本追源，对非婚生育与同居家庭的承认，还是在法国巴黎公社时期建立的，我们可以在《4月9日法令》中找到依据。

2014年夏，在古巴哈瓦那的海明威故居

赵：您在海外创作的作品中有一种迷人的合力，来自多组有张力的文本气质对比和体现：如国际性与原乡性、外倾性和内倾性、古典性和现代性……移居到加拿大后，您作品表现的地域和族裔背景都在扩大，蒙特利尔本身就是国际化的多族裔居住的加拿大最古老的大城市，走出这个城市，北美原居民、南美古巴人、欧洲老牌的现代艺术先驱如毕加索、达利、蒙克……都被纳入您的文学版图。在异域远行的同时，您回望故乡和过去的作品也相当可观，诗词中的七律《中秋》、2014年的长篇骈文《岁末感怀》、获奖的思乡散文《鹰嘴岭上的汽笛声》《暖梨》、小说《还乡》等等，都使人感到空间上是在离乡，但在心里却在一次次回归，但又不是先侨或游子的"乡愁"，不是"巴东三峡巫峡长，猿鸣三声泪沾裳"的那种。就连"古诗"这种极其传统的文学形式，也被您奉为"太和正音"，在现代、后现代、波普、网红运动……日渐主流化的当代，心摹手追，时不时谱出佳篇。

不知是谁讲过，"当你走到很远很远的时候，你就会遇到自己"，而与自己的相遇，往往通过距离和他者来实现。不知您怎么描述自己作品的整体气质？

陆：谢谢您的敏锐。事实上，如国际性与原乡性、外倾性和内倾性、古典性和现代性这些看似相对的感念，都有内在的相互关联。国际性与原乡性，就像世界性与民族性一样，它们是共性和个性的关系，所以，民族的才是世界的。文学的魅力正是因为独特的"这一个"，才吸引人。而古典与现代的关系，如您所说的，正是几十年来海外文学的嬗变。从早年的留学生文学到如今的新移民文学，海外写作者经历了一个与时俱进的历程。早年留学生文学中对故国的回望，占有比较大的比例，乡愁与回归，在文本叙述中是主导的。但现在，随着世界格局的变化，科技的发展，微信将人类生活变得日益紧密。18年前我刚刚出国的时候，一张5加元的电话卡只能打10分钟，30年前我姐姐出国时，我们只能通信来往，信件远隔重洋，有时航空还要一个月左右。但现在，点开视频，即可见面。飞行也很方便，直航越来越多。地球村正在变小，而"乡愁"这个概念的内涵也与时俱进，不再是那种不能相见的思念，长期离别没有音信的痛苦。也就是说，现代科技改变了乡愁的含义，改变了人类情感的节奏，那种因不能见面产生的相思之痛得以舒缓。相对于古人，我们永远失去了某些情感体验。而未来人也将失去我们的情感体验。这是可见的人类历史进程。在今天，"乡愁"被另一种情感取代，环球同此凉热已经是一个现实。在这样一种变化中，写作人所要体会的，是一种不同于以往的情感，一种含有新张力的情绪，这是写作人必须注意到的变化。我们要与时俱进。

海外作家至少都有两次人生。地域的迁徙，人生的变迁。有的人走的地方更多，人生的阶段就更多。有时候，脚步的确决定心态，万里路和万卷书的地位，对写作人来说是平等的。很多海外作家都说过同样的话，如果不出国，他们不会写作。也就是说，是生活的千变万化激发了他们的创作激情。但是，每个写作人的敏感点不同，有些人喜欢写异国，有些人喜欢回望故国。这就是我提出海外写作内倾和外倾的原因。当然这是从研究角度的梳理。

如果从写作者的角度，在我看来，无论是回首中国，还是写身边的新生活，其实都是一样的，关键在于我们以怎样的角度和观点来看待历史和现实。每一段生命的经历都值得我们书写。所以我的写作越来越接近平面，就像铺开的大地一样，我回望我的人生，展望我的人生，每一个时刻都不可复制，等待探索。我享受在任何一个地方停下来，回顾过往，也瞻望未来。

事实上，我越来越感到我的生活中存在的不同时段，形成写作的不同风格。比如写中国往事，我会有往事回忆的笔触，而写海外生活，尤其写西人形象，就会偶尔带有不自觉的英语腔调。这是不同生活环境在写作中留下的痕迹。我的中篇小说《纽曼街往事》就写了众多西人形象，2018年6月发表在《鸭绿江》文学杂志头条，那一期是海外文学专刊。后来又被《中华文学选刊》转载。之后，还有一个中篇《乔治竞选》发表在《山花》，是《纽曼街往事》的姊妹篇。事实上我计划写一个关于街区故事的系列小说。这是蒙特利尔生活给予我的珍贵赠予。生活在海外，初来乍到，几年和几十年的人生体验是完全不同的。我记得有人曾经说过这样的话，希望自己的写作更能表现出人们生活在海外多年的状态，写出深邃的精神内涵，而不是短暂的或者是表面的浮光掠影。我深有同感，这也是我对自己写作的要求。我们终究要抵达的是特殊环境中的人性，而不是猎奇或者表面化。

生活在异域，见到更多的人情风俗，让我对西方艺术有了新的理解。比如，我在西班牙看毕加索，与我之前看毕加索完全不同。在西班牙大地上行走，经常会看到毕加索画中的风景和人物。艺术来源于生活。我发表在《解放日报》上的《在西班牙遇见毕加索》就是这样一篇散文。南开大学文艺学学科带头人刘俐俐教授曾说，这篇文章其实是文学评论，它很好地解释了毕加索变形艺术的心理学和图像规律方面的原因，很深刻准确，对艺术学原理有启发。她说，这就是艺术来源于生活，学术研究的重要三段，发现、解释、评论，此文都具备了，是好文章。她还将此文作为分析案例，上课讲给学生听。我想这也是我在散文写作中致力达到的目的。那就是将艺术和生活结合起来，将理论和创作联系在一起，让生命之树、生活之树和理论之树都是长青的。

如今全球化生活的影响，让中西文化交流更加密集和深入。2016年我应滑铁卢大学瑞德森学院的邀请，参加了"中国多民族和加拿大原住民文化的比较探索对话"的国际研讨会，与来自中国社会科学院各民族的专家和加拿大学者进行交流,并实地考察了印第安部落。这让我进一步了解北美历史,对其艺术、民俗和现状有了感性认识。在北美,比如对印第安历史的研究,印第安人今天的生活,都有许多值得思考的问题。我因此写的散文《印第安星空下》在《人民日报》发表,后来收入《2017北美中文作家作品选》。所以,任何一种文学创作都不能离开生活本身,甚至文学理论的研究,也要基于很多田野工作。

我还不知道怎样定义自己。我写了多种体裁的文章,我拥有海内外生活经验,我享受写作的过程和不断认识自我的快乐。对我来说,换一个体裁,是一种休息、一种放飞。即使在写作相同体裁的时候,我也常常同时写好几个。转换是一种休息方式,也让我感到自己置身于广阔的精神世界之中。而在我的写作中,各种体裁也开始杂糅,开始出现散文式的评论、诗意的小说、叙述性的诗篇。我想这是一种非常有意思的状态,也是我寻找自己的一种方式。写作是为了叙述,把自己对世界的理解和看法表现出来,这也是写作的本质所在。追本溯源,最早的文学就是不分体裁的,当然后来人们把文学细化,仅仅诗歌就分类无数,我认为这种分类对文学研究好处很多,但对于一个作家来说,过度地分类有时反而形成局限。真正的写作应该是随心所欲、不受约束的。

2015年魁北克华人作协在蒙特利尔,举着魁北克省带有鸢尾花图案的蓝白省旗(郑南川供照)

四、有华人的地方,就有华文创作

赵:魁北克华人作家协会2018年庆祝成立20周年。您是魁华作协理事、作协电子月刊《华讯月刊》责编，还是蒙特利尔《路比华讯》专栏作者、《七天》周报文学版面"北往"编辑……能不能分享一下您参加这些文艺活动的感受？在北美华人文学创作中，魁北克华人写作人有什么独特之处？

陆：魁北克华人作协的特点是依靠当地中文报纸发展自己，所以常年与多家报纸合作，这样我就在《路比华讯》开过专栏，在《七天》周报做过版面编辑。因为做理事，也分工做《华协通讯》电子月刊的责任编辑。在国外，作协是民间组织，大家都是义工，都是凭自己对文学的热爱来完成这些工作的。这样的热情支持魁华作协成长至今20年。华人在魁北克的历史从19世纪80年代开始，至今大概130年。在130年中，魁北克华人作协拥有20年，占六分之一强。这是我们骄傲的地方。我们用华人的眼睛看世界，用中文记载历史，同时将自己的故事写出来，传递给国人，这些写作具有很强的个人经验和个体生命体验。我认为个体经验的写作是海外华文对中华文学的贡献，是对中华民族集体记忆的丰富。所以，我曾经说过，海外华文的写作，是海外生活的记录者，也是海外历史的见证人。

魁北克华人写作人开始于写自己，写身边的事情，每个人的不同经历也决定了写作的不同。魁北克华人写作写异乡生活的比较多，回望故里的比较少。这些年，大家凭着一腔热情，对文学的热爱，书写生活，取得很多成绩，越来越多的人走出了魁北克，走向了世界华文文坛，更多地在文字中找到回家的道路。很多人出版了书籍，圆了文学之梦。魁北克因为是法语区，相比之下，没有温哥华和多伦多那么多华人。但近年文化活动也发展得有声有色，尤其在蒙特利尔建立中国领事馆之后。文学也是文化生活的一部分。我每次参加作协活动都很有感慨。其中学文学科班的并不多，大多数人从事各行各业，但工作之余还热爱着文学，不断学习和写作。他们真是太可爱，太多才多艺了。反之也证明了一点，文学是不平则鸣，发乎情的人类情感活动。我并不高估写作的社会意义，我更看重写作对写作者自身的治愈、倾诉、完成的作用。很多作者在写作中逐渐完善了自我，这是个体精神的提升。所以，如果可能，每个人都应该享受一些笔墨之乐。

唯有写作能让灵魂安静
——魁北克作家陆蔚青如是悟

赵：是的，魁北克华人作协这些年发展很快，已有会员一百多人了。大家来自各行各业，业余写作，却有多人在海峡两岸暨香港或加拿大本土出版个人文集，据不完全统计，也有几十本了。除了您的短篇小说集《漂泊中的温柔》(2013)、散文集《曾经有过的好时光》(2016)和哲理童话书《帕皮昂的道路》(2016)外，还有魁华作协创建人之一董森的报告文学单行本《断魂之旅——女歌手偷渡记》(1998)和随笔集《西方"聊斋"》、高嘉贺的散文集《爱满天下》(2003)和《故土情缘》(2006)、周宝玲的随笔集《纵然迷失》、林炎平的随笔文集《奥林匹克的启示》(2009)、紫云医生的海外女性写真集《女人一枝花》(2009)和古典诗词集《紫云清卷》(2012)、蒙特利尔文化杂志专栏作者枫子的散文集《那一城枫红枫绿：生活在加拿大的法裔社会里》(2011)和《弥漫在秋光里的法国香颂》(2016)、张巽根的自传《晴圆集》(2012)、英语教育专家张廷华的长篇小说《五味人生》、随笔集《岁月牧歌》(2013)和散文小说合集《古沙文集》(2017)、柳轶的回忆录《越洋过海记西行》(2014)、小说《实现美国梦的女孩》(2002)和《咫尺天涯》(2016)、申丽珠的回忆录《海外金婚》(2014)、郑南川的诗集《一只鞋的偶然》(2013)和《堕落的裤裆》(2017)、短篇小说集《跑进屋里的那个男人》(2016)和《窗子里的两个女人》(2017)、非虚构文学集《在另外一个世界死去》(2018)、诗人兼画家苏凤的自传《自由的灵魂》(2013)和诗集《花上》(2015)、王宏田的杂文集《沧海云帆》(2015)、邵云的散文集《大风起》(2017)、金碧华的随笔集《散人文集》(2016)、张裕禾教授的散文集《枫叶荻花》(2017)、刘爱丽的诗文集《W时代》(2017)、报栏作家雷门的政论文集《老刘看世界》(2018)、滕新华的长篇小说《黑色的花朵》(2018)、婉冰的《雪韵枫情》(2018)等等。这些文集多源于作者在魁北克真切的移民体验，具体而微，带有鲜明的写实性、地域性和跨文化性，令人耳目一新。

除了这些出版文集的会员，魁华作协还拥有一批热情的业余笔耕者，如冰蓝、杨格、杨兰、朱九如、范秀洁、陶志健、鹏鸣、远航、索菲、高高、绿萍、穆彦、飘尘永魂、陈宇英、冯捷、云涛、晓月、唐璜、玲么子、萧萧、青清、方元、张毅、郝宗康、周善铸等，形成了生机勃勃的"魁北克华文写作群"。作协在当地华报上开辟文学园地。1997年在蒙特利尔最大中文周报《路

2011年,陆蔚青(右)获首届魁北克华文比赛二等奖

比华讯》上创立了"笔缘",迄今已出1000多期,600多万字,算是魁省为期最长、产量最丰的中文报纸文学版了吧?《路比华讯》在2017年关闭)。2002年4月,"红叶"在《蒙城华人报》创刊,迄今已出100多期,45万字。2009年在《七天》周报上设立"北往",发表小说、散文、杂文、随笔、诗歌、评论多类作品。这三个写作专版合计约800万字。2008年"魁华作协"博客创办,2017年公众平台《北往——魁北克文学》和《城市文学——加拿大文学》开通,扩大了与世界各地华文文学的交流。

魁华作协还编有《笔缘百期荟萃》(1999)、《红枫叶诗抄》(2005),在蒙特利尔出版魁北克首部华文作品集《岁月在漂泊》(2011),逾700页,超40万字。接着在加拿大本土出版了短篇小说集《太阳雪》(2014)和《"普丁"的爱情》(2016)、散文集《皮娜的小木屋》(2014)、诗集《一根线的早晨》(2014)和《哦,魁北克》(2016)等。这些书籍由加拿大和魁北克国家图书档案馆收藏,并进入欧美国家图书馆和部分大学研究机构。由魁华作协多人参加的《加拿大华文微型小说选》(凌鼎年主编),也在2019年出版。

总之,在20年的时间内,魁华作协一步一个脚印,取得了不俗的创作成果,引起了中国华文文学界的关注和评论。正如您所评价的那样,这些作品提供了丰富、生动、个性化的海外生活记录,具有较强可读性和认知价值。一方面,对于每位写作者来说,他们各自的作品都是独一无二的,

唯有写作能让灵魂安静
——魁北克作家陆蔚青如是悟

2014年，加拿大作家曾晓文（左）、加拿大华裔作协会长陈浩泉（中）、陆蔚青（右）在广州参加首届世界华文文学大会

受过"魔法棒"的点化。另一方面，就文艺性而言，新移民的大部分作品需要精益求精的打磨，要超越随意的感性表达，走向多元文化环境中人性和精神的精准表现，才能耐得住品读。而要达到以纯熟、优美而自然的文艺手段表现出深邃的精神内涵这一水准，则需要积累和天赋了。

赵："移居国外的人，因为客观环境的变化，就好像是大树上的分支，出现了母体的断裂和橘生淮北变为枳的现象。《空巢》《繁枝》《生命中最黑暗的夜晚》都是在母系文化的基础上产生的，与中国文化和历史根脉相连，不同的是，只是因为创作者身在海外，对历史的反思更为清楚。"这个评论，选自您2014年提交给首届世界华文文学大会的论文《内倾和外倾、离散和回归——论北美华文文学中小说创作的倾向及发展》。评论所述，可否认为也符合您本人的身心体验和创作过程？

陆：我想应该是这样。海外华文写作者绝大多数是第一代移民，是在母国之外的边缘写作，是华文写作的子系统。海外华文写作，最大的贡献在于，它是中华文化的丰富和补充。有人说它们具有异质性，也就是说，它是用中文摹写异域生活的，所以无论在自然环境上还是在人文环境上，在异族文化中可能具有的人物命运的不可思不可议上，都有不可替代的私人经验，这个是非常难得的不可复制的经验。尤其在语言上，文学是语言的艺术，而海外写作人因为长期生活在不同语言中，势必会在写作

135

中引进其他语言的特质,比如比喻上的不同,这无疑是对语言的扩充。

在海外的写作人,都曾经经历了一个母文化的断裂,然而在异域文化的发展中,母文化又在自觉或者不自觉中根脉相连。这就形成一种文化的新融合。这的确是一个复杂而丰富的过程,值得我们深入思考。

而距离,也是写作非常重要的因素。有一句话说得好,距离产生美。我觉得距离不仅产生美,还产生回顾和联想,对于写作者,置身于现实基础上的移情非常重要。而不同生命体验产生的诸多比较,能够将写作者的思想和情感带入更有意义的主题。这是无数写作者通过自身应验的,我们在移民作家奈保尔、石黑一雄的作品中都能看到移居生活给他们的写作带来的影响。随着全球化时代的加速发展,越来越多的写作者在不断游走,在不同地域生活,这些体验注定反映在写作之中,所以,全面了解人类历史并反思,对一个写作者非常重要。

赵:2015年11月5—10日,第35届世界诗人大会在中国台湾花莲召开,来自欧美亚近30个国家和地区的约150位诗人欢聚一堂。您、您的同城诗友紫云、多伦多的许之远先生、温哥华的宇秀女士为加拿大华人诗人代表,受邀出席盛会,并有诗作入选台湾地区出版的《2015年世界诗选》。请您分享您的所见所闻,所写所思,可否?

2014年,陆蔚青(左二)在首届全球华文散文大赛中荣获三等奖

2016年，陆蔚青（中）在第二届全球华文散文大赛中获二等奖

陆：世界诗人大会是一个世界性的民间组织，距今已有38年历史，每一年都在世界各地举办盛会，2018年在中国贵州举行，也是第一次在中国内地举行，盛况空前，这是中国诗人的骄傲。2015年我参加第35届，途经台湾花莲、鹿港、彰化、台北。诗坛有汉语、英语和西班牙语，当然还有许多其他语言，比如蒙古语、日语等。诗人大会是一种很好的交流，诗人们不仅朗诵自己的诗作，也讨论有关文化和时代等命题。在那样的环境中，就好像有一个特殊的气场，会诗意大发，诗人们在行路、坐车时都有灵感迎面袭来，当场写出很多好作品，大概也是很神奇的气场效果。我曾写了一首《苏澳》的诗，其中有意识地加入一些戏剧情节，是我的新尝试。也写了一组散文，发表在《世界日报》上。

陆蔚青2015年在中国台湾参加三十五届世界诗人大会

此行是我第一次到台湾，因此对台湾地区的文化和历史有了感性认识。每天我都看电视，台湾的新闻五花八门，很热闹。20世纪80年代我对台湾文学很感兴趣，白先勇、余光中、李敖、李昂、金庸、三毛等人

加拿大诗人陆蔚青(右一)、许之远(右二)和马新云(左一)2015年11月出席在中国台湾花莲举办的第35届世界诗人大会,与大会主席杨允达(左二)合影

的作品给我留下了深刻印象,可以说是打开了一个新窗口。所以当我行走在台湾的街道上,就会想起那些作品中的人物。台湾行让很多故事在我脑海中复活,好像每天都行走在文学作品当中,时空交错,感触很深。文学的确是一个读万卷书行万里路的事业。

五、凭风远,天高碧落,岁岁年年

赵:能以自己的诗或词描述您的人生感悟吗?

陆:

凤凰台上忆吹箫——移民加国十年记

绿柳飞烟,红枫飘雾,梦中跨越千山。见浪涛拍岸,水月空禅。一去十年如隙,迢迢路,难诉樽前。闲沽酒,但观落叶,莫望关山。

残垣。月分径远。叹水袖青衣,翠缕华冠。看乱花惊梦,往事成烟。多少春愁秋恨,都付与,意旷栅阑。凭风远,天高碧落,岁岁年年。

沁园春——2013癸巳新年开笔

玉雪浮枝,远山含碧,一夜北风。正天增岁月,人添新梦;楼头画角,明月弯弓。香烛重重,笑容晏晏,多少新红覆旧红。人声远,有虚庐空舍,隐没青峰。

坐观北斗七星,看寂寥、银河落碧空。只率真随性,不求虚与;岁深人静,言必由衷。身后风云,身前往事,检点清明与雅容。杯中影,问游蛇几岁,或可成龙?

赵:好一个"凭风远,天高碧落,岁岁年年"!好一个"岁深人静,言必由衷"!"凭风远"是游子在经历过种种人生体验后能达到的洒脱境界,"言必由衷"是不管境遇如何内心都要持守的赤子真品性。前者侧重"舍",后者有所"执",舍执之间,生命也就得到了淬炼,观照世界的目光也就安详了,融通了……

换而言之,也许可说成"羲和催鞭日轮匆,云辇广寒飞雪琼,琅嬛泼墨成星子,九霄静观焕彩中"。

最后,请您自由发挥,就您感兴趣的话题说点什么吧。

陆:很荣幸接受您的采访。此生能与写作同行,是我的幸运。我觉得每个人都应该写作,写作应该成为人生的必需品,就像衣食住行一

陆蔚青(后排左一)、九如(后排右一)、杨格(前排左一)、冰蓝(前排右一)等魁北克华人作家协会理事招待作者(前排中)(2015年3月,蒙特利尔唐人街)

左起：曾晓文、陆蔚青、作者 2016 年 11 月在北京钓鱼台国宾馆参加第二届世界华文文学大会

样。衣食住行供养我们的身体，写作供养我们的灵魂，让我们不仅行进在眼之所见身之所属的此世界，更能找到一个精神的彼世界。

赵：有您倾心相谈，并佐以好词，是我的荣幸！正是通过彼此挚爱的文字，我们得以进入深层次的精神对话，也让我在大洋彼岸，深深怀念在魁北克客居访学的日子，以及与您相处的每一个温馨时刻。再次感谢您带领我们认识了魁北克，走进了"雪人"的世界！

蔚青在蒙特利尔和先生、儿子建起了一个温馨的"家城堡"。当她用拿笔的手，利落地做包子、包饺子，变出一桌子的美味时，她真像城堡里的魔法师。她烤出的华夫蛋饼，金黄软香，上面有漂亮的格子，淋上琥珀色的枫糖浆后，就成了地地道道的加拿大甜点。她还会做，也深深地爱着东北家乡的美味——冻梨。

而窗外的大雪，看着蔚青，能从 10 月份流连到次年的 5 月，都舍不得走。

（部分载于《名作欣赏》2020 年第 8 期，总 690 期，第 84—92 页）

指尖之舞考功力
——访加拿大中国笔会会长、媒体人孙博

作家简介：

孙博，毕业于上海师范大学中文系和心理学硕士班。移居加拿大多伦多后，任滑铁卢大学心理学系访问学者、多伦多《世界日报》编辑主任、《星岛日报》资深编辑。参与创建加拿大网络电视台并任总编辑至今，担任过《福建人在多伦多》《加拿大中国留学生纪实》《加拿大警察实录》《名人厨房》等大型电视纪录片的总策划及导演。

2003年至今担任加拿大中国笔会数届会长，出版10多部著作，如长篇小说《回流》《小留学生泪洒异国》《茶花泪》和《男人三十》，纪实文学集《小留学生闯世界》（合著）、《枫叶国里建家园》（合著），散文集《您好！多伦多》，以及以《水管王》《蹭饭王》《忽悠王》等为代表的"王系列微小说"。

与曾晓文合创的20集电视剧本《中国创造》荣获中国作家鄂尔多斯文学奖、中山杯华侨华人文学奖、北京市广电局2011年度优秀剧本奖，并被拍成30集电视剧《错放你的手》播映。

2014年获南昌大学颁发的"新移民文学突出贡献奖"。2018年获世界华文法治微小说大赛特等奖、世界华文微型小说双年奖（2017—2018）二等奖。2019年获西凤酒小小说全球征文大赛二等奖。2020年获天下文摘精选微信公众号平台主办的全国散文、诗歌大赛三等奖。另获多项微小说和闪小说大赛优秀奖。

访谈时间： 2019年3月
访谈形式： 笔谈
访谈语言： 汉语

一、从"新移民"到"老华侨"，总有"写不尽的人和事"

赵：您从1990年移居多伦多，一晃近30年过去了。能讲讲当年移民的初衷和移民后的发展甘苦吗？如愿意，也可以介绍一下您的家庭情况。

孙：弹指一挥间，漂洋过海已整整28个年头，人生岁月恰好中加各半。从一个懵懂青年变为成熟的人父,也从一个"新移民"变成了"老华侨"。友人常问我移居加拿大的得失利弊,我总是笑而不答,其中甘苦只有自己知晓。倘若没有改革开放,不会有今日的我,也不会激发我的文学创作灵感。个人的发展变化,始终与祖国的变迁同频共振。

  1977年9月份教育部决定恢复全国高考。翌年9月我进入高中,顺理成章地提前融入高考大军中。1978年12月召开的党的十一届三中全会宣布,中国开始实行对内改革、对外开放的政策。从此,我个人的命运就与祖国的改革开放政策息息相关了。1980年7月参加高考后,我进入上海一所大学中文系求学。毕业后留校工作,兴趣又转移到心理学,边工作边进修,还给全校大学生开设"人格心理学"选修课。

孙博2007年8月游西藏

  对于我而言,1990年无疑是人生的分水岭。那年10月,我戴着"年轻心理学学者"的桂冠,匆匆告别黄浦江畔,踏上了天寒地冻的加拿大,成了时代的弄潮儿。在北国漂泊的岁月里,我饱尝辛酸苦辣,一改以往单纯的学院式生活。现在回想起来,那段"洋插队"对于我来说,何尝不是一笔珍贵的财富?

  也从那时起,我偶尔提笔记录心灵的挣扎。1993年春天,我有幸到一家大型中文日报当新闻编辑,后来兼任同一报系的周刊记者,深入采访各行各业人物,广结三教九流,人生阅历倍增,写出了一系列专题报

孙博2007年在银川影视基地

道,多次被海内外报刊转载。两年后,随着第一本散文集《您好!多伦多》的出版,不知不觉地重拾起"作家梦"。青少年时代,"我的理想"有三个:画家、运动员、作家,前两个都半吊子般地实现了,均达到了一定水平。自从稀里糊涂地入读中文系后,才正式围剿"作家梦",边系统阅读中外古今文学,边尝试各种文体的写作,偶有短作发表,并侧重于中国现代文学研究。毕业留校后,由于担任教育杂志的编辑,兴趣忽然转移,半路转攻心理学,并学有所成,"作家梦"只好被迫搁浅了。

出国五六年后,经过脚踏实地的奋斗,顺利达到了衣食无忧、四子(房子、车子、妻子、儿子)俱全的境界,照理说有条件享受生活了,然而,内心深处总有挥之不去的孤独、苦闷、抑郁、彷徨,充满了难以名状的悲剧情怀,再也没有兴致把玩自己和周遭新移民的痛苦了,而是冷静地剖析,常常觉得有话要从心里跳出来。1997年春天起,我把业余时间全部用于读书、写作、思考,再也不把文学作为"高兴时的游戏,失意时的消遣",而是作为神圣的事业来追求。那时明显感到,纪实类的报道已无法满足表达的欲望,就悄悄开启了虚构大门,尝试短篇小说创作,并很快发表了一些短作。从此,我边做新闻边写作,一半是现实,一半是虚构,在有意无意之间走上了创作之路,也许应验了米兰·昆德拉的那句话:"碰巧的另一种说法,就是命运。"

1998年对我来说，是一个难以忘怀的重要年份。辞旧迎新之际，我在香港旅加著名作家冯湘湘女士的鼓励下，开始了第一部长篇小说《男人三十》的创作，没想到，写得非常顺利，并于翌年经白舒荣总编之手，在《世界华文文学》杂志全文首发。而这一发就不可收，就像福克纳所说的总有"写不尽的人和事"，我好像被注射了兴奋剂，日夜兼程笔耕，不知疲倦。《茶花泪》《回流》《小留学生泪洒异国》等数部长篇小说，接踵喷薄而出。

　　此外，我1995年在加拿大成家立业，太太在国内学的是法律专业，移民加拿大后担任过记者，也出过书，目下担任物业管理经理。育有两子，大儿子毕业于加拿大的顶尖商学院，目下在世界三大管理咨询公司之一工作；小儿子正在读大学计算机专业。

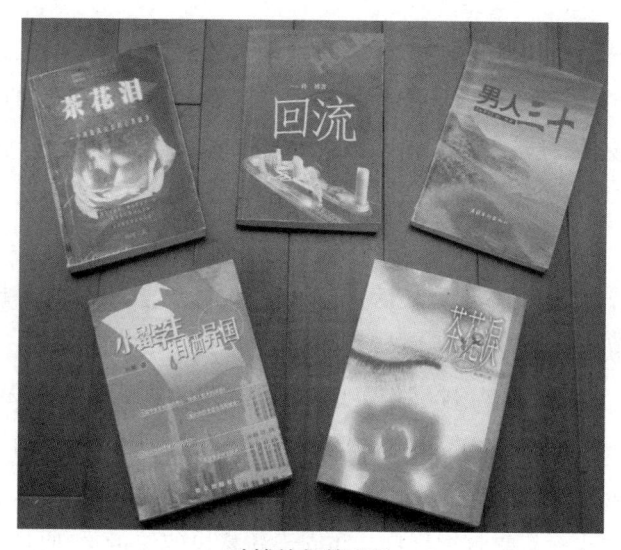

孙博的长篇小说

二、与海内外著名媒体合作，创造多赢局面

　　赵：您的创作具有显著的个性化特征，即能抓住华人移民的热点问题，纪实性强，具有时代感。多年的媒体人经历，使您得以采访各行各业人物，在海内外报刊登载报道。然后，报道中的素材会被再度利用，

指尖之舞考功力
——访加拿大中国笔会会长、媒体人孙博

转化成文学创作的灵感。比如,《小留学生闯世界》,基于访谈在加拿大、美国、德国、英国、爱尔兰、瑞士、澳大利亚等国就读的来自中国10个城市的20名小留学生,在此基础上,您创作了长篇小说《小留学生泪洒异国》(2004)。加拿大枫城一栋房子里住了六个少男少女:两个发奋读书,进入哈佛大学;两个情窦初开,偷食禁果,备受感情折磨;还有一个少年难忍孤独,自杀身亡,一个少女突然失踪,牵扯出中国贪官资金外移、留学生绑架误伤校长等案……

请问,现在的中国小留学生和您访谈时期的相比,在学习、生活、社交、自我管理、毕业后出路等方面,有哪些异同?这是国内很多父母十分关心的问题。

孙:海外各国都已形成了中国小留学生群体,他们默默地为学习、工作、生活而奔波,站在命运的十字路口。有人在短短几年内获得学位,找到工作办了移民;有人准备取得文凭后回国,寻找更多发展机会;有人语言不过关,到了异国付昂贵的学费补习外语;有人硬被父母塞到国外,耗尽巨款还得打道回府;有人到了海外逃学打黑工,欲走快捷方式办居留;有人忍受不了孤独,赴他乡一个月自杀身亡;也有人为了金钱绑架杀人,走上了犯罪道路……

现在的中国小留学生和当初访谈时期的相比,有几点显著不同:他们的家庭比较有钱;也许是独生子女的关系,自我管理能力较差;他们的学习能力也不如以往学生;由于生活在网络时代,人与人之间面对面的交往少了,主要借助社交媒体,但并不影响他们的社交能力。

赵:您曾任多伦多《世界日报》编辑主任、加东《星岛日报》编辑,参与创建了加拿大网络电视台并任总编。这些媒体都是加拿大主要的华文传媒,同时面临着激烈的同行竞争和4G时代的挑战。请问,您和您的团队怎样应对?

孙:内容上用心做出自己的特色,迎接挑战。寻求与海内外著名媒体合作,创造多赢局面。我与中国领先新媒体"观察者网"的合作,就是一个可贵的尝试。2018年11月初,中国首届"进博会"在上海举行,我总在想怎样为故乡做点实事。巧的是,那时我刚与"观察者网"联络上。在其编辑部统筹下,我连续采访了两位加拿大华人参展商,一周内发出

孙博的散文集和纪实作品

了两篇稿件。11月下旬，加中两国总理在新加坡会晤，加中自由贸易协定的谈判启动已渐露曙光，我马上采访了多位加拿大政商界人士，漏夜写出了长稿，在"观察者网"上首发。体力上虽感到疲倦，但精神上却是愉悦的，总感到在为祖国的改革开放大业添砖加瓦。

孙博近年导演的部分电视系列纪录片

三、"海归"是加快中国与国际接轨的真正桥梁

赵：您创作了海归精英题材的长篇作品，广受欢迎。比如《回流》（2002），据说是国内第一部表现海归创业的长篇小说。小说开始于2000年，留美博士高峰联系同窗好友罗永康、周天明等人筹集资金，在上海浦东创办了"新世纪生化公司"。他们不仅拥有美、日、德金融集团大型企业的投资，白人配偶也加入了集资和融资。随着公司在美上市，国际市场沉浮起落，他们为公司的生存展开了权力和计谋的角逐。作品穿插了"9·11"事件、中国加入WTO、上海APEC峰会等重大时事，显示了激荡的时代风云对海归命运的巨大影响。《回流》曾被改编成广播剧，在上海市广播电台推出。

您还和多伦多新移民作家曾晓文，合作了20集电视剧本《中国创造》（2010），以北京中关村、美国硅谷为背景，以海归IT精英、中美人才之间的感情纠葛、悲欢离合为主线，以海归企业收购美国知名公司的商战元素为副线，表现了全球化经济转型时期海内外中国人的曲折经历与精神回归。

能不能讲述海归题材作品的创作背景？

孙：不妨将时光追溯到公元2001年。人间四月天，我回国参加长篇小说《茶花泪》的首发式，分别在北京、上海、广州和读者见面。一切圆满结束之后，家人建议我好好逛一逛上海，因为我出国已11年，家乡发生了不少变化。

那天，碧空如洗、万里无云。大哥怕我迷路，特地陪同我来到浦东的陆家嘴地区。远远望去，东方明珠塔卓然屹立于现代化建筑楼群之中，雄伟而壮观。十多个大小不一的球体晶莹夺目，犹如一串串从天空撒落而下的明珠，似乎再现了白居易笔下"大珠小珠落玉盘"的意境。据说明珠塔高达468米，当时是中国的最高建筑。

登上高速电梯，来到上球体主观光层，鸟瞰两岸全景。隔江是外滩万国建筑博览群，左侧为南浦大桥，右边则是杨浦大桥，无限风光尽收眼底，令人心旷神怡。上海巨变深深震撼着我，全身上下的每一个细胞

都处于高度亢奋之中。那时,我有意写一部反映留学生群体的作品,但面对着数以百计的同类题材专著,始终觅不到新颖的切入点。就在那一瞬间,茅塞顿开,灵感似乎从天而降,文思如泉涌,决定尽快写一部以浦东为背景的"后留学生时代"小说。

可惜,那时手头正在撰写《小留学生闯世界》访谈录、《上海》自助旅游书,与出版社已签了合约,只好将小说搁置一边。一直忙到2001年8月底,两本书全部脱稿,才有喘息的机会。接下去,除了在报社上班外就是准备撰写长篇小说《回流》,先做中英文相关资料的收集工作。从我的几个朋友和不少新闻中得知,已有不少"海归"登陆浦东、北京和深圳,所以,很自然地就把"海归"和浦东结合在一起,构思起小说。10月底,正是多伦多寒风凛冽的时候,我完全进入了创作状态,从白雪皑皑的冬天开始,一直埋首写到绿草钻出泥土,经过了整整一个冬天的拼搏,26万字的《回流》终于在2002年3月杀青,6月回到北京又对书稿做了一次润色,10月份由中国青年出版社隆重推出单行本。

在我的潜意识里,希望通过《回流》引起"海归"的更多思考,使自己的事业锦上添花,也希望触发更多留学生回国,因为他们具有国际化的学历背景、掌握着最先进技术、懂得国际市场运作,又了解中国文化。可以说,"海归"是加快中国与国际接轨的真正桥梁,也是把上海建设成为国际一流大都市的重要支撑。上海这块风水宝地,正以翻天覆地的变化、巨大的商机呼唤着海外游子归来,相信随着祖国的富强和需求,"海归"的队伍将会越来越壮大。

由于紧贴时代脉搏,有关《回流》的喜讯接踵而至。2002年12月份,被著名的《小说月报》杂志选载了20万字,占整本杂志的一半篇幅,引起了海内外中文媒体的广泛关注,竞相报道。上海影视集团之下的一家影视公司于2003年2月买断了《回流》影视改编权。上海人民广播电台在2003年6至7月,隆重推出广播小说《回流》连播,受到了听众的喜爱。上海电台还携手市侨联、张江集团公司,举行了《回流》及海归作品大型研讨会,我因无暇回国出席,请大哥代劳参加,但上海电台提前越洋电话采访了我,并在研讨会上播放。那天,著名作家叶辛、赵丽宏等人都对《回流》做出了充分的肯定,认为《回流》视角新鲜、技巧纯正,有新时代生活气息,并因此对海归派文学报以更大期待。

毫无疑问,这次是故乡巨变给了我创作的灵感,离开上海越久思念之情越深,对我来说写作也是一种回故乡。开发浦东逾十年,硕果累累,值得大写特写。

自从长篇小说《回流》被买断影视改编权后,我也渐渐开始"触电"了,客串写起影视剧本来,并略有斩获。我与多伦多华人作家曾晓文合作,前后断断续续花了数年,撰写中关村"海归"题材的20集电视剧本《中国创造》,后改编成30集电视剧《错放你的手》播出。我们首先阅读了中关村"海归"回国创业的上百万字的材料,获得间接经验,又先后三度赴北京进驻中关村体验生活,参观有关企业,获得直接感受。采访了数十名中国高科技界的顶尖人才,与众多"海归"及家属座谈,倾听他们充满酸甜苦辣的故事,甚至一大早跟随"海归"总裁上班,一直到晚上下班,详细观察他们日常工作,后来还通过越洋电话追踪采访……在一系列近距离的交流中,体验海归们在改革开放后创业的阵痛和巨变,内心与他们命运的变迁同频共振。

孙博(右一)2011年1月13日在人民大会堂领取中国作家鄂尔多斯文学奖

第二届"中山杯"华侨华人文学奖 2011 年 11 月 12 日在中山市文化艺术中心颁发，孙博（牵儿童手者）和曾晓文（白衣儿童身后的女士）走上红地毯领奖

孙博的部分获奖证书

根据孙博和曾晓文合创剧本拍摄的 30 集电视剧《错放你的手》海报

四、加中笔会，枫叶国里的精神家园

赵：您担任过加拿大主要华人文学社团——加拿大中国笔会的数届会长，参与主编《西方月亮——加华作家短篇小说精选集》《叛逆玫瑰——加华作家中篇小说精选集》《枫情万种——加华作家散文精选集》《旋转的硬币——加中笔会作品集》《走遍天下——首届世界华人游记征文大赛精选集》等多部文集，组织了评奖、朗诵、研讨会等许多活动。

能不能介绍一下加中笔会的历史和现状，以及您组织、参与过的主要活动？

孙：加拿大中国笔会（Chinese Pen Society of Canada）的前身是"天南海北笔会"，赵慧泉、胡清龙前后任会长。1995年7月2日，加中笔会正式成立于多伦多大学医学部，王兆军任首任会长。胡清龙、洪天国、孙博、曾晓文先后任会长，现任会长为孙博。加中笔会旨在促进加拿大华文文学创作、翻译与研究，以及与世界各地文学界的交流与合作，如今已成为枫叶国里的精神家园。

加中笔会出版的文集，在世界华文文坛展现出一道璀璨夺目的文学风景。笔会会员在海内外发表了近千篇小说、散文、诗歌和评论，其中不少作品获得海内外大奖，出版了几十部中英文小说集、诗集、散文集和纪实文学集，出版了近五十部中英文长篇小说，形成了强大的社会效应，其中有些作品被选入大学教材和搬上银幕。代表作家有孙博、李彦、陈河、曾晓文、赵廉、原志、文章、西风、孙白梅、芦苇、杜杜、张怡、卢静等。

加中笔会每隔两年选举会长，由会长"组阁"，组成十人左右的理事会，负责日常工作，每月出版一份电子会讯，供会员交流信息，每年举办一至两次大型文学活动，还不定期举办会员作品研讨会、新书发布会、文学朗读会。

多年来，笔会一直注重对外文化交流，分别和著名作家聂华苓、莫言、陈若曦、蒋子龙、徐小斌、周大新、刘震云、刘庆邦、迟子建、叶广芩、

加中笔会 2018—2020 年理事会全体成员
左起：秘书长李静明、网络推广部部长文章、公关部部长雪犁、发展策划部部长杜杜、副会长原志、会长孙博、副会长芦苇、事务部部长王睿、宣传部部长西风、学术部部长赵廉

米舒等人面对面交流创作，和著名诗人北岛、洛夫对话，也和中国文联副主席李准座谈文学。此外，笔会还和中国作家协会、上海作家协会交流。

2015 年 10 月，中国作协创研部主任何向阳与加中笔会畅谈第九届茅盾文学奖。2016 年 8 月，著名作家叶广芩抵多伦多开讲，与读者交流；同年 10 月，加中笔会走出多伦多，去滑铁卢大学孔子学院，参加少数民族国际文化研讨会，主题是"共通的历史文化——中国多民族和加拿大原住民文化的比较探索对话"。2017 年 7 月，中加作家诗文朗读会爆满，百人共享文学盛宴，中国驻多伦多总领馆文化领事韩宁亲临现场。2018 年 10 月，加中笔会推荐芦苇、杜杜、张怡、静子奔赴北京，参加了鲁迅文学院第 35 届中青年作家高级研讨班学习，她们还赴延安鲁艺旧址参观。11 月底，她们回加拿大举办了分享会，冬雨难阻文学热情。

赵：加拿大华文作品要有英文或法语译本，才能进入北美主流社会。请问加中笔会为突破华语圈文学的自说自评做出过哪些努力？

孙：随着全球应用中文的人越来越多，随着华人在各国的地位逐渐提高，推广华文作品已成为一种可能，而不是停留在自我欣赏的初级阶段。当然，首先要有好的翻译本，英语翻译集《向北方——加华作家小

指尖之舞考功力
——访加拿大中国笔会会长、媒体人孙博

孙博主编的作品集

说集》2018年10月由多伦多享有盛名的Inanna出版社推出,标志中国新移民作家首次集体亮相加拿大英语文坛。小说集由吴华、徐学清和科琳娜·戴维斯(Corinne Davies)三位博士主编,收入了张翎、陈河、曾晓文、孙博、川沙、余曦、原志、洯方、诗恒、杨涛和朱小燕11位作家近年来创作的13篇作品,其中多篇在海内外获奖。这些作品描写当代新移民在加拿大的生活经历,在中西文化的碰撞与交融中的心理体验,从题材到风格令人耳目一新。

加中笔会小聚(2015年5月2日,多伦多)
左起:孙白梅(翻译家)、李静明(秘书长)、芦苇(副会长)、金川、作者、孙博(会长)、赵廉(博士、双语作家)、原志(副会长)

153

多伦多大学的马竞松、吴小燕博士继《当代加拿大华裔作家作品赏析》之后,将编著中英对照本的华文作品集。有些会员作品已有了外文版。还有的会员,如李彦、赵廉、张怡等是用中英双语创作的,向西人推广华人的写作就更直接了。

由孙白梅翻译的我的长篇小说《茶花泪》英文版,也将在美国出版,包括纸质版和电子版。

五、惊鸿一瞥闪才华,指尖之舞考功力

赵:当前海外的微型小说写作风生水起,您是一匹黑马,写作时间虽只有三年,却在多个全国性的大赛中获奖,尤其荣获法治征文大赛特等奖。请问你怎么转向了微型小说的写作?

孙:欲问我写微型小说的缘由,还得追溯到2015年。那年年底,时任上海文艺出版社总编辑郏宗培先生,推荐我担任第三届武陵国际微小说节嘉宾。12月中旬,我从加拿大先飞到上海,再与他一起去湖南常德,约在虹桥机场相见。

在候机室里,郏总兴致勃勃地与我聊起微型小说。他指出,"微阅读"时代生活节奏加快,微小说可以"短平快"地反映现实,已成为海内外读者喜闻乐见的精神食粮。他知道我从2012年起忙于网络电视台的创业,没有大块时间从事长篇小说创作,所以他希望我能抽出零星时间从事微型小说创作,他强调方寸之间也是可以大有作为的。他担任中国微型小说学会会长、世界华文微型小说研究会会长多年,并且是著名的小说编辑,标准的行家。他的话不无道理。而我从事视频制作已有好几年,正关注微电影市场,如今网络时代,传统纸媒与多媒体的结合才能真正做到与时俱进,如果能把优秀的微型小说搬上大大小小的银幕,岂不是两全其美吗?我当场答应,可以考虑试写一些微型小说,也为日后改编成微电影做必要的准备。

尽管我以往出版过四部长篇小说,也发表过不少中短篇小说,但在微型小说方面还是一个门外汉。坐在电脑前想写微型小说,竟然难以下笔,大有"眼高手低"之感。子曰:"工欲善其事,必先利其器。"我只好

指尖之舞考功力
——访加拿大中国笔会会长、媒体人孙博

孙博(右)2017年12月10日赴湖南常德领取"紫荆花开"世界华文微小说大赛优秀奖,上台用英文朗诵作品

先广泛阅读海内外经典微型小说,向大师致敬,包括美国的欧·亨利、日本的星新一、中国的冯骥才等人的佳作。他们的作品之所以能成为经典,是在漫长的历史长河中经受考验而获得公认的,具有一种探寻生命本质、直达人性深处的力量,能超越时空限制。"学而不思则罔,思而不学则殆",阅读经典的同时,我还勤于分析前辈作家的写作技巧,思考的魅力在于可以激发自己无穷无尽的活力。

2016年3月,我在网上看到"黔台杯·第三届世界华文微型小说大赛"征文通知,我便尝试创作第一篇微型小说《并不平静的平安夜》,准备参赛。没想到,第一稿竟然写了2500字,离要求的1500字相差甚远。最后,只好忍痛割爱,改了两稿才符合字数要求。未曾料到,这篇处女作在2017年4月获得了优秀奖,据新闻报道那次有8000多人投稿。这次意外获奖就像打了兴奋剂一样,我马上又写了第二篇《归去来兮》,参加"紫荆花开"世界华文微小说大赛征文。此大赛9月揭晓,我又获得了优秀奖,这次是纪念香港回归祖国20周年的征文,投稿超过一万人。在郏总的热情鼓励下,我初试啼声,连续两次获奖,也就不知不觉地喜欢上了微型小说创作,真可谓"有心栽花花不开,无心插柳柳成荫"。

155

可惜,郏总于2018年2月因病驾鹤西去,我含泪写下了散文《留得清梦与君随》。文中提到,我对郏总最好的怀念就是将微型小说创作进行到底。如果说,2016和2017两年是我从事微型小说创作的"玩票"阶段,只写了有限的两篇,那么,2018年3月起我正儿八经地进入了创作阶段,从此一发不可收。迄今,我已在多份著名报刊发表了十多篇微型小说,有些作品被转载、选入多本文集,还获得了五个奖项。除了以上所提两项奖之外,还包括:2018年11月,《水管王》获得第五届"光辉奖"世界华文法治微型小说大赛特等奖;2018年12月,《蹭饭王》获得世界华文微型小说双年奖(2017—2018)二等奖;2019年1月,《一波三折》获得西凤酒小小说全球征文大赛二等奖。

此外,在中国闪小说学会程思良会长的鞭策下,我于2018年8月起尝试写作600字内的"闪小说",饶有兴味,至今已发表了7篇,也有两篇作品获奖。如此短小精悍的篇幅,更适合手机时代的阅读。闪小说要在比微小说更为短小的篇幅中,完美地完成情节的突变,对作者的要求更高。

赵:相对于长、中、短篇小说,微小说、闪小说有什么特性?请结合你的创作谈谈心得。

孙:我始终认为,小说作为一种虚构文学,就一定要讲好故事,还要有打动读者心灵的细节,不论是长、中、短篇小说,还是微、闪小说,都是如此。当然,微小说不是中、短篇小说的缩小,也不是1500字的小说就可称之为微小说的。微小说具有小说的基本特征外,又有其自身的特点——新奇、巧妙、精练。它篇幅短、人物少、故事情节简单,只截取生活中具有特殊意义的某个片段,进行横断面的描写。在艺术处理上,对情节、环境不做精雕细刻,只集中精力描绘人物、深化主题。节奏变化紧凑,构思结构精巧,才能收到小中见大的艺术效果。

在创作中探索出微型小说的一些门道后,我在2018年下半年起便大胆尝试创作"王系列微小说"。此系列均独立成篇,标题中都带有"王"字,主角都是各行各业中有鲜明个性的小人物,已发表的微小说有《水管王》《蹭饭王》《忽悠王》《烟王》《赌王》《自拍王》《剪纸王》,还有闪小说《彼得王》,其中的《水管王》《蹭饭王》已获得了大奖。这个系列还

指尖之舞考功力
——访加拿大中国笔会会长、媒体人孙博

在陆续写作中,估计有几十篇,争取日后独立成书。此外,我还着手准备将自己获奖的微小说改编成微电影剧本。

孙博(右)2018 年 5 月于多伦多接受电视台采访

2018 年 8 月,著名作家冯骥才凭小小说集《俗世奇人》荣获第七届鲁迅文学奖,"以俗雅融通、拈轻成重的经典之魅为小小说赢得鲁奖开评以来的破题首奖",这一特大好消息震惊了微小说界。著名作家莫言在 2005 年推出小小说《小说九段》,14 年之后的 2019 年,已荣获诺贝尔文学奖 7 年的他,分两次推出了《一斗阁笔记》,共 24 篇小小说,再次鼓舞了广大微小说创作者的士气。

不言而喻,微小说篇幅虽然短小,一样可以大有作为,一样能反映纷繁复杂的大时代。目下,本人正处于微小说创作的旺盛期,坚持写自己熟悉的生活,期望以小博大,迎接丰收期的到来。惊鸿一瞥中闪的是才华,指尖之舞下考的是功力。

六、希望写出更接地气的作品,也希望更多作品搬上银幕

赵:从 2018 年下半年起,在《新民晚报》《北京晚报》《羊城晚报》《今晚报》《文汇报》《解放日报》《劳动报》、北美《侨报》等副刊,经常读到您

157

的散文、随笔,请问出于何种原因?

孙:俗话说:"青年写诗、中年写小说、老年写散文。"虽然尚未步入老年,目下已开始着迷散文、随笔创作,2018年8月起在身居旧金山的散文名家刘荒田先生鞭策下,系统创作个性化文章,不少发表于海内外报刊。事实上,我的第一本书《您好!多伦多》就是散文集,出版于1995年。文学上的多面手,也是我终身的追求。多年不经意的探索,似乎约定俗成了独特的写作型态:右手写小说、剧本,左手写散文、新闻,双手互通互补,力求融会贯通。

赵:您曾在2009年《文学界》杂志的个人专辑中自述,"对于文学创作,天分、勤奋、体力缺一不可,还要有一颗耐得住寂寞的心,海外作者尤其如此。小说家是'存在的探索者',经过这十年的默默耕耘,我深深知晓小说创作的艰难困苦,然而,我仍会执迷不悟地探索下去,继续站在东西方文化的交汇点上,关注重大社会问题,淋漓尽致地书写人性人情,创新求变,竭力反映时代变迁"[①]。那么,您对未来的创作有什么具体的设想?

孙:深入生活,除继续关注自身第一代的移民生活外,视角伸向第二代移民生活。希望写出更接地气的作品,也希望更多作品搬上银幕。目下还在创作电影及微电影剧本,并着手筹拍微电影。

赵:多谢您拨冗畅谈,带大家踏上了一条充满时代气息的奋斗之路,一条布满荆棘但也开满鲜花的移民之路⋯⋯十分期待您将文学、影视和传媒联手起来而创造的新佳作,那应该是时代的召唤,大我的情怀和生命精华的绽放。加油,Bob Sun!

2019年11月,在浙江绍兴越秀外国语学院召开的国际笔会上再遇孙博,他此行来华还带来了一个惊喜,就是在南昌开一个"加拿大作家孙博电影剧本《中国处方》宣讲会"。该作首发于《中国作家》影视版2019年第10期,并入围"英雄儿女杯"电影剧本奖。它围绕百年老店"中药王"闯欧美的历程展开,最终圆了"中药国际梦",其中涉及中医药

[①] 孙博:《到底能走多远?》,见《文学界》,2009年6月,第25页。

界的最新信息和研究成果,包括中医首次被世界卫生组织纳入全球医学纲要、诺贝尔奖获得者屠呦呦的团队攻克了"青蒿素抗药性"难题、红斑狼疮将不再是绝症等。

以孙博的干练和高效,他肯定能从电视连续剧的小荧屏,走向电影的大银幕。

"砸闹钟、包饺子"
——问道于汉学家、外交官王健

汉学家简介：

王健（Jan Walls），加拿大著名汉学家、中加文化交流史上的杰出人物。1940年生于美国南卡罗来纳州，先后获印第安纳大学中文学士、硕士、博士学位。曾在加拿大不列颠哥伦比亚大学亚洲系教授中文和中国文学。就任维多利亚大学教授，后出任加拿大驻华使馆文化参赞、加拿大政府亚太基金会副会长、西门菲莎大学林思齐国际交流中心主任、加拿大华裔作家协会资深顾问、南开大学跨文化研究院高级研究员。和华人妻子李盈教授合译、合著多部汉学书籍，如《制罐巷》、West Lake：A Collection of Folktales（《西湖民间故事英译》）、100 Allegorical Tales from Traditional China（《中国寓言故事百则》）、Classical Chinese Myths（《中国古代神话英译》）、100 Passages from the Analects（《论语100则中英对照》）、Using China（《使用中文》）、Cross-Cultural Perspectives: North America and China（《跨文化视角下的北美与中国文化》）、《空鸟迹：王安石诗词中英本》（Bird Tracks in the Air）等多部著作。

自20世纪70年代起活跃于舞台，擅长中英文快板、数来宝等曲艺表演，曾为朱镕基总理演出并与之交流心得。

访谈时间： 2020年6月—7月
访谈形式： 笔谈
访谈语言： 汉语＋英语

一、"竹板儿的打法是我跟梁厚民（北京曲艺团快板书演员）学的"

赵：欣赏过您的快板表演，其中有一段描述一个人梦中找到"金元宝、银元宝、金刚钻、两大篓"，还有"珍珠和玛瑙"，但不知怎么守住这笔横财，于是就急醒了。说完这个诙谐的中文故事后，您将它翻译成了英文，押韵幽默，同样令人捧腹。想请教您，这些快板段子，有的是现成的，有的是不是您自己创作的？您在翻译和保存快板的原汁原味方面，

"砸闹钟、包饺子"
——问道于汉学家、外交官王健

有什么诀窍?

JW:您提的那段小数来宝是传统的。我20世纪70年代在UBC教中文的时候,每星期五都给学生介绍有中国文化特色的东西,如唱民歌、吟咏唐诗宋词、欣赏国画、欣赏民间文化等等。数来宝是非常有代表性的民间曲艺。竹板儿的打法是我1978年第一次去北京时,跟梁厚民(北京曲艺团快板书演员)学的。后来,1981年到1983年间,维多利亚大学把我借给外交部做加拿大使馆的文化参赞时,每个礼拜请梁厚民到我们家里吃饭,当然没有白吃的午饭,所以他继续教我。

会打快板的汉学家王健教授

除了给汉语学生表演当文化教材以外,我觉得也可以给主流社会介绍,可是一般的主流社会听众听不懂中文,所以还得把数来宝翻成可以表演的通俗英语。对我来说不算难,因为我已经积累了不少把唐诗宋词翻成可以用英文吟唱的诗词。数来宝比唐诗宋词俗得多,所以我把它翻成美国乡下人表演的口音。比唐诗宋词好翻得多!

赵:梁厚民自学成才,被誉为"快板界的骄子"。他勇于创新,表演中运用了朗诵手法,加入了"望月儿""旋子""方步"等戏曲动作,还用了"射雁儿""穿掌蹦子"等舞蹈技巧,艺术效果特别好。您是跟他怎么一步步学的?可以回忆一下吗?这可以给对外汉语教学提供非常生动的素材,中国读者也乐于了解。另外,您的同胞加拿大小伙子大山跟姜昆学说相声,在中国一度家喻户晓。你们认识吗?

JW:梁老师是快板大师李润杰的得意门生,很耐心地教我两个"大板儿"与五个"节子"不同的拿法与作用,"定场板儿"的打法,快打慢说的气氛功能,演员的动作、亮相、语气等与故事内容的关系。他很会做示范表演,边说明,边示范,让学生"设身处地",可以说他是一位模范老师。大山是老朋友,对了,他早在20世纪90年代就是最有名的加拿大人。

161

表演《夫妻双双把家还》

主持古筝音乐会

二、"中文字里行间的含义对翻译家来说是老太太跌跟头——难翻"

赵：您出版了多部传译中国传统文学和文化的著作，如 *West Lake: A Collection of Folktales*（《西湖民间故事英译》）、*100 Allegorical Tales from Traditional China*（《中国寓言故事百则》）、*Classical Chinese Myths*（《中国古代神话英译》）、*100 Passages from the Analects*（《论语 100 则中英对照》）等。请问在传译过程中，您感到难以做到"信达雅"的有哪些？一般如何处理？

JW：当然，翻译古代文言文的，像《论语》或者古代神话，比较难以达到"信达雅"的崇高标准，因为古文的词汇常有默示的心照不宣的含义，英文没有带着相当的含义的词汇，所以得决定要牺牲信达雅的哪方面。当然"信"是绝对不能牺牲的。那么牺牲"达"或者"雅"，要看翻译的主要对象是学界，还是一般对中国文化感兴趣的人。学界不能牺牲"达"。如果翻译目的是要引起主流社会对中国文化的兴趣，"信"和"雅"不能牺牲。

赵：谢谢您的妙答！我觉得翻译标准"信"字当头，这"信"其实是多方面的，涵盖对原文内容、形式、风格、感情、文化等多方面的"信"。中文往往一词多义、义随文生、诗无达诂，而英文多无完全对应的词。同样，一个英文词要翻译成中文，也往往不能取得完全的对等。英国语义学家杰弗里·利奇（Geoffrey Leech）分析英文词，有"一词七义说"，美国语言学家马丁·朱斯（Martin Joos）提出"五种文体说"，等等，包括我们自己的翻译经验，都说明了英文译中文，要做到全然的"信"，何其难也。另外，还要考虑重视原文的风格，以雅应雅（比如您译《论语》、古诗词）、以俗对俗（比如您译快板、数来宝、民间故事）。

您是不是也有同感？可否请您举一举自己翻译中的例子，给中国读者说一说？

JW：中文有一句常听的话，"文人相轻"，译人也不例外。为什么？我觉得就是因为不同的译人有不同的重视。譬如，有的诗词翻译家注重词语的定义、语法的相对性、句子长短、雅俗相等、押韵,甚至句中的"双声叠韵"等结构上的相等性。除了"神韵"的相等性以外,什么样的焦点都有。怪不得 Robert Frost 说过"诗意在翻译中丢失"("Poetry is what gets lost in translation.")。

中英的诗词翻译挑战特别大,因为诗歌的神韵常在字里行间,而中文字里行间的含义对翻译家来说简直是"老太太跌跟头——难翻"!举个例子吧,杜甫《春望》里的"感时花溅泪,恨别鸟惊心"。谁感时?诗人还是花?是诗人把自己感到安禄山叛乱时代而流的眼泪溅在花瓣上,还是花在感天动地的悲哀时代里自己溅泪?是诗人离不开被占领的长安,看见能飞走的鸟而惊讶,还是鸟也"恨别",替诗人惊心?英文真难把这种双层意义紧凑地翻出来。这种难题常常遇到,偶尔能克服的话就觉得"好过瘾"!

赵:北美英语读者认同"中庸",是因为其文化中就有类似"中庸"的传统,还是因为没有而觉得可以从中国文化中吸收?另外,您说的北美文化重个人,中国文化重团体等,都非常有见地。

我想补充一点的是,中国文化非铁板一块,儒道释三流,外加最近一两百年的西化,中国文化处在演变中。而中国文化中存在由来已久

在温哥华的春节活动中表演

的个体主义传统,如道家的"独立守神"、佛教上的"小乘",等等。我看到,不列颠哥伦比亚大学东亚图书馆外有五块巨石,上面刻着仁、义、礼、智、信,都是儒家的。我想,您说的中国文化可能偏重儒家这块,而儒家克己复礼,是不太重视个体生命和权益的。

三、"参加了很多加华作协主办的活动"

赵:您亲历了加拿大华人文学发展史上的诸多活动,是加拿大华裔作家协会的资深顾问,能不能请您讲讲您与该会结缘的经过?

JW:因为参加了很多加华作协主办的活动,就认识了很多作家,又经常看他们的作品。我从20世纪60年代开始翻译汉语文学,尤其是诗词,所以每次看到作协诗人的好诗就想翻成英语。这样可以让不懂中文的主流社会欣赏华人文化在加拿大的欣欣向荣。

赵:为了让中国本土作家和读者了解加拿大的同道都做了什么,能麻烦您具体讲讲您参加的加华作协活动吗?听说您的快板表演、朗诵都是压轴戏呢。

JW:温哥华的加华作协每年在唐人街的中山公园举办一次"秋之韵:中英诗歌朗诵会",每次都大受欢迎。我和夫人李盈每年都提供会员朗诵作品的英文翻译。

赵:您读过加拿大华人作家的汉语、英语和法语作品,有什么总体印象?其中,什么样的作品您会选择翻译?

JW:我偏爱诗词,所以当然华人的诗词翻得多。

赵:能否请您赐传数首您的翻译佳作和华人作家的汉语原文?

JW:

故　乡

宇　秀

故乡从来没在故乡里
你的名字来自远离,在于浪迹
在够不到你的地方能够触摸到你

是一截从祖父门前掘出的

支撑着异国他乡咖啡桌的根艺

尽管已被扭曲,我却一眼认出你

那剥了皮的身体

Hometown

by Rosemary Wang

You are never a native place.

Your name comes from far away, through roaming.

You who can be touched but never reached,

are the root-carved legs

unearthed in front of Grandpa's house,

holding up a coffee table in an alien land.

Even though you are distorted, right away I recognize

your bark-stripped body.

加拿大华裔作协祝贺王健教授(前排中)获女皇奖章,前排右三为王健夫人李盈教授

在加拿大华裔作协"秋之韵"会上朗诵、翻译

四、"中文是个黑洞"

赵：您曾在加拿大不列颠哥伦比亚大学和维多利亚大学教授中文和中国文学，出任加拿大驻华使馆文化参赞、加拿大政府亚太基金会副会长、西门菲莎大学林思齐国际交流中心主任等职，为汉学、跨文化交流和研究做出了不可替代的贡献。请问，您的中国文学和文化情结是怎么开始和发展的？

JW：本科生时代对"玄秘的东方"感兴趣，很快就发现"亚洲"太大，所以把兴趣范围缩小到一个东方文明，当然最大的最有名的是中国。又很快就发现中国文化最丰富的内容常常在"字里行间"，不识字的话，怎么捉摸到最丰富的内容呢？所以开始学汉语了。一开始学就发现中文是个"黑洞"：一接近它的影响范围就给抽到里边，甭想出来，动不动。1970年手里拿着中国语文的学士、硕士与博士学位。那时，除了在大学的亚洲系教中文以外，没别的就业机会。当年，不列颠哥伦比亚大学就请我来教"中级汉语课"。

赵：这真是妙趣横生的中文之旅和中国文化探险！中文像"黑洞"，把您给吸了进去，使您无法脱身。大概您也觉得，中文也像美丽辽阔的

接受中央电视台采访

星空,日月叠璧,银河璀璨,您也舍不得离开了。您在中西方之间,和夫人教授,一起往来穿梭,有如中国神话中的青鸟和希腊罗马神话中的彩虹之神,传递音讯,沟通有无,桃李满天下。是不是也很幸福啊?哦,您的中文大名为什么叫王健?

JW:我的中文名是我的老爱的建议:王 Wang 代表 Walls,健 jian 代表 Jan。

五、"砸闹钟、包饺子"

赵:您为什么梦想"砸闹钟、包饺子"的日子?现在实现了吗?

JW:只有退休以后,才能悠哉悠哉地闹到凌晨,睡到想起床的时候才起床,想写什么就写什么,想翻什么就翻什么,不必操心内容够不够学术性,有意义就够,不亦乐乎?今年 80 岁了,小毛病百出,身体没有大的问题,我们老两口日子过得够舒服的,可以说"砸闹钟、包饺子"的日子现在实现了。

赵:祝贺你们可以随心所欲,复得返自然。舒服不如躺着,好吃不如饺子,最美的是躺着吃饺子!最后,以一首拙诗表示我诚挚的感谢!

赠谢王健、李盈教授伉俪

奇艺独绝海外先，

君师传世译佳篇。

东西梁路精诚构，

隔岸枫霞喜满天。

JW：真不敢当！五体投地！

赵：遥祝您和夫人福寿康宁，阖家幸福！

在网上，可以搜到王健教授的中英文快板表演，不仅足以开怀，也是非常鲜活的翻译范本。而要看这位洋教授的现场和气场，就只能到温哥华了……他可能是唯一一位把快板说得那么溜的大鼻子。

（部分载于《文综》2021年春季号，总第55期，第89—93页）

但得心安处，便是武陵源
——加拿大大华笔会会长微言说大义

作家简介：

  微言，本名何显，祖籍河南，曾任东北师范大学副教授，真菌分类学专家。加拿大大华笔会会长，加拿大中华诗词学会副会长，《作家文苑》和《文苑诗坛》主编，著有《青草集》等。

访谈时间：2018年11月—2019年1月
访谈形式：笔谈
访谈语言：汉语

一、师大附小的学霸、乡下马倌、后勤水暖工

  赵：您在《青草集》中自述"身悬海外，心系故国，人之常情也；然庐结加国，休戚与共，遂常怀思虑，动辄关心，势所必然也"[①]。能否先请您回忆一下家乡和成长经历？再谈谈您移民加国的情况。

  微：我虽祖籍河南，其实2009年以前从未回过河南老家。我出生在吉林长春，到我1996年出国前，除了下乡那几年，在长春生活、学习、工作了三十余年。而这三十几年，我又几乎都是在东北师范大学度过的。

  我父母都在东北师范大学工作，我的家也在师大的宿舍里，所以我的幼年和童年就在师大幼儿园和师大附小度过。小学老师中，对我影响最大的一位是李石老师，另一位是严会杰老师。李老师从一年级教我一直到三年级。那时我们班年年是优秀班级，而我是李老师最偏爱的学生之一，记得三年级时她把班上唯一的一本《红领巾》杂志订给了我。严老师是我六年级时的班主任，他也教过我二姐。是他把我们班

[①] 微言：《青草集》，大世界出版公司，2011年，第14页。

从当时校长都感到头疼的问题班变成了最有纪律性、学习成绩最优秀的三好班级。他当时是区优秀教师,教我们数学课。他的教学和课外练习的每日一题极大地激发了我的学习兴趣,提高了我的学习能力。我的逻辑思维方法和能力,应该也是在那时打下了坚实的基础。

我上初中时是1965年,我的大姐姐比我早一年从师大附中初中升高中。虽然她是年级的学习尖子,但是没能"考"上师大附中高中。第二年,我考初中,我的班主任就直接告诉我升学志愿不要报附中——尽管我是他班上成绩最好的几名学生之一(多年以后,我已经在师大生物系任教,碰见严会杰老师。他那时是附小的教导主任,是他告诉我当年的情况)。后来我"考"上了长春市第三十九中学。这是一个名不见经传的"平民"学校(我指的是相对于师大附中或者八一学校这样高、军干子女云集的学校而言)。我的到来,在当时的任课教师中间,还是一个不大不小的新闻(因为我是该校建校以来第一个来自师大附小的学生)。我的同学中除了有两三个普通干部子女外,其他人的家庭背景基本都是工人或一般市民阶层。不过,也正是通过我的这些同学,我见识到了真实的社会基层的民众生活。与他们的生活现状相比,我觉得我没什么可抱怨的。当然,后来下乡,我看到了和亲身经历了广大农民(当时叫社员)更艰苦的劳动生活,我对他们不再只是抱有同情的旁观者,我觉得我就是他们之中的一员。

父母1972年、1973年陆续调回学校,我又继续在农村生活了一年多。不过这一年多我基本没有下地干活了,而是被安排到一个叫前王的村子(东北叫屯)教书。那里的学校有四个年级,加上我只有两个老师和两间教室,所以我们是复式教学。原来那个老师教一二年级,我教三四年级。让我教书,教学内容倒不是问题,问题是我那时并不知道该怎么教书,连什么是教学进度都不懂。原来那个老教师对我的教学也是不管不问,还经常因为家

1974年,微言(前左)回城前与农村伙伴留影

里有事把他的班级交我代管。这种时候我就只好把四个班的学生聚在一起给他们讲故事，或者到院子里带他们玩游戏、做运动。结果学期结束，我的那两本教科书都没有讲完，而我的学生们却在中心校举办的运动会上一举夺得同年级组第一名，并代表大队参加在公社举办的运动会。后来想想，真是误人子弟啊。不过还好，这种误人子弟的情形没有延续太久，到1974年10月，以我父母两人退休子女接班的名义，我被"换"回城里安排了工作。

回城以后，我被分配到东北师大后勤处房产科做水暖工，学徒三年。期间我参加了一系列学校和处里组织的政治、文化、体育活动，包括办板报、文艺汇演、义务劳动等等，甚至还一度被后勤抽去和历史系的工农兵学员一起编《水浒评传》。这一段经历对我组织、工作能力的提高确实有很大的帮助。我后来大学毕业分配时因为工作能力强而被省政府的部门选中，我觉得也是肇基于此。与此同时，我的业务能力也得到锻炼和充分肯定。还在学徒期间，我就被委派负责一般要老师傅才能承担的弯管下料工作；我后来学习工作近二十年的生物系地下暖气管道，有相当一部分是我焊接的，到我1996年离开学校、离开生物系，没出过问题；我还被调到绘图室帮总工做描图工作（这段工作对我后来科研绘图帮助极大）。总之，这三年和在农村那六年的经历截然不同。如果说农村生活那几年是牧歌式的行板，后勤工作这三年则是充满激情和最具理想主义色彩的快板。这两者都在我身上留下了深刻的烙印。

东北师大后勤篮球队（1975—1977）队员微言（后排右一）

但得心安处，便是武陵源
——加拿大大华笔会会长微言说大义

1975年校运动会，后勤4×100米接力队中的微言（左一）

1977年恢复高考，由于还有各种顾虑，我报考了理科院校，阴错阳差进了东北师大生物系。大学生活也是丰富多彩的，不过，我的人生观和性格在那之前已经形成了，而且它们像基因一样具有"遗传保守性"，我觉得我除了年龄在变老，其他的一直都没有怎么变。

二、"父母为我准备了小小的文学宝库"

赵：出生于一个温文敦厚的书香门第，家学深厚，父母都是中文系科班出身。父亲何善周毕业于西南联大，师从语言文学大家罗常培，追随爱国学者闻一多先生。母亲是国学大师胡小石的高足。他们对您养成文学志趣起到了怎样的作用？您擅写古诗词，是受他们影响吗？

微：这个问题仔细想想，还真的不太容易讲清楚。我还在幼儿园的时候，父母就都被打成右派。从那时起，他们就基本不能做什么学问了，但是满屋子的书还在，家里的学习气氛还在，订的期刊像《人民文学》《戏剧报》《文学评论》《收获》，还有《红旗》杂志等还是按期邮来。我上学以后最早接触的文学期刊，应该就是《人民文学》和《收获》。由于我父亲比较严厉，对书特别爱惜，他书架上的书我们几个孩子都不太敢乱动，怕给弄脏弄坏了。再说，那时还小，每天除了上学，做作业，剩下

173

时间都贪玩了,对那些我认为古奥枯燥的书也不怎么感兴趣。一直到"文革"开始,学校停课了,整天无所事事,而我父母都进了学习班,成了批斗对象,也无暇顾及我们和他们的书了,我才开始到我家书架上去找书读。我的兴趣那时还只在读故事,所以对各种小说以及故事——不论古典的还是现代的——情有独钟。这一找才发现父母的书架上也有许多我感兴趣的书籍,像《家》《春》《秋》《上海的早晨》《创业史》《山乡巨变》《红日》《长城烟尘》《林海雪原》《青春之歌》《中国上古史演义》《清平山堂话本》《大宋宣和遗事》《大唐三藏取经诗话》《搜神记》等等。后来小说都读完了,才开始涉及其他类的书籍,像《鲁迅全集》(这套书现在还在我这里)、《茅盾文集》等等,当然也是从里面可读性强的小说类开始。那时对诗歌还不太感兴趣。记得那时读《红楼梦》,诗词的部分都一律略过。这种情况一直持续到下乡。

下乡后家里的书都封箱堆在老乡的仓房里,留在外面的少部分书里有一套《文史资料》,引起了我很大的兴趣,经常翻阅。我现在还很清楚地记得1969—1970年,我家下放到农村过的第一个春节,哥哥姐姐都请假回来过年。我家买了房东一只公鸡,杀了做年夜饭。下午,我和二姐看房东帮我们杀鸡。当时既期待晚上的大餐,又有点可怜那只垂死的公鸡,就模仿从《文史资料》里看来的古诗即兴"创作"了一首"诗":"金鸡兮司晨,五彩兮琅琳。命舛兮难至,饱我肚肠兮斯禽。"如果这算是一首诗,那就是我有生以来写的第一首古体诗。再后来,我读了郭沫若的《李白与杜甫》,真的开始试着写起古诗来(不过那时还是不懂格律的。我虽然很早就读过王力的《诗词格律十讲》,却没弄懂。我家也有王力的《汉语诗律学》,我那时看着那个大部头,没兴趣读下去。现在爸爸留下的这部书则是我案头的工具书。我真正对诗词格律开窍,是在读了启功的《诗文声律论稿》以后,这也是我父母的藏书,只是那已经是我移民加拿大以后的事了),妈妈就找出一套《白氏长庆集》让我读。当时我写了大概有三十几首诗,其中还模仿白居易的《观刈麦》写过一篇较长的描写我在生产队劳动的五言诗。只是现在除了一两首外,都记不得了。所以我的所谓家学,与其说是父母系统地教了我什么(我这么说不意味着父母没有有意教我什么。记得"文革"初期,妈妈曾在家里给我讲《史记》,还告诉我反切是怎么回事。可惜只讲了一篇秦始皇本纪,形势就不允许了),不如说他们给我准备了一个小小的文学宝库,创造了浓厚的学习氛围,而他们又是随时可以向我提供咨询的文学顾问(可惜我当时没有意识到而没有充分地利用)。这个条件,从学习文学的角度讲,应该是比较得天独厚的。

所以,父母或家庭对我文学爱好的影响,应该是那种潜移默化的浸润和熏陶,而不是耳提面命的系统教育。这是由当时特殊的时势所造成。我猜我父母,特别是我母亲,内心是很希望我能够继承他们的衣钵的。但是当时的政治形势和他们自身的遭遇让他们望而却步,甚至到了1977年高考时,他们都不主张我考文科。当然我自己那时对此也是无意识,仍然沉浸在从幼时起就一以贯之地当工程师、科学家建设祖国的理想中。现在想起来,我移民之后,特别是父亲去世以后,他们那满屋子的书除了我保留了极少一部分外(说来很巧,这一小部分书与我和诗词创作结缘有很大的关系。它们基本都是我父亲来加拿大时带过来的,其中有一些是和诗词有关的——如我前边提到的两本,甚至我和旅加词学专家沈家庄教授相识也是通过其中一本书中记载的古曲呢。这也才有了我协助他与几位志同道合者共同创建加拿大中华诗词学会的后话),其他的一部分捐给了文学院,还有一部分就只能当废纸卖掉,令我感到十分愧疚和痛心。

赵:您从什么时候用用"微言"为笔名呢?除了"微言大义"之外,还有什么其他深义吗?

微:应该是2003年8月份吧。当时是为了和一个主张个人利益高于一切的作者展开论辩,用了这个笔名。一般人都认为是取"微言大义"的意思。记得我那位论辩对手在回击我时,也曾经用这个来做文章,指斥我自视太高。而我则反驳说我这个笔名是取"人微言轻"中间两字。其实,我现在也记不得当时究竟是怎么想的了。但是,从我的书取名《青草集》可知,我是一直把自己当作草根阶层来看待的。所以,最初的意思也许倾向后者更多一点,表示我只是想表达自己的看法,并不想将其强加于人。

微言（后排中）与大学同寝室同学

三、为什么移民？简单又复杂

赵：举家移民前，您是大学副教授、硕导、高等担子菌分类学研究者，发现了六个真菌新物种，深受学生敬爱。可以说是学术界冉冉升起的新星。是什么原因促使您放弃这一切，来到温哥华，白手起家，重打天下？

微：这个问题说简单也简单，说复杂也挺复杂。简单的说法，就是想到外面看看。复杂的有诸多因素了。

首先呢，我自己的一个姐姐和我太太的一个姐姐当时都在加拿大学习，她们来信都主张我们应该出来看看，并且愿意为我们移民提供必要的帮助。其实我1989年也到访过美国和加拿大，对其大环境有初步的了解。我太太的另一位姐姐在那之前已经在美国学习过一年，也极力主张我们有条件的话应该出去看看。所以，我太太（她是英语专业毕业的）是非常动心的。这可以说是我决定出国的一大因素。

其次，学校那时也很支持我出国学习。我自己已经和美加几所大学里同专业的几位学者、专家建立了通信联系，他们还邮寄给我一些专业书籍。但是由于复杂的人事关系，我最后没有按自己的意愿走成。所以，也是有些不甘心。

第三呢,由于改革,学校(或说至少院里)原有的教研室制度已经名存实亡。为了升职晋级,大家都八仙过海,许多矛盾和我不愿见到的现象都表面化了。我这人思想比较古板,觉得不能适应。这种不适应不只限于院里、学校,对社会上一些"新生"的(旧)事物也同样不能接受。

还有一个因素,就是科研环境的变化。那时候不论国家还是省里,科研立项都大力向应用研究倾斜。像我这样没有背景、没有团队,又是地处偏远师范院校的独立科研教师,搞的又是冷僻专业的基础研究,是很难拿到科研项目的。中科院微生物所一位很赏识我的老先生曾在我们的个人通信中,告诉我国家自然科学基金有一笔基础研究的科研经费,等我回信去了解详情时,却被告知基金已经被中科院相关院所瓜分净尽了。当然情况也不是完全不可为。要想拿到经费,也是有很多变通的方法,但如果是需要我改变自己的处世原

微言(后排左一)与导师李茹光教授(前排右三)及师弟师妹、中科院沈阳林土所王云老师(后排左四)、东北师大生科院张济民老师(前排右二)

则，则是我无法接受的。

其实，我后来也曾试着做出一些改变——报考相近专业的博士生（当时国内没有本研究方向的博士点，而我想要报的这个博导，后来一度担任过中国菌物学会会长。他的一个听过我硕士专业课的博士生，也成了知名的真菌分类学家），但是移民签证先到了。

就这样，我带着一种纠结的心情走了。这里面有对父亲的愧疚，对老师学生们的歉意，对自己研究工作的不忍割舍，也有对即将面对的全新生活的憧憬与忐忑。但是我并不后悔。20年移民生活，就像我当年的下乡岁月，非常适合我性格中疏阔散淡的一面。

赵：您在《农场的狗》《猫儿》等文中，生动记叙了您在蘑菇农场认识的动物及其与人的关系。但对于您在农场的工作，只是简笔带过。您在蘑菇农场主要做什么工作，里面的工作人员来自不同族裔吗？相处如何？我几次到温哥华，都没有机会造访蘑菇农场，一直抱憾。

微：我的老板是来自台湾地区的投资移民。他最初的公司是一个树农场。加拿大投资移民政策规定，申请此类移民者必须满足在加拿大开办企业和雇佣规定人数的本地居民并达到一定年限的条件，才有资格获得永久居民身份。为了达到这个条件，他的农场需要至少两个雇员。经朋友介绍，我们互相认识了。他问我能不能帮他经营树农场，我说我不懂种树，但是如果他想继续办农场，我可以帮他种蘑菇。就这样，我成了他最初两个雇员中的一个（另一个雇员是西人，也不懂农业）。所以，在农场初创阶段，我什么都要干：从实验室的设计到厂房的改造，从仪器设备的选购到菌种的培养，再到生产的操作和管理以及员工的培训等等。后来生产有了一定规模，人员也增加了，分工逐渐明确，我主要负责菌种的培养与选育，解决生产中的各种技术问题，还有新品种的开发研究试验。

农场员工人数最多时有30多人，华人居多，其他族裔有来自南美的（不同国家）、东南亚的（不同国家），以及本地的西人（很少）。我因主要负责技术工作，算是领导层，跟他们相处都很融洽，没有发生过什么矛盾。员工之间有时会发生矛盾，但主要不是族裔问题引起的。

生长中的香菇　　　　　　　香菇杂交品种出菇试验

平菇杂交品种试生产　　　　杂交品种出菇试验

（以上四幅照片为微言培植的蘑菇）

四、大华笔会会长：守成、深耕、服务

赵：大华笔会创建于 2005 年，当时只有会员 14 人，现在已发展到 100 多人。20 多位会员出版文集，作品在加拿大、美国、中国乃至世界性华文文学评奖活动中获奖。此外，笔会举行新书发布会、朗诵会、有奖征文、讲座、文艺汇演等，不仅赢得了著名文人雅士洛夫、痖弦、阿浓、刘慧琴、沈家庄等的赞誉，还获得了省议员、温哥华市政府的感谢状。大华笔会已从一个文学爱好者沙龙逐渐发展成为一个国际性的写作人组织。作为为大华笔会服务了约十年的会长，您一定有诸多感受。能否在此分享一二？

微：我的一个感受是作为海外华人社团，不论其性质是什么（如文学的、艺术的、联谊性质的等等），要想有所作为，就要有一个团结的领导班子。在这个班子里,大家有一个共同的信念。就笔会来讲,就是如何深耕基层,团结广大文学爱好者,在普及的基础上提高,活跃华人社区的文化生活,推动中华文化的传播和与其他族裔文化的交流。

再一点是,领导班子作风要民主。在加拿大,形式民主是大家的共识,但操作起来也会有很多的不同。这些年,温哥华的华人社团中(其他族裔社团我们不清楚)出现过许多纷争,纷争双方没有人会承认自己是不民主的。这就涉及第三点:作为领导成员,要出以公心,勇于奉献。大事坚持原则,小事不计较。这些听起来都是夸夸其谈的大道理,谁都会讲,对我来说,则确实是出于多年来对华人社团的普遍了解和来自身体会的经验之谈。

社团的理事会,是领导班子,更是服务班子,所以理事一定要能做事,不图虚名。而作为会长,更要礼贤下士,率先垂范,不然工作很难开展。

此外,作为文学社团,必须要有自己的写作园地(刊物)作为联系广大会员的纽带之一。笔会之所以能够坚持和发展,甚至在海外(相对加拿大而言)有所影响,和我们坚持出版《作家文苑》有很大关系。这一点,非常感谢长期支持笔会的媒体《大华商报》。现在新媒体兴起,我们在这一方面还有些跟不上形势的发展。

大华笔会初创期间,在凡凡(穿蓝花衣女士)家聚会(2006年8月19日,温哥华)

文学社团不能做书斋中的精神贵族,要积极参与到社会活动中去。一可以贴近生活,收集写作素材,激发创作灵感;二可融入社群,弘扬中华文化,回馈社会。笔会的实践,证明这是一条保持社团青春活力、可持续发展的有效途径。要做到这一点,社团间的合作也是必不可少的。

赵:《大华商报》在 2008 年后刊登大华笔会主办的《作家文苑》,为每周一期的文学副刊,迄今已刊出 500 多期。另有《文苑诗坛》每月一期,已刊出 80 多期。还有《菲莎文萃》。发表累计百万字。请问,这些文学副刊或专栏都是如何创立和运转的呢?您主要提供哪些方面的稿件?

微:《作家文苑》最初是创会会长林楠先生倡议并在《大华商报》社长马在新先生的大力支持下付诸实施的。当时,一同参与这项工作的,还有时任秘书长文华、理事文野长弓和林春几位先生。我是后来才参与并接手主要编辑工作的。开始以刊登散文为主,后来因为作者群和读者群的扩大,也刊登其他类的文稿,如诗歌、小说、评论等。2010 年,我在另一家报纸上看到一个主要以古典诗词为主的副刊,版面不大,后来很快就不见了。与此同时,机缘巧合地,我认识了那个副刊的主编程宗慧老师,邀请她参加了笔会。程老师对办诗歌副刊很有想法,而我也感到由于稿件日多,原有的《作家文苑》版面十分紧张,因此决定再次和《大华商报》马社长协商,以月刊的形式增办一个诗歌副刊。马社长非常支持。这样,我们就有了一个独立的诗歌副刊《文苑诗坛》。再后来,随着诗歌稿件的增多,原有的《文苑诗坛》版面也嫌过于拥挤。所以到了 2013 年,我们决定再开辟一个诗歌副刊的园地,并已经和另一家报社谈妥了合作事宜。但是,由于加拿大中华诗词学会的成立,我和程老师都是新成立的诗词学会的创会成员,考虑到诗词学会专业性比较强,更需要一个自己的会刊,而不论这个副刊属于哪个社团,与我们扩大诗歌园地的初衷是完全一致的,所以我们就把这个刚创立的新诗刊《菲莎流觞》转为加拿大中华诗词学会的会刊了。

《菲莎文萃》是两年前才开办的一个新的文学副刊。有别于《作家文苑》和《文苑诗坛》,《菲莎文萃》是半月刊。如同它是笔会与诗词学会合作的产物一样,《菲莎文萃》刊发内容诗、文并举,对诗、文选择的范围也相对更广一点(《作家文苑》和《文苑诗坛》以刊登会员作品为主),有许多名家的作品。该刊物的主编是笔会的副会长冯玉女士(她同时也是诗词学会的副会长、加拿大华人文学学会的秘书长)。

各副刊稿件较少的时候,不论诗歌还是散文,我都会提供一些个人的作品。现在的情况是会员的稿件比较多了,我就基本不再发表我自己的文章诗词(除非有特殊需要),这样可以腾出更多的版面给其他作者(这一段时间我写得也少了)。

所有刊物的编辑人员都是义工,是没有报酬的。不过大家都是这方面的同好,乐此不疲,毫无怨言,所以才能够共同把刊物办好。

《作家文苑》创刊号,刊于温哥华《大华商报》(2008年9月6日)

加拿大《菲莎文萃》半月刊(2019年1月12日)

但得心安处,便是武陵源
——加拿大大华笔会会长微言说大义

大华笔会会员新书发布会嘉宾席(2012年7月7日,温哥华)
左起:沈家庄(加拿大中华诗词学会会长)、吴聚之(温哥华书法家协会主席)、林楠(大华笔会创会会长)、洛夫(著名诗人)、痖弦(著名诗人)

大华笔会新书发布会合影(2012年7月7日,温哥华)

赵:林楠先生是大华笔会的首任会长,他在访谈中说:"我参与创建了大华笔会后,只做了两届会长。期间,创办了《作家文苑》周刊。许多成绩是继任者微言做的,之后,他们又创办了《文苑诗坛》和纯文学专版《菲莎文萃》,反应都很好。说到海外华文文学,人们常常会想到严歌苓、张翎、虹影、刘荒田,他们是顶尖人物,但华文文学的整体是一座塔,

183

要有坚实的基础。微言的特殊贡献是长年累月不辞劳苦地构筑并加固着塔基。"①对此,您和会员文友,如何看待自己的文学活动及其影响力?

微:非常感谢林楠先生对我的肯定。但如同我之前给您的通信中所言,我并不是什么有宏才大略、雄心壮志者。就笔会的情况而言,我充其量只能算是一个守成者。俗话说"头三脚难踢"。当初主要是创会的会长林楠、秘书长文华,还有已故的副会长顾亚星等前辈,带领笔会走过了最艰难的创业期。在其后的笔会活动中,也全靠林楠先生、刘慧琴老师等前辈的扶持和理事会同仁的协作以及广大会员、文学爱好者们的支持。我最初对笔会文学活动的定位是深耕基层、普及提高,会员多是普通的文学爱好者。但是随着笔会各种活动的开展,影响的扩大,也吸引了不少本地知名的作家、书法家、艺术家加入笔会。由于网络时代的到来,笔会的刊物也引起国内许多作家、诗人的关注,投稿者遍及国内二十几个省、自治区、直辖市,其中不乏来自中国作协、各省、市、县作协会员以及各地方报刊、诗刊的主编、专栏作家,有些作者还申请加入了笔会。我们还和常州"大词派"建立了常规联系,在那里有我们一个十几人的笔会"海内"团队——这个关系的建立,要归功于我们的副会长程宗慧女士。

在本地,笔会的影响也日渐扩大。去年是加拿大建国150周年,笔会受本地最大的华人社团"加拿大华人联合总会"之邀,组织写作班子为其创作了描写华人移民一百多年来在加拿大苦难又辉煌的奋斗历程的大型舞台剧《华人之光》,成为本地华人社区年度文化活动中的一件大事。演出那天有政府三级政要和加籍华裔老兵出席,演出前进行了《华人之光》的颁奖仪式,后来召开了座谈会,有BC省内地淘金矿区地区主席出席,也有本地影业公司因此邀请笔会为其创作话剧剧本和网络电视剧本并在今年5月相继公演。笔会影响的增加,也反映在会员和文学爱好者创作热情的高涨。过去,本地作者的投稿不能完全满足我们刊物的需要,现在则经常出现积稿的现象(这也是我们又开辟《菲

---

① 林楠、赵庆庆:《彼岸的草原长调:访加拿大华文作家、评论家林楠》,见《世界华文文学论坛》2018年第3期,总第104期,第83页。

莎文萃》的原因之一)。前几年，我们一共为会员举办了两场新书发布会。今年一年我们已经举办了两场，其中一位新书发布者王瑛的感言很有代表性。她说她移民十年，不辍笔耕，留下两行脚印(她先后出版了两本著作，都是笔会为其举办的发布会)，一座灯塔(她的网名是亮灯，其帖子已积累有上千层楼高)。由此可见其影响之一斑。还有不少会员的著作正在编辑出版中。

总的来看，笔会的发展稳中有进，在本地文坛中占有一席之地。

接受省议员李灿明委托向大华笔会颁发的感谢状(2015年4月26日，温哥华)
左起：应美凤(上海木兰拳协会主席)、微言、司徒顺(温哥华市政府多元文化委员会委员)

大华笔会等社团代表在温哥华市政厅接受市政府的感谢状(2016年4月8日)
左起：卢美娟(同乐会创会主席)、市议员、三木风、程宗慧(副会长)、冯玉(副会长，同时代表加拿大中华诗词学会)、任燕如(会员，同时代表加华知青之友)、市议员、李惠(知青代表)、微言(会长)

赵：新年将至，您对未来有什么计划和展望呢？

微：这几年温哥华文坛蓬勃发展，新人不断涌现。笔会在这其中发挥了一定作用，也获得很大发展。希望不久的将来能有更具进取精神的、更年轻的带头人将笔会事业发扬光大。我本人则想利用本地得天独厚的自然条件，编一本有关蘑菇分类的图册。我的《青草集》是献给我的父母的，这一本图册则想献给我的授业恩师李茹光教授。目前正在收集标本、资料中，希望能如愿早日完成。

大华笔会十年志庆春茗会（2017年4月29日，温哥华）

大华笔会年会上，为会员颁发特殊贡献奖（2017年1月8日，温哥华）
左起：朱新蕾、程宗慧、邱志强、金继昌（已故）、李国维（墙上书法作者）、魏兆桐、微言

五、但得心安处,便是武陵源

赵:最后,能请您以自己的一首诗、词或曲,描述您对移民人生的感悟吗?

微:我觉得,我六十岁生日时填的一首词或可表达我的感触。

水调歌头·六十初度感怀

　　痴长六十岁,漂泊又经年。烟波去去千里,不见旧时帆。渐染青丝如雪,几度飞霜落叶,瑟瑟水风寒。天际雁来去,望断万重山。

　　少年狂,儿时梦,憾绵绵。此生应是萧索,落拓水云间。却喜无心插柳,收获清凉一片,差慰有情天。但得心安处,便是武陵源。

微言的这首词真切诚恳,耐读有味,一边在多年漂泊中不放弃努力,一边是释然地为人处世,这应该是百姓人生比较理想的境界吧。我不擅诗,但禁不住和一首,也借此对他拨冗倾心而谈表示诚挚的谢意!

水调歌头·辞岁(和微言)

　　寰宇岂知岁?甲子入新年。朱梅点点初放,碧顷扬高帆。芷岸结庐听雪,广苑培菌问叶,腊酒抵夕寒。识旧雁来去,月渡万重山。

　　风浪狂,客惊梦,意绵绵。半生踏遍萧索,春信报人间。俊辈他乡折柳,菲莎余霞一片,闲步邈云天。已种芳茵处,缘路近桃源。

微言（右五）、程宗慧（左三）在舞台剧《华人之光》开场前与 90 岁老兵合影（2017 年 7 月，温哥华）

《华人之光》第一幕"淘金梦"剧照（2017 年 7 月，温哥华）

但得心安处，便是武陵源
——加拿大大华笔会会长微言说大义

《华人之光》第二幕"华工血泪"剧照（2017年7月，温哥华）

《华人之光》第三幕"华人之光"剧照（2017年7月，温哥华）

《华人之光》演编创人员谢幕(2017年7月,温哥华)

大华笔会在温哥华的一次聚会(2009年6月)
左起:会长微言、司马策风、曹小莉、杨立勇、作者、文华、凡凡、大树

生活和历史远比小说精彩
——致敬加拿大华人作家、渥太华华人史学者笑言

作家简介：

笑言(Jeff Wang)，本名王建国，加拿大华裔作家协会会员，加中笔会会员，大华笔会理事，渥太华华人写作者协会创始人，加中友协会员。

祖籍山西保德，出生于太原，本科毕业于太原理工大学，硕士毕业于英国牛津大学。1991年，在牛津大学读研究生期间开始发表文学作品。发表《没有影子的行走》(又名《落地》)(2002)和《香火》(2008)两部长篇小说，《新相亲时代》《寄居》《蓝调·非卖品》《杀人游戏》《残缺的印章》《同事马里奥》《涓生的纸片》《最后一根稻草》等中短篇小说，《犹有清风借四邻》《麦肯斯废墟》《一个人的黄昏》《面对大师》、"牛津生活系列散文"及"加拿大生活系列散文"等散文和游历笔记。多次获奖，入选加拿大休伦大学中文课教材及《中国散文大系》《世界华文文学大系》《北美华文作家作品精选》《新移民文学大系社团丛书》《加华作家作品选》《一代飞鸿》《新世纪网络小说精选》等海内外文集。

1998—2010年主持纯文学网站"笑言天涯文学网"，吸引全球约七千名文学爱好者、学者和作家，主编文集《行走天涯》(2008)、《笑言天涯28人自选集》(2011)。2004—2010年主编《天涯风》电子月刊共84期。近年来，专注渥太华华人史的钩沉，著有《渥太华华人史话》，在加拿大《新华侨报》连载两年。

现居渥太华，爱好高尔夫球。

访谈时间：2015年5月
访谈地点：渥太华唐人街扬子江饭店
访谈形式：面谈＋笔谈
访谈语言：汉语

一、从牛津大学到加拿大首都

赵：北美华人作家中，获得牛津大学硕士学位的可谓少之又少。您最早发表的文学作品是在牛津读书期间，还记得当时的写作情景和内容吗？

笑：那时一个人在牛津读书，比较枯燥寂寞。互联网还没有出现，越洋电话非常昂贵，中文书籍也很难找，基本处于一种封闭状态。还好，牛津中国学生学者联合会与中国驻英使馆关系不错，能定期读到《人民日报》(海外版)。

有一天在圣埃德蒙大厅学院由教堂改建的图书馆看专业书看累了，就拿张报纸到外面透透气。教堂门前是一片墓地，学生们经常坐在墓地的青草地上读书晒太阳，很多墓碑都被学生的后背蹭得很光滑。我坐在那里读着读着便有些想家，联想到前几天中秋节第一次收到母亲的亲笔信，忽然就很想写点什么。于是很快就写出一篇《母亲的信》，写完就寄给了报社。过了一个多月或者两个月吧，我已经把这事忘记了。一天骑车遇到一位相熟的中国学生，他停下车叫住我说，祝贺你啊！你的文章上《人民日报》了！我当时都不敢相信这是真的，赶紧去找管报纸的同学，果然见到了自己的文章。我还清楚地记得，文章中有一句是这样的："来英国一年多，电话通了不少，父亲的信也收了不少，然而这封不期而至的母亲来信却带给我特别的震动。"为什么会记得这么清楚呢？因为当时我写的是"突然而至"，编辑给改成了"不期而至"，这处通篇唯一的修改让我心服口服。后来这位编辑给我寄来一份报纸，并附短信，说我的文章写得感人，希望多投稿。这时我才知道，这位编辑姓陈。我很感激这位陈编辑，是他的肯定和鼓励，让我开始去圆少年时的文学梦。

赵：常有朋友问您为什么写作，您先前一直说不知道怎么回答，后来您在2008年发表的散文《时间的散点》中写道："写作与时间有关。写作让枯燥的时间变得有趣了、丰盈了、变化多端了。"[①]现在，又是六七年过去了，期间您发表了两部长篇小说，若干中短篇，还废寝忘食地撰写《渥太华华人史话》……那么，您对自己何以写作有没有什么新见解？

笑：我一向觉得写作是极端个人的行为，没有什么因为所以好讲。我不靠写作吃饭，写作反而会消耗我很多时间，因此我实在没有理由逼迫自己去写作。这个世界上好玩的东西很多，何必一定要辛苦自己去

---

① 笑言：《时间的散点》，见《行走天涯：散文卷》，北方出版社，2008年，第88页。

生活和历史远比小说精彩
——致敬加拿大华人作家、渥太华华人史学者笑言

码字呢？再说我觉得这个世界上有那么多杰出的作家，穷我一生都无法读完他们的作品，自己太渺小，没有必要也没有资格去写。但我还是常常忍不住要自己去写，而我一旦真正动笔，我又觉得这个世界完全是自己的，是排他的，是由我随心所欲的。

尽管这个世界上有很多好玩的东西，但内心深处的东西是玩不来的，甚至是阅读不来的，唯有通过与灵魂的对话、自我反省，并将它们排列组合诉诸文字，方可释然。写小说，是为了拉开与生活的距离，写理想，写人性，撕碎曾经的美好以及编织缥缈的乌托邦。写历史，是为了记录人类的真实，写事实，写成败，还原细节以及思考我们的未来。当然，虚构写作与非虚构写作对于我并不是完全对立的，我写历史没有丝毫虚构，顶多做一点谨慎的猜测。而我写小说的时候，却常常借用大量的历史背景。从这个意义上来说，我还是属于比较传统的写实主义作者。

赵：若不留学和移民国外，您会写作吗？或者说，会创作出这么丰富感人的作品吗？

笑：我想我的回答是否定的。虽说写作就是写生活，或者说是生活的积淀，但写作毕竟还需要时间、环境和契机。我从牛津大学毕业之后，回国在原单位服务了几年，然后才移民加拿大。在国内的那几年非常忙碌，写专业论文都来不及，根本没有时间染指文学作品。

到加拿大之后，工作比较规律，个人的时间多了，互联网也刚好开始普及。写了东西，马上发到网上，有人读，有人评论，形成了一种良好的写作氛围。到了一个新环境，生活、工作乃至文化都面临挑战，眼睛不由自主张大了，思维也发散了，见到的和听到的远超从前。在适应这些挑战的过程中，往往会产生自己的判断与总结，这就是写作的素材。移民本身便很丰富，便有很多感人的悲喜剧故事。我自己也亲身经历了移民的种种酸甜苦辣，有些还发人深省。生活远比小说精彩，而小说的精彩在于告诉读者生活的各种可能性。

赵：是什么让您安家加拿大首都渥太华呢？您在第一部长篇小说《没有影子的行走》中，写计算机专家曹嘉文从大陆移居渥太华的感受：

出乎曹嘉文意料之外,加拿大的首善之区并不热闹,远远赶不上北京的繁华。事实上,渥太华小得很,城市建筑既没有多伦多的现代,也没有蒙特利尔的古典,甚至连直飞中国的飞机都没有。不过住久了,自有一份舒适和亲切。①

这是不是也是您的感同身受呢?我曾在渥太华小住,对这个没有地铁而有很多自行车的都城,也觉得舒适亲切。

笑:渥太华的华人自称加拿大的这座首都城市为"渥村"。东面的Orleans小镇叫作"鹅岭",西面的高科技区Kanata被称为"坎屯",南边的居民区Barrhaven则冠以"巴屯"。渥太华河的南岸包括国会山在内叫河南,河北岸的魁省居民自然便成为河北人民。我很喜欢渥太华华人这种自得其乐的精神。一方水土养一方人,这种宽容、自信与幽默,或许就是渥太华这座城市潜移默化所赋予我们的。

渥太华有国会山,有总督府,有初夏的郁金香节,有深冬的冰雪节,有数不清的高尔夫球场,有著名的滑雪胜地,还有渥太华人民深爱的"参议员"冰球队。渥太华以博物馆众多而闻名,渥太华是世界上最好的英法双语城市,渥太华多次被评为全球最适宜人类居住的城市……我还可以举出很多这样的例证,但落到实处,我在这里安家落户,主要还是由于我和太太都有满意的工作,生活安定,自由自在。

赵:笑言是您的笔名,有来历吗?是和《诗经·卫风·氓》里的"总角之宴,言笑晏晏。信誓旦旦,不思其反"有关吗?我喜读《诗经》,对这首诗印象尤深。

笑:我也喜欢读《诗经》,不过我这个笑言来自《周易》震卦:"震来虩虩,笑言哑哑,震惊百里,不丧匕鬯。"这个笔名来得偶然,我也没想到一用就这么多年,并且成为我最为人知的身份符号。

赵:您是渥太华华人写作者协会创始人。这是一个什么样的组织?都有什么文学活动?

笑:这个协会是一个民间自发的写作爱好者团体,并没有正式注

---

① 笑言:《没有影子的行走》,时代文艺出版社,2002年,第5页。

生活和历史远比小说精彩
——致敬加拿大华人作家、渥太华华人史学者笑言

册,也没有明确的组织机构。自生而又自灭,昙花一现了两三年。

第一次活动是在2007年10月14日,在我家里举行。活动内容是朗诵作品、座谈交流。这个形式一直延续到协会结束。当时参加的人员有张瑞文、楚天舒、叶欣、周旋、杜杜、胖蹄、依蝶、薛文、开喜、老冒、书生和我。这个活动由协会成员轮流做东道主,后来加入的还有小马哥、文枯娃、天蝎、闲雅和亭子等人。每次活动由我发布一个主题,大家写命题作文,比如圣诞、清明、一个熟悉的人等等,有时便是无题,大家自由发挥。活动过后我将优秀稿件推荐给几家当地中文报纸。

协会当时比较活跃,记得中华会馆当时的主席黄兴中先生携夫人参加过一次我们的活动,并朗诵了一首他亲笔写在纸上的律诗。后来黄先生还为协会在天润酒家提供活动场所。叶欣的一篇小说后来曾获美国新泽西"汉新文学奖"第一名。我的小说《新相亲时代》也在美国新语丝网站获奖。而坚持写作至今频频获奖并出版文集的是杜杜。

2008年7月,加拿大西安大略大学吴华副教授与约克大学语言、文学和语言学系徐学清副教授联袂到加拿大国家档案馆查询资料,在渥太华小住了几日。13日晚,两位教授应邀参加了渥太华华人写作者协会的欢迎暨文学座谈会。会上我介绍了协会的情况,吴华与徐学清介绍了加拿大华人文学、华人作家的情况。随后大家自由交谈,讨论的主题有加拿大文学在世界文坛的地位、中国作家与欧美作家的差距、小说发展的潮流与方向以及东西方文化的融会贯通。

二、创办笑言天涯文学网(1998—2010)

赵:笑言天涯是一个面向全球、公益性的纯文学网站,汇聚了数以千计的文学粉丝,驻站作家中不乏海内外知名的作家或评论家,像在央视"百家讲坛"主讲魏晋竹林七贤的同济大学刘强教授,屡获国家级大奖的旅美作家芜华,移民加拿大的《世界文学》杂志前副主编、外国文学评论家、翻译家申慧辉,加拿大大华笔会前会长、评论家兼作家林楠,资深编辑并发表多本专著的文野长弓,在加美两国获奖的作家兼唐诗西传研究学者江岚,北美资深的华文文学评论人陈瑞琳,等等。

可以说,笑言天涯文学网和人气很旺的文心网一样,成为芸芸写作人,尤其是海外写作人留恋的精神家园。

可否请您回忆一下您创办该网站的初衷,以及它的运转方式?

笑:中国作协副主席陈建功先生和天津作协副主席肖克凡先生也曾应邀成为笑言天涯网站的风采作家,再早的驻站作家还有葛红兵教授等人。将这些重量级人物请来并留下很不容易,这个网站吸引大家的可能还是由于它的纯粹。所谓纯粹首先体现在纯粹的文学性,网站来稿必须原创,由编辑审核之后发表。如果能得到编辑的推荐,读者的认可与评论,作者会非常开心。不论作者还是读者,都很看重编辑短短的推荐语。这就要求编辑本身文学素养要高,还要认真阅读作品,有的放矢。另一个纯粹是网站没有广告,当时甚至有网友将笑言天涯网比作网上的《收获》。

1998年到2001年前后,出现过不少文学网站,比如榕树下和红袖添香等。后来这些网站大多被商业化。商业化没什么不好,笑言天涯只是一直没有很好的商业化契机。网站一直由我个人出资运转,包括网站域名、虚拟主机寄存及程序维护等。

赵:笑言天涯网汇聚了甘愿为文学免费打工的人,您所说的"一些傻子",不计报酬,和您一起风雨同舟。这些"傻子",包括您,在维护网站时都有什么幕后故事,您愿意与大家分享吗?

笑:文学编辑们完全是义务为大家服务,每周轮流值班,定时审稿发文,都非常辛苦,牺牲了很多个人及家庭时间。直到今天,我内心还非常感激我们曾经一起工作过的每一位编辑。正是他们的辛勤劳作,才让网站维持了那么多年,而让我们欣慰的,是许多初到网站文笔还很稚嫩的文友,几年之后便开始在报纸杂志发表作品,有的还出了文集。

我还可以再举几个例子。比如一位编辑负责每周三发稿,那么他需要在周二那天,前一位编辑发稿之后便开始抽时间审稿,包括甄选好的稿件推荐。推荐文章须有两位编辑同意才可放行。考虑到编辑的工作负荷,后来最后这道批准工序基本由我来把关。我想说的是,一个周三很容易做到,十个周三呢?十年当中的每一个周三呢?这其中包括节假日、包括春节中秋、包括外出旅游、包括出差生病、包括家中出了急事……而我们的编辑们居然就这么挺过来了。您说傻不傻？

有推荐，便有未被推荐的，沧海遗珠总是有的。老作者知晓编辑部的情形，也与几位编辑相熟，不予计较。但有些新作者便会质问甚至指责当班编辑。遇到这些心高气傲的才子才女们，编辑们大多是赔笑来解释。因为大家都知道，能来我们网站的，都是有两把刷子的，如果只是油漆刷子，那他自己早晚会离开的。

网站前前后后有过 20 多位编辑，任职时间长并坚持到最后的有倾城、钟雨、小荞、薛暮冬、梅花一朵、哑哑梨等几位。借此机会向他们及未提名的编辑们再次致敬。

赵：笑言天涯自 1998 年 9 月 26 日由您一手创办，到 2010 年 12 月 31 日由您亲手关闭，运行了十二多个年头。关闭着实令人惋惜，众多文友的留言和诗文都表明了这点。为什么关闭呢？

笑：到了 2010 年，互联网发展已经相当成熟，出现了博客等各种发文途径。各种文学网站和论坛更如雨后春笋，笑言天涯这样一个文学平台所能起到的作用已经十分有限。

十二年间，网站的虚拟主机由美国迁到国内，再由国内迁到美国，几番折腾。其中有技术原因，比如笑言天涯网使用的是 ColdFusion 编程技术，需要比较特殊的服务器支持，比起用 PHP 技术的网站服务费要高出很多倍。另外服务器搬家也有政策上的原因，由于笑言天涯使用国外共享服务器，一旦服务器上某网站出现了违法违规的因素，那么整个服务器上所有的网站国内都无法访问，于是不得不搬家。

此外我们的编辑那时也大都十分疲惫，不堪重负。其实在关闭之前，网站已经鸡肋了很久，关了总比垮了好。

三、《没有影子的行走》和《香火》

赵：在加拿大华人的众多长篇小说中，以渥太华为背景的，并不多见。您的两部长篇小说《没有影子的行走》和《香火》基本上都是以渥太华为故事发生地，以受过高等教育的中国移民为主人公，描写他们在加拿大打拼发展，在中西文化传统中寻找平衡与调和，以及他们在加拿大长大的孩子对中国文化的疏远,对加拿大文化的自觉认同。

笑言的长篇小说《没有影子的行走》和《香火》

《没有影子的行走》和《香火》这两部作品里面有没有您自己的影子？一般说来,也是根据我的有限阅读,华人写作人在海外的第一部长篇往往是自传或半自传的。

笑:影子肯定是有的,我本身就是技术移民,但我远没有书中人物那么精彩曲折的生活。写作就是这样,作者最初的作品往往自身的经历所占比重较大。随着自身素材的耗尽,作品逐渐向更宽的地平线延伸。渥太华是我熟悉的城市,自然就成为我作品中最合适的背景。而且我也有意要写渥太华,渥太华是我写作的高密东北乡。

赵:《没有影子的行走》之所以叫这个题目,是因为在您看来,传统文化是游子永远的影子,试图摆脱影子而行走,何其艰难而怪异。所以,在这本小说中,中国移民,都带着中国儒释道的文化传统,在加拿大基督教、民主和个性主义至上的社会里,寻找立足之地。在他们做出重大抉择时,往往还是中国的传统占上风。在渥太华做白领的编程专家曹嘉文离婚后,因要将留在中国的儿子接到加拿大,并因害怕承担婚姻责任,而迟迟不愿和美丽体贴的女同事苏南共结连理。在加拿大开移民公司的老万夫妇,因熟谙中国的人情世故而业务兴旺。靠智慧和勤奋创下千万资产、嫁给洋人并生有混血儿的软件设计师何芳,不管工作

生活和历史远比小说精彩
——致敬加拿大华人作家、渥太华华人史学者笑言

多忙,都尽力恪守妻责母道,却因丈夫明哲保身不能风雨同舟而决定与之离婚。

《香火》对中国移民身上的传统诠释得则更为明确,就是修有几十代家谱的丁家到了移民加拿大的丁信强这一代,必须要有男丁继承香火。即便是已有两个女儿的丁信强不在乎,其妻萧月英却自始至终地为生儿子想尽办法,甚至不顾自己的身体安危。虽然她的儿子没能保住,但丁信强在渥太华无意发现的同父异母兄弟、画家秦刚和妻子在多年无嗣后,终于生下男孩。另外,和丁信强有婚外恋,因无法与之结合而出走的印第安女子黛安,在丁信强毫不知情的情况下,也在渥太华同一家医院生下男孩。丁家香火在加拿大土地上一波三折的延续,其实也意味着中国的传统和文化在第一代移民身上是根深蒂固、融在骨血里的。他们永远无法摆脱。而到了第二代,比如丁家两个女儿,在加拿大长大,讲英语或法语,中国文化传统对于他们则是陌生,没有束缚力的,他们很容易白化成"香蕉人"。

您说过,"兼顾两种文化始终是移民美好的愿望,同时也是他们痛苦的根源……移民只属于自己,坚硬的灵魂下面,他们的'洋派'终究不能彻底,而对于故乡,他们已是异类"[①]。能否请您具体谈一谈?

笑:赵思运博士在《拖着影子的行走》中评论《没有影子的行走》时,认为移民加拿大的华人不可能没有影子,而是拖着一条沉重的影子。

很多华人来加之后便急着"融入主流社会",我曾碰到不止一位同胞以自豪的口吻说:"我们住的那个区都是白人,没什么中国人。"或者说:"我女儿的学校没有中国孩子,她适应很快。"我猜测,他们就是要尽快摆脱那个拖着的影子。多年之后,也许我们会发现,无论怎样融入,我们身上的中国烙印其实是去不掉的。很多华人为了方便,会取一个容易上口的英文名字,甚至将其合法化。但冷不丁什么时候,在一起的洋人会问一句:你原来的中国名字叫什么?

1923年至1947年,加拿大出台过一个排华法案。那时在温哥华,华人到医院看病只能到地下室候诊。公共游泳池不准许华人入内。大

---

① 笑言:《没有影子的行走》,时代文艺出版社,2002年,第2页。

部分白领工作不准华人染指,华人只能开洗衣店、餐馆这类底层服务生意,而且华人餐馆连白人女服务员都不准招。人类社会在向文明的方向迈进,加拿大政府终于深刻反省,为以前制订的错误政策向华人道了歉,加拿大真正走上了多元文化共同发展的道路。今天,加籍华人与加拿大其他移民享有同等的权利与义务。每个种族都有自己的历史渊源,我们没有必要过分在意自己的影子,我心安处是我家。但这个安心的过程,毕竟还与在国内不同。语言会有障碍,文化会有冲突,子女会脱离家长的掌控,成为真正的加拿大人。

赵:北美知名的华人作家或评论家,如张翎、林楠、徐学清、申慧辉、陈瑞琳等,对您的《香火》评价甚高,认为是"艺术上非常成功的,具有海外华文文学史价值的长篇佳作"①。您怎么自评?或者,拓宽了讲,您对自己的作品有什么要求?希望它能传递什么意旨?

渥太华唐人街的牌楼,也是渥太华唐人街的标志(2015年5月16日,赵庆庆摄)

笑:衷心感谢这几位评论家和作家的鼓励。《香火》的确反映了加拿大对中国人打开移民之门的那个时代,大批技术移民与投资移民涌入之后的方方面面。在这个大背景下,华人移民过着什么样的生活,怎样在异国他乡站稳脚跟、养家糊口、教育子女,以及夫妻两地分居,与异族异性的情感纠葛,等等,一系列的困难,最终的尘埃落定,串起了一条

---

① 林楠的评论,见笑言著《香火》,北方出版社,2008年,封底。

加拿大的移民主线。而中国传统文化又无时无刻不在影响着小说主人公，那些骨子里的观念与做法，那个延续香火的心结，将他们牢牢定位在自己的角色之中。

作品的价值，最终要由读者来衡量，由时间来判断。如果我的小说可以引起加拿大华人移民的一些共鸣，能给对华人移民感兴趣的人士提供一些思考点，那我就很欣慰了。

四、别具一格的力作——《渥太华华人史话》

赵：多谢惠寄四篇关于渥太华华人历史的大作——《孤独的汤姆墓》《渥太华华人教会和华人社区共成长》《渥太华中文学校》和《欣华中文学校》。我都津津有味地拜读了。过瘾，也帮助我了解了渥太华同胞的移民、教育和宗教生活。您是下了功夫做这项工作的，扎实细致，史料性强，又显示出时代的变迁。而且，我觉得，您是带着感情来研究写作的，无论是写小镇早年华人汤姆被排斥在墓区外的孤坟，还是写艰辛成长有40年历史的渥太华中文学校，以及写渥太华华人教会的发展和"会众分裂"，都让我感受到您在客观平实叙述中对人的关怀和尊重。另外，照片也配得漂亮而到位。

您本是专注创作和虚构的，是什么让您转向容不得虚构的华人历史研究？

笑：写历史就是纪实，而纪实有一个很流行的别名——非虚构写作。非虚构写作具有一种特殊的力量。"事实"与"亲历"以及"诚实原则"是非虚构写作的基础。写历史更是不容虚构，基本上就是白描勾勒，作者不能妄自揣测历史人物的心理活动，连评论都该由读者根据事实自行做出。这样的写作对作品的客观性与严谨性要求很高，同时也呈现出一种阅读的开放性。我生活在渥太华，又是一名写作者，觉得有责任把我们这个城市的华人史顺一顺，让历代华人的付出与成就不至于因为我们没写而湮没。历史是一面镜子，写作的时候也可以照到自己，照镜也是一种精神升华。就这个意义而言，我很庆幸选择了这样一个课题。

我并没有就此终止虚构写作,虚构的自由与天马行空,一直是我喜爱的。但是眼下,我的确更享受非虚构写作。

赵:在您之前,加拿大维多利亚大学有"唐人街之父"之称的黎全恩教授、渥太华获加拿大最高文学奖总督奖提名的华裔作家郑霭玲等,都做过渥太华华人历史的研究,也出了书。请问您和他们所做的有什么不同?您的特色在哪里?

笑:黎全恩教授皓首穷经,仅捐给多伦多大学的研究资料就达80箱。他为加拿大华人史做出了不可磨灭的贡献。在他的建议与亲自计划下,维多利亚市花了三年时间修复了唐人街。当我写渥太华华人史的时候,同时观照了加拿大华人的历史,我在许多资料中见到了黎教授的研究成果。郑霭玲是我们渥太华的华裔女作家,使用英语写作。她应该算第三代华人了,但令人钦佩的是她依然关注着华人的历史与华人的生活。她对渥太华早期华人生活做了大量的研究工作,走访了许多老华人,制作了不少访谈视频资料,并翻拍了许多珍贵的历史照片。她是第一位相对完整、相对系统地记述了渥太华早期华人生活的人。

我应该是第一个将众多渥太华老华人的中文姓名展现给世人的写作者。这件事貌似容易其实很难。我的写作所涵盖的范围也更宽泛些,我不仅写渥太华的早期华人,也写渥太华各个时期的华人,同时也注意到加拿大甚至中国在同一年代所发生的大事。时间上,我大体是从1877年第一批华人登上加拿大土地开始一直写到2010年,渥太华

笑言(左)与加拿大著名英语作家郑霭玲(右)在渥太华图书馆(2015年5月26日)

生活和历史远比小说精彩
——致敬加拿大华人作家、渥太华华人史学者笑言

终于建成唐人街牌楼为止，一个多世纪的缩影。迄今为止，我去加拿大国家图书档案馆查阅了大量的历史资料，包括人口普查与旧中文报刊的微缩胶片。采访了几十位中外人士，实地参观了华人联合教会、多所中文学校、中华大厦、加中文化中心、各类华人社团的现址与旧址、多处华人墓园等。我一般是按主题选取有代表性的人物或组织来写，比如中文学校我选了有百年历史的渥太华中文学校和大陆移民办的简体字欣华中文学校，教会我选了老侨胞参与创办的渥太华华人联合教会，尽量写得有深度有细节，并可独立成章。目前我已写了中文教育、中医中药、华人教会、美术馆等多个领域，正在写中华会馆等主要华人社团以及老华侨的早期生活与渥太华唐人街的形成。1928年，才女林徽因穿着自己设计的中式婚礼装，与梁思成在渥太华中国领事馆结婚。这类与渥太华有关的名人轶事我也会注意收入书中。

除了您提到的黎全恩教授与郑霭玲女士，其实还有很多人都做了许多有关渥太华华人历史的工作，比如渥太华大学的李强博士，提交过对渥太华华人宗教情况进行研究的博士论文。弓木先生早在2000年，就采访当地老侨胞，在《渥京周末》上连载了他写的"渥太华华人百年史"。加拿大东安省台山同乡会编写过《加京早期华人史略》，Melina Young在1996年视频采访过林焕老人一家。正如您在我们交谈时所说，我们的写作，我们的研究，建立在先行者的研究成果之上。而我做的，又是为后来者准备一些参考史料。

赵：写史重在史料。在2015年5月的渥太华《新华侨报》上，我看到"《渥太华华人史话》征集史料及线索"的告示，想必您是负责人吧。除了通过报刊征集外，您还通过哪些渠道来收集史料、史实和数据？

笑：对，这个线索征集启事是我起草的。自2015年2月20日起，几乎每期《新华侨报》都刊登这则启事。我本想借助媒体的力量，找到史料和线索，但事实上登在报上的这则启事并无多少效果。启事在当地中文网站上也出现过。迄今只有一位1976年从香港随父母移民渥太华的李再思女士通过电子邮件和短文形式提供了不少她们家当时的生活情况，特别是描述了渥太华唐人街当年的情形。但这则启事是一个标志，至少它表明有人在做这件事。

203

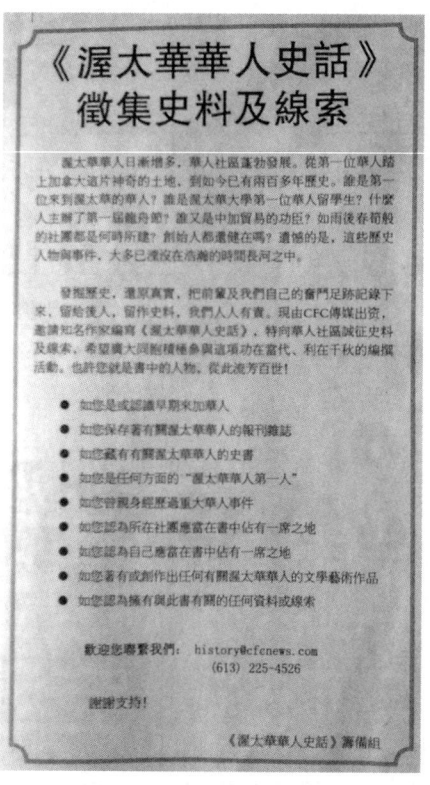

加拿大《新华侨报》(2015年5月15日)上"《渥太华华人史话》征集史料及线索"告示

　　那么第一手资料从哪里来呢？还是通过朋友，寻找了解历史的老华人。并不是所有的老华人都是有条有理的活资料，对我帮助最大的要算现年78岁的周树邦先生。周先生早年在安大略省政府工作，从小信奉基督教，在渥太华华人教会及各类社团服务多年。他博闻强记，认识的人也多。《渥太华华人史话》的引子"孤独的汤姆墓"就是他提供的线索。通过周先生，我了解到渥太华最早几家华人的情况，并由周先生引见了这些华人的后代，比如本地名人周强安夫妇等。而周强安先生又为我介绍了黄家和谭家的后人。汤姆墓这条线索，还让我认识了从小镇出来的安妮可（Anneke）女士与经常给汤姆墓送花的奶品厂（Dairy Barn）老板玛丽（Mary）女士。

　　渥太华有两所颇具代表性的中文学校，一所教简体字，一所教繁体字。我采访了欣华中文学校的姚荣平校长以及建校元老，采访了百年老校渥太华中文学校的周素品校长。我还采访了渥太华华人联合教会的张云台牧师，加拿大东安省台山同乡会会长陈森先生，渥太华中国同学联谊会的前会长薛金生、张建运和潇渝，渥太华中国大专校友会的前主席王永智，中华会馆的前主席周强安和薛金生，CFC传媒的创办人张瑞文，写过"渥太华华人百年史"的老辈文人弓木，等等。

另一个途径是寻访故地。中文学校旧址、教堂旧址、中华会馆旧址都曾留下我的足迹。汤姆墓已经确定了位置，约好老家在坎普特维尔镇的当地加拿大人一同前往。另一个墓地是比奇伍德公墓中的华人墓地。那里有一块特别的柏树环绕的墓园，安葬着最早的老华侨，墓园门匾上写着"福荫园"。福荫园内的墓碑与常见的立式墓碑不同，都是平铺在地上的，就像花园的石径。一开始我没看清，几乎一脚踏上去。为什么会有这个墓园？一句话两句话说不清楚，总之与最早的周家与谭家的善举有关，书中自有交代。

福荫园内平埋在地上的墓碑（2015年5月12日，笑言摄）

再一个途径是参加华人社区及加中友协举办的各类主题活动。比如参加加中友协主办的在国家美术馆主办的"中国古代名画鉴赏"，不仅欣赏到八大山人的真迹，还了解到加拿大的国家美术馆居然有一任华裔女馆长时学颜女士。而在渥太华华人服务中心举办的早期华人生活讲座中，我见到了慕名已久的周强安先生和著名华裔女作家郑霭玲女士。

比较辛苦的是去加拿大国家图书档案馆查阅资料，包括人口普查、口岸记录、旧报纸，在微缩胶片上一看就是一整天，头晕脑涨，用得上的信息却寥寥无几。档案馆不能带食物饮料，为了多看，只好饿肚子。

还有一个途径就是读书读论文，英文居多，中文很少。当然还可以上网查谷歌、百科全书等等。比如郑霭玲的一些研究成果在网上可以找到，还有一些学生做的项目，也可以查到。

再有就是平时注意积累，遇到有历史价值的文字及时保存。

赵：在史料收集过程中，您觉得最艰难的是什么？

笑：这要分两个阶段。第一个阶段是早期华人的资料收集。最初来渥太华的华人早已去世，只能从其后代里寻找他们留下的蛛丝马迹，比如旧照片。渥太华是个小城市，华人凤毛麟角，唐人街形成晚，规模小。唐人街上没有照相馆，很少有华人留下全家福一类的照片。留下来的照片往往是家境好的人家拥有照相机，这才拍下了那些珍贵的历史瞬间。这些旧照片他们视若珍宝，轻易不肯示人。如果说最困难的，恐怕还是语言障碍。早期华人都来自广东台山地区，台山话与广东话也不一样，我与老华侨交流，往往只能用大家都可以讲的英语。比如我转弯抹角好不容易找到加拿大东安省台山同乡会的主席陈森先生，我们却只能用英语讲一些非常浅表的内容。又比如我与李再思女士联系后，发现一个讲普通话一个讲广东话，基本不能正常交流，于是我们干脆不面谈不打电话，直接用电子邮件交换信息。有些在渥太华出生的华裔后代，例如一位司徒先生，自己的中文姓名都不清楚。因此每落实一个中文姓名，我都非常兴奋。

第二个阶段是现在进行时的资料收集。同样一个事件，我会听到七八个不同版本的叙述。往往这些版本还是相互矛盾甚至尖锐对立的。几乎每一个社团的故事都是一个罗生门，主导者与参与者会从不同的角度来讲述。我能做的，就是选取公认度最高的版本，记录事件的发生与发展，有些前因后果争论不休，我只好搁置，估计再等十年八年，也许会有定论。而这定论，没准还会是我今天写下的简略版。历史能否公正公平地被记录被呈现，资料的采集太重要了。

赵：您说有些老华侨、当事人不愿接受采访，提供信息，这是怎么回

生活和历史远比小说精彩
——致敬加拿大华人作家、渥太华华人史学者笑言

事呢？

笑：这些老华侨是活着的历史，很多已被不同的采访者，包括媒体、学者、课题学生甚至影视编导等采访过很多次了，他们厌倦了。而有些老华人认为他们就是普通人，没什么值得采访的。还有些老人生性就不喜欢见陌生人。此外，可能有些老人不愿提起当年不愉快的往事。

不过一旦他们了解到我在做一件有意义的事情，便会热心帮助。比如周强安夫妇不仅提供了很多珍贵的信息，而且还帮助我联系第一位出生在渥太华的华人，93岁高龄的周女士。而周女士的父亲，与周强安先生的父亲一样，同为第一批在渥太华安家的华人。这些老人们对我常说的一句话是：真高兴还有你这样的年轻人愿意了解渥太华华人的历史。

加拿大华人作家、渥太华华人历史学者笑言（左）、作者（右）（2015年5月16日，渥太华扬子江饭店）

赵：您想过出版《渥太华华人史话》的英文版吗？加拿大政府鼓励多元文化，对这样的著作是否有资助？

笑：想是想过，但目前准备集中精力先把中文版做扎实。因为英文版已经有不少学者做过研究，也产生出阶段性的成果。而中文的渥太华的华人历史，基本上还处于空白，至少还没有系统的著作。能够获得

加拿大三级政府的资助当然最理想,因为不仅仅是钱的问题,对于研究、写作与出版发行都有着更加积极的影响力。

赵:我喜欢您的这段话,"摆弄文字的人,心中自有一份柔弱的敏感,但也不必太过伤感。敬畏文字的人,心中也自有一份智慧的判断。青山不改,绿水长流。我们结缘于文字,我们仍将以文字重逢"①。

非常感谢您拨冗接受我的访谈!在茫茫世海中,我们还会乘着文字的摆渡船相会,而对历史和文化的尊重将是我们停泊再叙的港湾。

笑:我也喜欢您的一句诗:天涯文梦共此时。

只知笑言姓王,英文名 Jeff,却没有打听他中文全名是什么。尽管我要是问,他也会告诉我,但可能在国外生活了一段时间,尊重他人隐私的意识不由得就形成了,不仅年龄、收入、婚恋、家庭、身体状况之类,不主动问,就连名字,对方若自己不说真名,也就不打听了。

读其书,知其比真名还有名的笔名,就挺好。

(部分载于《世界华文文学论坛》2016 年第 4 期,总第 97 期,94—101 页)

---

① 笑言:《结缘于文字》(代序),见《笑言天涯 28 人自选集》,笑言主编,北方出版社,2011 年,第 v 页。

华人真正的关切之声
——在总督奖得主余兆昌家里的漫谈

作家简介：

余兆昌（Paul Yee，1956— ），加拿大最知名的华裔英语作家之一，祖籍广东侨乡开平。获不列颠哥伦比亚大学历史系硕士学位，曾任温哥华中华文化中心的主任、多伦多档案馆多元文化理事。1996年获加拿大最高文学奖总督奖，是继弗莱德·华1985年荣膺总督奖后第二位获此殊荣的加拿大华裔作家。

著述丰富，出版了多本多文类英语作品。历史著作包括《咸水埠：温哥华华人图史》（Saltwater City: The Illustrated History of the Chinese in Vancouver）、《唐人街》（Chinatown）等，打破了加拿大华人移民史英语读物普遍缺失的局面。《咸水埠：温哥华华人图史》获1989年温哥华城市书奖。

文学创作则以青少年读物居多，逾20本，包括小说《学飞》（Learning to Fly）、《三叔的诅咒》（The Curses of Third Uncle）、《挣脱》（Breakaway）、《淑琳和蒂亚戈》（Shu-Lin and Diego）、《淑琳和塔玛哈》（Shu-Lin and Tamara）、《铁血》（Iron and Blood）等，故事集《天空斗士，教我飞翔》（Skyfighter, Teach Me to Fly）、《亡者的金子》（The Dead Man's Gold）、《金山传说》（Tales from Gold Mountain），绘本《阁楼中的男孩》（The Boy in the Attic）、《玫瑰在新雪上歌唱》（Roses Sing on New Snow）、《鬼魂火车》（Ghost Train）、《竹》（Bamboo）、《玉项链》（The Jade Necklace）等。其中，《三叔的诅咒》描绘华裔少女走出家门，聆听孙中山在加拿大为革命筹款的演讲，获1987年希拉·艾戈夫（Sheila Egoff）儿童文学奖提名和1989年加拿大委员会儿童文学奖。《玫瑰在新雪上歌唱》讲述华裔少女战胜贪婪父兄，获首届露丝·施瓦兹（Ruth Schwartz）儿童文学奖。《金山传说》展示了先侨在加拿大的淘金甘苦，获1990年希拉·艾戈夫儿童文学奖。《鬼魂火车》叙述残疾少女画家赴加寻找修铁路的父亲，在1996年荣膺总督奖中的儿童文学奖。

另著有长篇小说《君子》（A Superior Man）和剧本《金山惊魂》（Jade in the Coal）。《君子》讲述了华人和土著这两个少数族裔同受白人损害的遭遇，也描写了两者时而防范时而联合的微妙关系。《金山惊魂》则以华人矿工为主角，在温哥华上演，配有中英文字幕，获得了广泛好评。

访谈时间： 2015年9月
访谈地点： 多伦多余兆昌家中
访谈形式： 面谈
访谈语言： 英语

一、"中国对我来说还很遥远。"

加拿大最高文学奖总督奖得主：余兆昌（Paul Yee）

赵：约一个世纪前，加拿大传教士把加拿大文学带到了中国，但直到 20 世纪 90 年代中国才有加拿大文学选集出版。您可能是首位有作品见诸中国的加拿大华裔英语作家。1994 年，您的短篇小说《草原孀妇》被收进《加拿大短篇小说选读》，在中国出版。2013 年，您的英语小说《三叔的诅咒》和故事书《鬼魂火车》的中文版，在中国问世，和郑霭玲（Denise Chong）、李群英（SKY Lee）、方曼俏（Judy Fong Bates）的获奖书作，同被列入加拿大华裔英语文学经典丛书。中国有关您的研究日趋增多。对此，您有何感受？

余：这当然是好事，但我得说这并非我开始写作的初衷。我用心向加拿大人和北美人讲述加拿大华人的故事，中国仍然太遥远了。

我 1976 年去过中国，那时我二十岁出头，看到了毛主席逝世后中国发生了巨变。由于在加拿大长大，我那时无法理解中国。我用英语写作，写给加拿大人和美国人看。我惊喜自己的书传到了中国，但我不会因之而改变，不会觉得自己要为中国写作。尽管我对中国好奇，但它对我来说还很遥远。鉴于我的经历，我怀疑自己对中国读者讲述，他们是否会信以为真。中国会把我当作外国人,中国人读我的书,会发现书中有中国元素,但还会觉得我是个西人,以西人身份写作,位于西人的立场。

我高兴这儿的华人移民能读到我的书。他们渴望多了解加拿大,多了解此地形形色色的人,包括不会讲中文或普通话的加拿大华人。今天的中国移民,和早年来自华南的移民的后代,存在着新的鸿沟。

《三叔的诅咒》及其中文版

赵:您有机会回到中国家乡看看吗?

余:1976年,我第一次到中国,去了老家在的村子。我什么人也不认识,也没亲戚住那儿。那个村子在广东省开平市的冲间,乘汽车到那儿后,有同志带我去见村里的长者。我问,"您认识我父亲吗?"我报了父亲的名字,他说不认识。我又说了我哥哥的名字。他说,"啊,我认识你哥!"他带我去看村里我父亲住过的房子。我拍了几张照片就离开了,因为我谁都不认识。1976年,我还去了香港拜访外公,他说我有个嫂嫂住在香港。很多年前,父亲在中国时有个儿子,这个儿子结婚留在了中国。我父母去世后,联系就中断了。我从不知道嫂嫂住在香港,有家有口。但她知道我,只是从未联系。她知道我母亲,讲了她的不少事,让我喜出望外。她嫁到我家后,就和我母亲、兄弟住在村里。

赵:您见过自己的父母吗?

余:从没见过,也不了解。但我嫂嫂了解,她比我大好多。

赵:您有几个兄弟姐妹?

余:父亲的第一位妻子生了儿子,夭折后,就收养了一个男孩。他后来的妻子就是我提到的这位嫂嫂。父亲在发妻去世后再婚,第二位妻子就是我母亲。她在中国没有生育前,收养了一个男孩。当时,父亲已经去了加拿大,她留在村里。因此,我父亲在我哥和我出生前,有两个养子。

赵:这么说,总共有两个收养的儿子和两个亲生的儿子。

余:很长时间,我对此一无所知,没人告诉过我。我根本不知道在中国我还有一个哥哥。我只认识母亲的养子,在20世纪50年代,她把他带到了加拿大。父亲和他第一个妻子的养子则留在了中国,他超龄了,加拿大的移民法只允许21岁以下的孩子入境。

1976年后,我和嫂嫂只是偶尔寄寄圣诞卡,因为实在彼此不了解。1988年我搬到多伦多,感到很孤独,就打电话给香港的嫂嫂,说很想和她一起去村里。她说,"好的,来吧!"那年秋天,她领我去了村子。带了好多东西,她要送给村民。

她用我的护照买了冰箱,因为当时要有华侨护照才能把电器带进中国。我不清楚嫂嫂为什么要帮村里人。那里没有我们的亲戚,但她对他们有感情,困难时期常从香港带这带那回去,待人很体贴,晓得他们的日子不好过。村里人打心底喜欢她,她带我回村时到处受欢迎。我们拜谒了祖父母的墓。刚好有人家举办婚礼,我便参加了婚宴。我对村子有好感,也好奇。

赵:村里人把你当成陌生人或另类吗?

余:没有。那里人都知道华侨。有的华侨回村了,有的没有。我家从20世纪50年代就离开了。村里人对我不那么亲热,是因为我家不在那里。嫂嫂一直保护我,不让人问我要钱或求我帮忙到加拿大。我在那里十分安全,但不梦想回去。我不属于那里。

赵:你在加拿大长大,在此生活了几十年,用英语写作。作为加拿大华人移民的第二代,自然会更多认同加拿大,而非父母在的中国。回村两次后,您有没有再到中国?

余:10年前,去长春参加过朋友的婚礼,到了上海和北京观光。那是我最后一次中国之旅。

华人真正的关切之声
——在总督奖得主余兆昌家里的漫谈

赵:2014年,您和加拿大四位主要的华裔英语作家——郑霭玲、李群英、方曼俏和朱蔼信(Jim Wong-Chu)——受邀来中国参加译书的宣传旅行,您为什么没来呢?

余:当时我在写小说《君子》(*The Superior Man*),得集中精力。

2005 年余兆昌登上中国长城

二、"强烈的正义感"

赵:您由姨母丽莲抚养长大,从她那里和图书馆阅读中,了解了中国传统文化。您怎样评价中国传统文化?

余:我还是从 20 世纪 60 年代香港的黑白电影中感受了中国传统文化,这些电影总有道德内涵,关乎责任感和做事正当。

赵:是功夫片吗?

余:不,多数是戏剧片,讲家族纠纷,或是少妇被冤行为不端,被逐出家门,投进监狱,没人甚至她丈夫都不相信她无辜。但最后,冤情昭雪。中国文化中的善必胜给了我以力量。记得一句格言,就是"善有善报,恶有恶报"。这也是学者认为中国文明幸存久远的一个原因,不同社会阶层互有责任和义务，力求公道，才能和平共处，维持良好关系。

中国故事带有强烈的正义感，错必纠，冤必伸。我为孩子们写的书也显示了匡扶正义，这种非常简单的故事类型，部分就来源于我看的中国旧影片。

赵：诚然，您一遍遍向孩子讲述了公平正义。获得首届露丝·施瓦兹儿童文学奖的《玫瑰在新雪上歌唱》（Roses Sing on New Snow）就沿用了这种故事套路。梅琳是烹调高手，做工勤奋，而她父亲和兄弟却对官员谎称美食是他们做的。官员令她父亲和兄弟再做，他们却找尽借口也做不出，只好请出梅琳。最终梅琳得到了奖赏。您荣获总督奖的绘本《鬼魂火车》（Ghost Train）也有类似的公义主题。聪艺的父亲和数千中国苦力为修筑加拿大太平洋铁路而丧生，既没得到补偿，也没得到安葬。聪艺通过她的画讲述了他们的悲剧，使其功劳得到了历史的认可。

余：公义是中国文化的一部分，对于加拿大同样重要。过去，华人备受白人和种族主义歧视，加拿大华人怀疑他们能否在该国找到公义。这个问题现在解决了，华人被接纳为平等公民，向华人强征的人头税也退还了。因此，能看出社会在进步，加拿大社会从极端种族主义发展到非常包容，是好事。

《玫瑰在新雪上歌唱》
获露丝·施瓦兹儿童文学奖

《鬼魂列车》
获加拿大文学最高奖总督奖

214

华人真正的关切之声
——在总督奖得主余兆昌家里的漫谈

赵：您怎么看这几十年来自中国的新移民？

余：在新闻曝光上，中华人民共和国移民受到的报道最多。人们认为，来自中国的富有移民和金钱导致房地产上涨，住户买不起房子，这种现象在温哥华尤为严重。阔气的中国人一来就买豪车豪宅，引发了众愤。一些人还讲，有钱的中国移民到了加拿大后还享受加拿大的救济，因为他们不报收入，故意做出需要政府资助的样子。还有报道说中国移民弄虚作假拿驾照。

对中国的正面评价，来自想和中国做生意的加拿大利益集团，他们认为中国包含了巨大商机。有些卖房子的加拿大人就受惠于上涨的房地产。

温哥华和多伦多的房地产市场也有大量从伊朗和俄罗斯流入的国际资金。由于华人的体貌易辨，就被当成了炒高房价的罪魁祸首。政府没有统计房地产买主的国籍，因此无法对这个问题的程度给出精确说法。不过，温哥华的房子买不起，的确已成事实，围绕外国资金和房价攀升的争论依然激烈。

赵：中国移民是否也导致了多伦多的房价上升？

余：我不知道。也有很多中国人和世界各地的富有移民来到多伦多，但注入多伦多的中国资金却没有受到同样多的苛责。不太清楚原因，可能和温哥华有更多东亚人有关。我觉得多伦多的人口构成比温哥华的多元，比如有举足轻重的非裔加拿大社团。另外，两个城市的地理也不同：温哥华周围是高山和大洋，而多伦多可以朝三个方向扩展。

三、"获总督奖让我有勇气辞职，我知道要对待自己认真点。"

赵：我总好奇作家怎么写成和出版第一部作品。您的处女作《天空斗士，教我飞翔》（Teach Me to Fly, Skyfighter），由加拿大华裔英语作家李群英配画，1983年由詹姆斯·罗里姆公司出版。您还记得是什么激发您写第一本书吗？您为什么说自己是"误打误撞"成为作家的？

余：我开始写作纯属"误打误撞"，是别人让我写书的。当时，我在温哥华唐人街做义工,出版商找来说:"我们在做一个系列,写加拿大各城市的儿童,温哥华的这本书想以唐人街为背景,要找唐人街的作家写这些故事。"

他们问我想不想写,我熟悉唐人街,儿童书浅显直接,能有多难?我去了图书馆,读了些儿童书,写了九个故事的提纲,出版商选了四个。

赵:花了您多长时间?

余:九个故事的提纲,大概花了两三个月,编辑却花了约两年时间。

赵:自那以后,您出版了近30本书,包括儿童书、青少年书、短篇小说、成人类的非虚构书,还有今年出的《君子》。写作显然成为您的习惯和激情所系。您获得了众多奖项,《咸水埠》(*Saltwater City*)1989年获温哥华城市书奖,《鬼魂火车》1996年获最令人渴慕的总督奖,《亡者的金子》(*Dead Man's Gold*)2003年获纽约公共图书馆最佳青少年图书奖,等等。是什么让您保持了30多年旺盛的创作力?

《咸水埠》,余兆昌著

余:我相信,加拿大的书籍肯定会继续反映该国的多元族裔。出版人经常让我写,知道我写加拿大华人题材。比如,这套加拿大华裔女孩淑琳的书,出版人说:"我想为这个阅读层次、这种读者出本书,你能写吗?"或者,出版人会让我写本烹调书。我自己并没有计划写那些书。但是,大概从1998年起,我就一直努力写成人小说。

赵：从您全职写作起，差不多20年了。

余：您下个问题可能是：我为什么要写成人书？一个原因是：儿童作家不被器重。人们会说："不对！不是这样！为孩子写作很难的。"但是，我体会过，自己不被视作严肃的作家。

赵：难道安徒生、J.K.罗琳也不是？

余：她因为非常成功才受人重视。从1998年至今，我花了17年才出版了一本成人小说，此前，我做过种种尝试，全都失败了，我想自己该放弃了，太难了，写不了。但总不甘心，我确实想创作一部成人小说，必须证明自己能行。

赵：这是您第一次找出版人，而不是他们找上门了吧？

余：是的。被拒的滋味不好受。我把书稿寄给出版社，他们说："不行，我们出不了。"重写后，送到另一家出版社。还算幸运，因为我在加拿大西海岸有加拿大华裔作家的名声。我还得给出版社提供营销策略，说明这本书怎样才能卖得好。第一次，我必须做这样的事。

赵：继弗雷德·华1985年获总督奖后，您是第二位获此殊荣的加拿大华裔作家。您当时什么感受？能否描绘一下颁奖典礼？

余：获得这项荣誉，对我意义重大，让我有勇气辞职，知道应该对待自己认真点。颁奖典礼在蒙特利尔，往年轮流在蒙特利尔和多伦多这两大城市举行。现在，我想是在首都渥太华。典礼包括宴会、新闻报道、与总督见面、演说。获奖者在颁奖前就会接到通知。那年我正在温哥华参加作家节，接到来电说，"你得保密到颁奖的时候"。

赵：您是否完全没料到自己会获奖？

余：没有，因为绘本一般不会得文学奖，文学奖通常给小说，小说文字多，有更多故事和人物发展空间。我希望配画的哈维·陈也能获奖，可惜没有。我有一分钟致答谢词。那时，奖金是5000加元，现在增加了。作家和艺术家在加拿大挣钱不多，能有所得就心存感激了。

赵：吉勒(Giller)文学奖有多少奖金？

余：是加拿大文学奖中最高的了。

赵：加拿大华裔英语作家林浩聪得过，我把他的书译成了中文。过几天我们会做访谈。

余：他人很好，就住在附近，在公园的另一侧。

赵：您在文学和历史写作上都有建树。在文学领域，您通过故事鲜活地呈现历史。历史方面，你为建构完整的加拿大华人史和加拿大史做出了贡献。能否请您谈谈自己在虚构和非虚构写作上均获成功的关键？

余：我曾受邀指导写作工作坊，帮助他人写作，我都没答应。我会写不会教。写《君子》时的突破源于写《金山惊魂》剧本时，我和一位戏剧家合作。她总问这个问题："你人物的旅程是怎样的？他/她现在到了旅程的哪一段？"现在，我就会反复想，甚至想次要人物的旅程，然后所有碎片就归拢了。"旅程"就是我的核心考虑。

写作过程中，我思绪纷纷，写出提纲，去掉好多想法，让想象和潜意识运转，同时也意识到要用平易的语言。写小说时，我对汉语的熟悉便利了我组织对话。在我所有非虚构类的书籍中，出版社加入了大量图片，为行文增添了人情味。

赵：别忘了，您的史学背景也起了作用。

余：不错，为写书我做了大量的研究，读了非常多的资料，写时只用上一丁点。但我不介意，我喜欢历史和研究。

赵：您一天一般怎么度过？

余：全天写，从早写到晚，一周写七天。小狗巴克斯特还活着时，我起床后遛狗，回家吃早饭后就写作。下午遛狗后，接着写。天天如此。我非常专心，因为我害怕，明年我就60岁了，我担心自己的时间不多了。比我年轻的人会突发心脏病，我也会随时死去。我现在写另一部成人历史小说，关于19世纪60年代的淘金华工，已经写了两章。

赵：这本小说什么题目？

余：目前还没有。通常出版社起书名。我起的书名只有几个被采纳，《君子》是其中之一。

四、"移民故事强化了加拿大人的身份意识。"

赵：您说"我关心华人。我书中的一些人物就源于我自己的家庭或

华人真正的关切之声
——在总督奖得主余兆昌家里的漫谈

余兆昌的英文小说《君子》，
2015年加拿大出版

社团"。他们读了您书后有何反馈？

余：加拿大华人都很给力，加拿大华裔英语作家，如崔维新、郑霭玲和方曼俏，都受到了加拿大华人的好评，尤其是在加国生活了几代的华人。我们发现，人们对加拿大华人的历史兴致勃勃，许多人想寻找并写下自己的家史。

家人以我是作家为荣，每当有新书出版，都会兴高采烈，但我的书不会成为家庭热点。家人也知道作家挣钱不多，为我担心。总的说来，家里有其他事比我写作更重要，我不过是餐桌上的一张面孔，没什么特别。

赵：2006年10月19日，您作为特邀嘉宾在多伦多公立图书馆做了题为《成为作家》(Becoming a Writer)的演讲，讲稿后被收进海伦·E. 斯达布斯纪念讲座集出版。您希望听众"在今晚离开讲座时，不仅对我略增了解，也会更好理解华人——这个在加拿大最大的少数族裔群体"。我肯定他们会的。事实上，您的作品不仅增进了主流社会对华人社会和个体的了解，也增加了他们对加拿大这个由200多个族裔组成的国家的了解。我想知道非华裔读者对您书的评价。

余：他们兴趣盎然，读我书的非华裔加拿大人对多元性和不同族裔的移民十分好奇。他们想了解不同的文化，以及它们在移民过程中的演变。中国人来加拿大后发生了什么？我们好坏两方面都写了，移民的变化是加拿大经验的组成部分。移民怎么放弃了过去的做法和传统？移民第一代和后几代间的矛盾也是共同话题。老一代从中国来，出生在加拿大的则想做加拿大人，夹在中加之间，他们大多倾向加拿大。加拿大人很受用，觉得"我们的国家真好啊！新来者喜欢我们的价值，要和我们一样。这在文学上就形成了一种自我肯定的主题，而移民故事强化了加拿大人的身份意识"。

成为主流意味着英语流利。像崔维新、郑霭玲和方曼俏这样的作家说："我不会讲汉语，也读不懂。"加拿大人就说："太遗憾了，失去了你的母语。"事实如此。主流社会也就知道了这些移民的后代全都成了加拿大人。

赵：《成为作家》清晰而生动地描述了您的成长和写作生涯，和加拿大华人的历史息息相关，将大大裨益中国读者了解您、加拿大华人及其创作。我可以将您的讲稿译成中文并在杂志上出版吗？

余：当然可以！

2010年余兆昌在尼泊尔　　　　余兆昌欣赏美国亚特兰大海报上的英文：为不能言者言

赵：您在作品中多次描写了跨族裔的交流和友谊，特别是青少年之间的。比如，在小说《淑琳和蒂亚戈》(Shu-Lin and Diego)里，华裔女孩淑琳和同学蒂亚戈在邻居辛普森先生住院时，一起照顾他的狗巴克斯特。在《淑琳和塔玛哈》(Shu-Lin and Tamara)中，这个华裔女孩和贫穷的非华裔新生塔玛哈成为朋友。在小说《学飞》(Learning to Fly)中，您描写了单亲家庭的华人少年杰新，他妈妈对原住民男孩持有偏见,但他却是他们的朋友。这些情节是否源于您与非华裔交往的正面经历？在加拿大这样多元文化并存的国家,您如何定义自己？

余:我觉得,我不是白人,因而永远不会感觉是百分之百的加拿大人。作为加拿大华人,我们在加拿大历史上曾是不被信任、地位低下的少数族裔,回顾这段历史,同时关注其他遭受不公正者,对我来说至关重要。在今天的加拿大,我们对原住民的所作所为特别不光彩,把他们挤迫到居留区和社会边缘,无视他们,假装他们不存在。联合国就批评过我们的做法。比如,在加拿大多数地区,白人移民和原住民签约获得土地。而卑诗省①省政府从未和原住民签约,就霸占了他们的土地。不公平在于:卑诗省除了从未签约,还从不承认原住民的权利或付给他们土地使用费。简直令人发指! 现在,卑诗省在自然资源开发上论战激烈,原住民尽力保护土地免于油气开发。我在唐人街长大的那年头,连华人都歧视原住民,叫他们酒鬼,没文化。现在,我欣见温哥华的很多华人在帮助原住民处理事件,为他们辩护。我们和原住民间存在着历史纽带,都有对公正的共同寻求。华人曾为人头税讨要说法,土著人民则想为更大的事件讨个公道。

赵:加拿大华裔用英语、汉语乃至法语写作。加拿大华裔英语作品已跻身主流,我在 Chapters 和 Indigo 大书店可以很容易地找到您、郑霭玲、崔维新、李群英、方曼俏等作家的书,但很难找到加拿大华人汉语文学的英译本。您对他们的文学活动和作品有何了解？

余:了解甚少。我有他们的短篇小说,多数是结集出版的,像《叛逆玫瑰》。我试着读,读得很慢,汉语文学作品太难了。还有,甚至在加拿大中文书店都难找到他们的书。我进去问:"有没有加拿大中文作家出的书？"店员摇头。

---

① 卑诗省,即早年华人对加拿大不列颠哥伦比亚省(British Columbia)的称呼。据加拿大统计局(www.statcan.gc.ca)数据,该省历史上为加拿大华人最多的省份,现次于安大略省居第二,有华人约 50 万。全加拿大华人约 180 万。

221

五、"《君子》是我的第一本成人小说,披露了中国人的丑陋面。"

赵:《君子》是您首部为成人写的小说。背景是在1885年加拿大太平洋铁路建成之后,筑路华工杨和沿着铁道跋涉,要把他和土著妇女生的混血儿子还给他母亲,途中卷入了筑路华人和土著间的争斗,但他决意不管多大困难,都要成名赚钱。弗莱德·华、郑霭玲等知名作家和朱迪·杨教授都对该小说予以了衷心的佳评,我也得知它扣人心弦,细节生动感人,包含了丰富的历史知识,再现了筑路华工,以及华人和土著这两个当时被轻视族裔之间的关系。就像您的其他文学创作,具有震撼心灵的力量。

您能介绍一下在加拿大不同城市《君子》新书发布的情况吗?

余:大部分新书发布由不同城市的地方组织承办。在温哥华市,卑诗省加拿大华人历史协会赞助我在温哥华公立图书馆演讲,我用英语和广东话发言。在维多利亚市,唐人街的母狮俱乐部请我帮助它们筹款,我在宴会上发言。在纳奈莫市,我在温哥华岛大学演讲。在温尼伯市和首都渥太华,我在当地作家节上发言,读书中的选段,这是作家节的部分活动。

赵:您将选读《君子》吗?

余:对,但我不是"读"。我站起来,凭记忆"讲"书里的故事。我不想让书把自己和听众隔开,而想看看他们对我讲述的反应。这年头,出版人都说作者必须和读者互动。因此"讲"故事,而非"读"故事,是我接触听众的途径之一。这也是许多文化中的口述传统,起先是大声讲故事,而不是写。就我而言,这比读故事丰富多

余兆昌(左)的英文小说《君子》在温哥华发布(2015年10月15日)

了,还要把故事表演出来。

赵:在多伦多书店的发布会情形如何?

余:在多伦多,发布会是朋友安排的。在市中心湾街的一家书店,邀请了朋友和同道,提供葡萄酒和奶酪,还帮书店卖出了很多书。这是一家独立书店,我很想帮助它不要倒闭,这样的书店现在寥寥无几了。

赵:您网站上《君子》的宣传片制作精良,不纯粹是商业性的,有历史感,并且是把书作为严肃认真的艺术品来介绍的。

余:很高兴您能看到。这也是促销手段之一吧。

赵:您为什么最想把《君子》译成中文?

余:这是我的第一本成人小说。它披露了小部分华人的丑陋面,主人公有时令人嫌恶、易怒,对同胞恶语相向。加拿大华人文学的许多作品都害怕写华人的负面,我们小说中没什么坏人,我们想被看作勤劳的、善解人意的。其实,任何团体都有好人坏人。

赵:以前,华人受歧视,加拿大华裔作家就总想展示正面形象。现在,华人已被主流吸纳,是逐渐描绘其全真形象的时候了。

余:如您所言,这得力于华人被接纳的历史进步。

六、"我对华人社团仍有深情……我们这代作家非常严肃,因为继承了充斥歧视和苦难的黑暗历史。"

赵:您在 2006 年演讲《成为作家》中回答为什么写作,列举了三个原因:①"从未知走向已知";②"让加拿大华人在书中看到自己";③"回报让我变得完整的华人社团。"如今,10 年过去了。您对写作初衷有什么新认识吗?

余:我仍抱守着这样的写作初衷,尽管我写了 10 年,希望是越写越好。写《金山惊魂》剧本,我得用中文思考。戏是中英双语的,演员来自广州,讲粤语和普通话。我很高兴在剧本里用了大量的口头粤语。写小说《君子》,我对粤语口语研究得更多。我长于英语写作,但我觉得要掌握更多的中文。我现在懂得的能用于写作的中文,肯定比 10 年前多了。我写作中有个矛盾：我用英语写早年移民的经历，而他们讲的是另一种语言，中文。该怎么写？淘金客和铁路华工的历史是关于讲中文的中国人，我却用英文描写他们。我觉得我用英语只能写出他们的部分真相，还不知道能否行，语言太有玄机了。你或许觉得华人在加拿大的经历应该用中文写，转念又会想："那英语读者怎么办？"我写的是英语，却要使它像中文。2006年，我还没想到把中文糅入作品，现在，中文突然走进了我的生活。

赵：您怎样定义自己的写作？

余：我喜欢写有关华人的作品，要让其他华人读者觉得真实，不管这些读者是加拿大华人还是中国人。我希望他们觉得我笔下的华人或加拿大华人真实得就像他们的同胞。我不知道能否成功，这涉及跨两种语言和文化写作，而二者都随时间起了变化。但是，这对我写作至关重要。

赵：您怎样看待加拿大华人写作的未来？

余：未来在年轻的一代身上，他们写当下世界、技术、全球化、建立

作者在余兆昌（右）的多伦多家中采访（2015年9月）

华人真正的关切之声
——在总督奖得主余兆昌家里的漫谈

小读者在余兆昌(右)的多伦多家中向其赠送画卡(作者摄于 2015 年 9 月)

人际关系的各种方式等。我觉得,年轻一代比年长的作家笑得更多,我们这代作家非常严肃,因为继承了充斥歧视和苦难的黑暗历史。我们必须给它以光荣和尊敬。年轻一代更加放松和开放,他们也关心社会,看到各种不公。我乐读他们的作品,最爱读的有多丽塔·刘的短篇小说集《寸草谢日》、凯文·郑的《美和怜悯》,以及乔恩·陈·辛普森的《中国星》。他们出色展示了加拿大华人的不同风貌。

第一次知道 Paul Yee 这个名字,是在加拿大西部读研究生时,他的书《咸水埠:温哥华华人图史》是老师推荐的必读。等到有机会到加拿大东部初见,并访谈他,十几年过去了。他的头发稀疏了,脸庞消瘦了,作品却更加厚实而丰盈,笑语也更放松而自然。

我为他找到生命的真爱而高兴,就像他最喜欢的蓝色,他拥有一片广博、深沉又活跃的世界。

(部分载于《常州工学院学报》,2016 年第 6 期,总第 157 期,第 14—20 页)

飘雪也是春天
——魁北克华人作家协会会长郑南川的歌唱

作家简介:

  郑南川,诗人、小说家。昆明人,云南大学历史系毕业,1988年留学于加拿大魁北克市用法语授课的拉瓦尔大学(Université Laval),攻读英法区域经济政治史博士学位。1991年,在移居蒙特利尔后,开始文学创作,迄今发表一百多万字。包括描述留学生生活和创业的姊妹篇短篇小说《两个女人的一周》和《两个男人的一周》、中篇小说《咖啡与女人》和长篇小说《那个漂亮女人为什么疯了》,刻画当今北美经济低迷中各族裔百姓的中短篇小说集《跑进屋里的那个男人》和《窗子里的两个女人》、非虚构文学集《在另外一个世界死去》和《郑南川文论集》,以及诗集《一只鞋的偶然》《堕落的裤裆》《寄走的人生》和《我和"我"的对话》(诗集均为陶志健英译)。其中,《一只鞋的偶然》在2015年进入纽约最大的"独立出版人图书奖"参展评选。其作品散见于《诗林》《世界华文文学论坛》《华人百花》《橄榄枝》《文综》《诗天空》等多种文学刊物。

  参与了加拿大魁北克华人作家协会的创建,担任数届会长,设计了会徽,发起该会的众多文学活动,如组织"笔缘"百期座谈,张罗"詹钜辉文学奖"评选,建立与加拿大作协和中国作协的交往等。在他和同仁的努力下,魁北克华人作协在加拿大本土编辑出版了六本文集,包括魁北克首部华文选集《岁月在漂泊》(2012)、魁北克华文短篇小说选《太阳雪》(2014)、魁北克华文散文集《皮娜的小木屋》(2014)和《哦,魁北克》(2016),以及加拿大中国二十人诗选《一根线的早晨》(2014)和魁北克华文诗集《"普丁"的爱情》(2016)。参与了三个文学专栏在蒙特利尔华文报上的创立,为《路比华讯》的"笔缘"、《蒙城华人报》的"红叶"和《七天》周报的"北往"撰写文稿。讲述加拿大人领养中国孤儿的《牛坝的孩子》在2016年荣获第二届全球华文散文比赛奖,表现小城平民宽容之爱的《一个癌症患者和他的爱人》在2017年获得第三届世界华文微型小说大赛优秀奖。

  作品以朴素写实的草根创作、主动认同魁北克多元文化为特色。

访谈时间: 2018年9月—10月
访谈形式: 笔谈
访谈语言: 汉语

一、"我的道路不是道路,是远行。"

赵:首先,感谢您拨冗接受访谈! 2011 年,您在接受加拿大国家广播电台采访时,曾说"我的国家不是国家,是漂泊/ 我的庭院不是庭院,是坎坷/ 我的道路不是道路,是远行。"先请教一下,为什么选择移居加拿大魁北克省,而且一住就是 30 年呢?

郑:30 年的选择不是一件简单的事情,也不是一两句话能说明白。我概括说一下吧。

每个人的生活选择都是"奇妙的",就是最简单的生活方式,也不是他(她)一开始就确定的,可能做梦都没有想到。当我坐上了飞往加拿大的航班时,我脑海里的未来是一个完美的"地平线",没有丝毫的恐惧和害怕。身装着三百美金,相信这是我足够闯天下的费用。到魁北克正值圣诞,学校放假,我只能临时住进"学校旅馆",当时根本没问住宿的价格,一晚上八十元,四天就没钱了。当然,后来得到了留学生的帮助,我还是开始了加拿大的新生活。

选择魁北克,并不是我的初衷。当时很多移民(包括留学生)到魁北克后纷纷离开,主要是两个原因:一是因为法语的缘故,几乎所有的中国人都感到困难;二是魁北克省独立的势头很大,一些大企业也搬出魁北克。我个人对这两个问题也认同,移民本身就是漂泊的。但是拿着学校的奖学金,还有家庭生活的压力,也无法选择其他城市。在这期间,我到过芝加哥、多伦多和温哥华等地,并没有感到那边的生活情景有太大的差别。

随着时间的推移,我的写作也伴随生活的习惯更加贴近魁北克。最让人惊喜的是,魁北克移民局的所有移民入籍语言课程中,都有魁北克诗歌介绍这一环节。在那里,我接触到很多本土现当代诗人的作品。你说到的那段小诗,实际上是我受魁北克现代著名诗人杰尔-维尼奥的诗歌启发改写的,他被魁北克人称为"英雄诗人"。他之所以受到魁北克人的尊重和爱戴,是因为他提出了为魁北克而歌唱的口号。他愿一辈子为人民大众歌唱现实,歌唱未来,歌唱自己的家园,歌唱自己的民族。他讴歌了天空、森林、爱情、友谊和祖先,抒发人类在时空的地位和对自身归宿的困惑及追求。他在诗中写道:"我的国家不是国家,是冬天/ 我的庭院不是庭院,是平原/ 我的道路不是道路,是白雪/ 我的国家不是国家,是冬天/我从偏远辽阔的家乡/ 向地球上所有的人类,放声歌唱/……"这种强烈的民族归属感深深感染着我。我感悟到,我们移民的国家就是漂泊,我们的家园生活就是坎坷,我们选择的路就是远行,这是一条"不归"的路。如同魁北克人那样,他们说着法语,在北美整个英语世界里,"孤单"地选择了自己的生活,也是"不归"的路。1992年我加入了加拿大国籍,进而在我心中油然而生出一种选择,认同现实的生活,自觉改变自己的"文化身份认同",做新魁北克人一份子。

在漫长的生活中,我越来越喜欢魁北克的生活环境。这里是北美著名的法语城市,作为世界文化和发展的风向标,蒙特利尔从来都跟得最紧,它也代表着加拿大的文化风向标。这里洋溢着浓郁的法兰西风情,开放、浪漫、别具一格,充满情调,人性宽容;这里有大城市的风范,在生活上有更多平和,生活消费较低,十分方便。当我真正意识到自己的感情身份以后,选择魁北克生活就成为情不自禁的事情,而且找到了

郑南川在加拿大蒙特利尔用晚餐

自己的幸福。

选择魁北克还有一个重要的理由,即我非常认同魁北克人对自己民族独立的向往和意志,他们从不因为自己是北美的少数人群而自卑,而是创造着自己的民族精神、历史、文化、音乐,并与整个加拿大融合,为国家做出贡献。他们几乎在所有领域都建造着魁北克人的丰碑。居住在魁北克30年,我觉得自己潜移默化地跟从魁北克文化,悄悄地建立起独立人格,为自己身上的那些魁北克"情绪"和作态感到高兴。

赵:加拿大国家统计局公布,加拿大总人口约3700万,华人约180万,以安大略省和不列颠哥伦比亚省为最多,分别有华人85万和54万。魁北克省的华人,占华人人口省排名第三,约13万人。

华人聚居在多伦多、温哥华、蒙特利尔、渥太华、埃德蒙顿、卡尔加里、温尼伯等数个大城市,尤以多伦多和温哥华华人最为集中。多伦多是加拿大华人最多的城市,有70万华人,约占全市总人口的12%。温哥华是加拿大华人比例最高的城市,有50万华人,约占全市总人口的20%,华一跃成为该市最大的少数族群。温哥华因为聚集着大量的香港移民,甚至有"香哥华"(Hongcouver)之称。在魁北克省,华人主要居住在蒙特利尔,共10.9万,约占该市410万总人口的2.7%。

能请您讲讲魁北克省华人移民在英、法语语言能力,就业构成与西人社会互动等方面的情况吗?早年,华人移民走不出唐人街,而您属于20世纪90年代后大陆人移民北美的那一波,这波移民及其后代,在以法语为主的魁北克省,到底发展得怎么样?

郑:20世纪90年代,中国一批以留学身份出国的学生,开始了"新移民"的新时代。魁北克地区有加拿大最多的大学,也有最好的学校。我1988年出国,基本属于魁北克留学生最早的一群人。当时出国的留学生分几类:访问学者、加拿大学校奖学金获得者、校级交流和自费留学。事实上,出国留学生绝大多数都是理工科学生,文科没有奖学金,都是校级交流,很少有机会获得校方赞助。

作为法语区的留学生,虽然用法语授课,对于攻读博士的理工科学生来说,一般都能"应付",课程少(三四门课),主要是实验和写论文(论文可以英文)。对于文科学生困难较大。一般留学生都会自觉地选修法语课，以此提高自己的语言能力。在北美，魁北克法语学校毕业的学生是被完全承认的，无论你在美国或加拿大寻找工作都没有问题。

在魁北克，1990年后留学生的出路，除了选择离开魁北克以外，留下来的留学生移民，基本上都找到了自己的生活位置。魁北克的大公司很多以讲英文为主，一般来讲，在魁北克待过若干年后，基本的法语交流不成问题。语言作为一种感情的"天然"媒介，哪怕你讲得很蹩脚，也会受到热烈欢迎。在魁北克，一个中国人能讲法语，或者有勇气讲法语，当地人是非常欢迎的。这也是一种文化认同，你和当地人的感情自然拉近了。

我们留学的那个年代，理工学生毕业后找到工作也不是难事，至于专业的影响是没有选择的。而学文科的情况就完全不同，除了个别留校，从事秘书、社区文化、移民工作等以外，基本上要自寻生活出路。在魁北克"新移民"史上有一个特别的情况，从2000年开始，中国留学生开杂货店一时火爆，延续至今。在加拿大，魁北克作为法语区，有很多不同于英语区的"独特法律"，例如杂货店可以卖红酒和啤酒、酒吧可以安放赌博机等。这些在英语区的温哥华和多伦多是不容许的。这样，对于生意人来说，特别是对于寻找生存之路的中国移民来说，是天然的优势。我们那一批最早的文科留学生们，无论是博士、硕士，还是移民的访问学者，成了魁北克地区"新移民杂货店"的店主。多年过后，当地人说到杂货店，他们的印象是"魁北克杂货店的主人都是中国人"。事实上，杂货店这个窗口的社会意义很大。魁北克人从那里学会了很多中国话，知道了很多中国事，包括文化的、历史的和当代的；而中国移民知道了魁北克百姓的社会生活、文化精神和自由理念，也情不自禁地融入社会现实。"魁北克留学生杂货店发展史"是一个全新和尚未被认真研究的课题。

很多年过去了，今天的魁北克就业率（按照2018年的最新统计），是加拿大各省份最高的，这和魁北克省优先和开放政策有关，也和中国移民的心理活动趋向有关。近年来，选择魁北克移民的人越来越多，他们不再有我们当年的问题，一般都能找到工作。国内很多人涌入多伦多和温哥华地区，使那边的生态环境发生某些变化。开个玩笑吧，当你落地温哥华机场，如同回了国，当你落地魁北克机场，你会发现自己确实到了加拿大，到了一个新的城市，面临全新的挑战。这里值得一提的是，很多中国人存在出国的"心理障碍"，不愿与当地社区或主管就业部门联系，喜欢在"圈子里"传话，导致很多信息和机会"看不见"。魁北克就业存在语言问题（就北美而言），但是魁北克的法语培训是本省最大的"政治"，你有勇气来读法语吗？

关于第二代移民的就业，已不再是问题。只要你正常成长，我敢肯定你有99%的工作机会。

中国新移民与主流社会的互动问题，和世界其他地区一样。我个人认为，无论你是否生活或工作在当地人圈子里，无论你的家庭是否已经存在中西血缘关系，也无论你很少有机会和主流社会"直接"接触，还是你主观上自认地域"身份"已经解决了，是否能够真实地融于主流社会的文化和民族精神，最关键的是看你的主观意识（即世界观），是否主动地学习和接受新生活，改变自身的"文化身份认同"，改变自己的生活方式。否则，你就是天天在西人圈子里，你还是一个"习惯"难改的人。

郑南川在第 11 届世界华文微型小说研讨会上发言（2016 年）

赵：海外华人作家，大多边工作边写作，专职作家凤毛麟角。您都从事过什么样的工作？怎样分配打工、写作、生活和社交的时间？魁北克人有什么独特的休闲活动？

郑：出国 30 年，经历了在国内从未经历的各种生活。出国时是留学生身份，1992 年移民后，整个人生的意义发生了变化，生存成了所有中国留学生移民的唯一选择。在魁北克打过各种工，开过最早的杂货店（当时生意很好），成立公司从事小动车进出口生意，等等。在这些完全不是出自"喜爱"的职业中，谋求的自是生存。这些经历让我确立了自己的真正追求：写作。无论是工作繁忙，还是心情波动，我都在写作中找到缓解。

值得一提的是，从母亲那里获得的人生道理和性格，让我在魁北克这块浪漫的土地上如鱼得水。和很多当地人一样，我对生活的理解变得更加真实，更加纯粹和自然。我喜欢进酒吧品酒闲话，喜欢流行歌曲伴上舞姿，喜欢制造惊喜让人愉快，喜欢出门郊游发现诗意，喜欢做一道奇妙的菜，和朋友在一起时说很多玩笑，开心大笑。

魁北克是一个冬天的国度。我做过一个小小的调查发现，喜欢冬天的人比喜欢夏天的人只是略多一些，对冬天充满感情的人大大多于对夏天的，遇到哪怕一天的大热高温，就情不自禁地怀念寒冷的日子。他们对魁北克的认可，常常是望着飘落的大雪说，这就是魁北克。然后开始各种冬季活动，滑雪、雪地竞走，甚至去雪山"冻屋"，情调超凡。

魁北克人喜欢情调。多数人喜欢把周末"浪费"在饭店里。这里有世界最多的各国品牌菜色饭店。在我们中国人看来，很简单的菜，都能让他们举着红酒杯，消磨很长时间，闲聊几小时。魁北克人喜欢到海边晒太阳。魁北克离南美墨西哥、多米尼加、古巴等国很近，这些地方都是魁北克人的旅游胜地，当地人也熟悉魁北克。魁北克人喜欢文化活动，每年每季都有世界上最好的艺人、作品和各种艺术活动来到这里。魁北克几乎没有春天的感觉，一眨眼就过了，夏天也很短。冬天一旦过去，整个魁北克就是城市狂欢，节日一个接着一个，一直到入秋。魁北克人就像最明白生命时光来去的"精灵"，特别珍惜空间与时刻，抓紧享受，等等。

二、"魁北克的草根写作"和"自然写作"

赵：就海外作家而言，移民开启了文学创作的灵感。您的海外文学之路是怎样开始的？

郑：我的学历专业是历史，按理说，更多的写作思维方式是强调"逻辑性"。不过，从个人成长的意义上来讲，我从小对文学就有一种情不自禁的投入感。首先受母亲影响很大，虽然她没受过大学文学方面的教育，但她有天才般的文学阅读记忆和热爱，她读过几乎所有的中外名著，很多篇章和段落都能背诵。我们在一起时的交流，特别是她谈到的观点和文学情结，一直深深地影响着我。在大学期间，我喜欢写写画画，是校刊撰稿人之一。出国后，感受到新生活强大的冲击力，渴望表达和思考的情绪也是自然的。从开始动笔，就不再有回头路，"写"成了自己的生活方式。不过从来没想过做作家，而是想把自己的生活写出来，就像为了表达自己一样。

赵：您用"魁北克的草根写作"来定位自己，能否具体讲讲？

符合这种文学定位的写作人，在魁北克应该颇有一些吧？扩大到加拿大华人写作人范围，以"草根人物"（包括华人在内的各个族裔）为创作对象的，非常丰富。在表现手法上，以短篇、中篇小说为主，大多像您一样，直白、朴实、简洁、明快，有的则细腻、工笔一些，如刘慧琴、张翎、曾晓文、陆蔚青等的中短篇小说。写草根移民感受的纪实性、自传性或半自传性的散文、随笔、诗歌简直不胜枚举。"草根写作"历来是海外文学创作的重要构成，甚至是生力军、主力军。

这样看来，您草根写作的独特性体现在什么地方？

郑：我同意你的说法，"'草根写作'历来是海外文学创作的重要构建"。事实上，华文作家写作，因为生活环境、边缘化和客观条件，确实逃出不了这样的"宿命"。不过，你理解的"草根写作"的含义，可能更多的是从客观上写作条件的"业余性"和作品内容的百姓和贫民化来说。一些加拿大作家对自己的"草根写作"并不认同，甚至很少有人直言自己是"草根"作家。

我自称"草根写作",是基于三个方面:

一是对自己海外生活的定位,移民后就从来没有离开"草根"环境,即贫民生活。尽管接触过本土不同的阶层和社会,但基本的生活环境(包括生活方式)都基于底层,这既是移民命运,更是我的命运。所以我的作品,从思维的想象一开始就是"草根"的。

从"文化身份"的认同上来讲,尽管我在这方面跨越较大,更多地贴近本土精神,但是整个成长也有"草根性"。我正在尝试一种跨文化思考的写作,把中国的与加拿大的文化融合起来思考,把本质精神放在身边现实中,这样的写作是全新的,本身就是青草初生,期待一个春天。

二是我的写作是植根于魁北克这片土壤的。我想写的是加拿大故事,是一个深受中国文化影响的人如何认识加拿大的故事,是本土最真实的生活。作为草根写作人,这些年我的作品大多没离开过魁北克,具有这样明显的特征。我希望自己是一位现实主义作家,而不是偏重记忆,书写过去经验的人。从这样的意义上来讲,我是真正的"草根派"作家。

三是用"草根作家"定位自己,也是一种自我的鞭策。我一直认为,写作是我的生活,不是目的。我是一个喜欢让自己活出"多彩"的人。

郑南川(右)参加不列颠哥伦比亚大学海外华人研讨会期间,接受温哥华多元文化电视台丁果(左)的采访(2016年7月,温哥华)

我的写作永远在民间,不需求那些虚无的"添加剂",这正是我作为写作人应有的精神。

赵:"自然写作"是您追求的文学风格,也是您的文学观。无论是您的中短篇小说、微型小说,还是诗歌,都采用现实主义的全知视角叙事,结构清晰,用词质朴,偏口语,但也不乏表现力,有如素描或白描,或者像黑白影像。在文学观方面,大体是立足现实和自我,反映民生,不求唯美,不做吟风弄月之作,不为艺术而艺术,不被意识形态左右。

您的"自然写作",似乎和唐朝白居易提倡的"新乐府运动"、近代中国的"白话文运动"、二十世纪二三十年代蒙特利尔的现代主义英语诗歌运动、60年代兴起于温哥华的"蒂什"(TISH)现代主义英语诗歌运动……属于同一路数。

不知这么理解,有无误读之处?

郑:我的"自然写作"观的表达是这样的,创作的情绪来自自己的生活,"自然"是物质和真实的,写作来自身边所存在的事实,是一种情不自禁的表达。

写作的内容在现实中,情绪也在现实中,表达的方式同样也是现实生活的语言。我有创作的灵感,常常发现自己情绪昂然,随心而去,现实主义的书写是我灵感的来源,以短小的诗歌为例,我的每一首诗的情绪和思考,都与生活有关。

我的写作方式,更多展现出的是真实、直接和"素描"的特质。我认为文学回归本质,用不同的文学表达手法是可以提倡的,我的文学手法和技巧更具有"原始"本真的特点。这跟我的生活道路、情感世界与理念有关。在文字上,我强调语言简单、直白,通俗易懂,使用明快和幽默的文字。我强调的是一种对文学形式意境的"忽略",没有那么多艺术的形式表达,诸如修饰、暗喻、象征、意识流等等,而是追求简单的文字、生活的情景,写出世界与人的关爱和理想。

写作的思想性和批判主义,是我"自然写作"的重要标志。不回避生活中的反思,强调作品内涵的"文魂",读后要有质疑、思考、情绪,有悲痛和惊喜。我的文学关注思考的价值,让不同的读者产生不同角度的沉思。在艺术方面,我的作品还具有强烈的画面感和故事性。我一直认为,诗歌并不是山水花草,不是抒情歌唱,我关注社会和生活,诗歌应该更经典和深刻地展示我们的生活。在小说的创作中,同样表达了这样的思想理念。

我相信,作为一种文学理念,我无法和上面谈到的这些事件与人物相提并论,毕竟自己是渺小至极的一个人。

你谈到的白居易提倡"新乐府运动",倡导自创新题,咏写时事的现实主义精神,是我崇尚的。那些诗歌如实反映了普通民众的声音,书写下层人的情绪,这和我的文学理念,可以说是一致的。那些诗歌无论最后走向如何,都是对当时政治社会的反思。

关于二十世纪二三十年代蒙特利尔的现代主义英语诗歌运动,六十年代兴起于温哥华的"蒂什"现代主义英语诗歌运动,他们的现实主义意义在于表达了对"新国家"和土地的强烈热爱,渴望建立全新的国家的意志。通过新诗文学,以自然主义的精神唤起民众意识,追求真实、美好与自由的未来。这些后来都成为今天的加拿大和魁北克人的精神,鼓舞着一代又一代人。我只想说,30年的加拿大生活,这种追求自然真实的精神,已经直接影响到我的写作理念,我已经成为这些精神

世界华文文学区域关系与跨界发展研讨会(2017年,浙江大学)
左起:郑南川(加拿大华人作家)、罗鹏(Carlos Rojas,美国杜克大学教授)、朱双一(厦门大学教授)、张岩泉(华中师范大学教授)、葛亮(香港浸会大学副教授)、陆士清(复旦大学教授)、陈瑞琳(美国华人作家)、钱虹(同济大学教授)、杨际岚(《台港文学选刊》主编)、曹惠民(苏州大学教授)

和理想者们的粉丝。我愿意面对大海山川疾呼：世界与我们同在，自然与我们同在，我们的文学和生活是大自然的，让世界的人走回自然，走向自由，走回属于自己生活的本身。

赵：您认同移民国的情感真实而自然，流淌在诗行间。鉴于您所居的蒙特利尔市一年有半年下雪，您咏雪的诗，既多又好，如《落雪的小诗系列》《飘雪》《雪之情》《雪之梦》《初雪印象》《三月有雪（写给蒙特利尔）》《咖啡吧的早晨》《春天的蒙城》……您幽默地自道："魁北克人说，没有雪就没有我的国家；我说，没有雪就没有我的诗歌。"①我心仪的这首《春天的蒙城》，就代表了您对移居生活的讴歌。

春天的蒙城

春天
不在二月里
在寒冷，飘雪中
春天没有时节
寒冷是春天
飘雪也是春天
因为
我的家园醒了
我的心儿发芽了
我的热血在深深地
恋爱中

通过您的诗文和小说，我深感到您对魁北克文化——"自由，平等和博爱"，以及对加拿大多元文化主义的认同。请问，它们落实到现实和个人，尤其是华人移民的生活中，有什么样的体现吗？能举些例子吗？

---

① 郑南川：《深雪与我那些散落的小诗》，魁北克华人作协的文学研讨会发言，七天俱乐部，2011年4月8日。

郑：我喜欢写魁北克的雪，是因为跨入魁北克以后，整个情感情绪被大雪覆盖成四季的畅想了。我出生和长大在四季如春的昆明，那里太容易的生活，让我到了加拿大以后变得如此不习惯。起初的几年，日盼月盼的春天，总是迟迟不到，2月不是春天，3月也不是春天，4月春天已经大步走过，我们才发现春天真的来了（基本才没有下雪），有了温暖的气候。随着一年又一年的魁北克生活，我慢慢习惯了。这种习惯充实着对这片土地的温柔情绪，慢慢变成我诗意般的爱慕。在魁北克，冬天的时候，我和当地魁北克人的对话是这样的：

我说，多么漫长的冬天啊。
她说，还好，今天没有昨天冷，快了，冬天就要过去了。
我说，唉，要过去的冬天还有多久。
她说，这就是魁北克，不会太久了。你要知道孩子们多喜欢飘落的大雪啊，要留给他们一些玩耍的时间，让他们开心。
我们接着就笑了。
我说，可惜我的童年不在这里，如果是，那该多好。
她说，你的新生活就在这里，这种感受也是美好的。
我们又笑了。我发现魁北克的冬天，竟然如此可爱。
终于有了2月和3月，太阳出来了，多开心。
我说，春天来了，终于来了。
她说，春天就要来了，用手指一下我，笑出了声。
没想到第二天又落下一片雪。
我说，按照时令春天确实来了。
她说，春天是来了，魁北克落雪也是春天。

这些真实的对话如同诗，其实就是诗，是多么和谐的人与自然，多么美好的生活环境。

你说到加拿大多元文化的精神，其实在生活的点点滴滴中都可以感受到。今年台湾地区即将出版我的非虚构作品《在另外一个世界死去》，这本书记录我在出国近二十年发生一次猝死所经历的那些事，记录从医疗、社会福利、移民政策等多方面的事实。我想说，加拿大给了我第二次生命，整个社会的博爱精神，深深地感动和震撼了我。有兴趣的朋友可以阅读一下。

在加拿大，人们享受着很好的社会福利待遇，而在魁北克更上一层楼，获得的福利更多。人们的相处保持着一种宽容和友善的精神，中国人同样安康生活。

也以一个小小的例子，说说加拿大人和谐相处的情景：如果你在商店里买东西付钱，或许你有问题不清楚，收银员会很耐心地与你交流，同时，他肯定会对后面的人说一声"对不起"。当你离开后，收银员还会说一遍"对不起"，或者简单解释原因，表达对客人的歉意。对于客人来讲，绝对听到的回答是"不用客气"，甚至用幽默的话语说，那人说话的手势很可爱，让我听得都有点入迷了。这就是最小的例子，这就是加拿大。

我自己的成长也是一个最好的例子。因为多年来积极推动魁北克华文文学活动，书写了众多的华文文学作品，2011年我向加拿大魁北克图书档案署提出出版图书的申请，很快获得了加拿大专业出版部门的许可，成为独立出版华文著作发行人。记得当我询问是否可以在加拿大出版中文书籍时，官方的回答很明确，加拿大是多元文化的国家，你们出版中文书籍，是对这个国家的贡献。那时感动的心，都让我热泪盈眶，没想到，一个梦想写作的人，竟然在加拿大获得如此大的鼓励，一份坚持让我梦想成真。

赵：在中短篇小说集《窗子里的两个女人》（2017）中，您刻画英法裔底层移民，写出魁北克经济不景气情况下他们的挣扎、幽默和情感需要，似可比于美国短篇小说之王欧·亨利笔下引发"含泪微笑"的佳作。

比如，《只剩下半个饥饿的肚子》以失业者文森为主人公。他常饿肚子睡不着，就吃安眠药。身边只有一块钱，在小店转来转去，只够买一杯咖啡，超量加入免费的小包装糖和牛奶，引得店主瞠目结舌。《死了，也要活过来领彩》讲穷人皮特屡买彩票不中，靠酗酒自尽，被医院救活后，送回寒碜的家中，但已失去记忆。《鼠弟、猫哥和他》讲单身打工青年为阻止老鼠偷吃自己的一点口粮，就去养猫，但猫不捉鼠，买猫粮

左起：郑南川、大诗人痖弦、双语作家林婷婷（2016年，温哥华）

让他更加捉襟见肘，请专业人员灭鼠又没钱，最后他陷入了绝望之中。《摇椅》中的皮特孑然一身，两岁失去父亲，母亲改嫁到美国，他来到旧家具店寻找照片中自己孩提时坐过的摇椅，为木匠父亲亲手所做。未料店主也是木匠，儿子两岁时被妻子带走，留下了自己为儿子制作的摇椅。皮埃尔于是常去看望店主，感受"父亲"的温暖……

这些人物和事件有原型吗？还是您基于生活和思考基础上的想象？通过反复展现加拿大各族裔底层人民（包括同性恋者）的喜怒哀乐，您想说明什么？

郑：我的小说创作，一般来自两个方面的素材——一是生活的原型；二是来自生活，针对社会现实问题的思考，进行创作而形成作品。

事实上，对我作品所讲述的这些内容，有的学者提出类似的问题，甚至有的对这些问题似乎有些不太"理解"，对写作表达的目的产生兴趣。写作一定是来源于真实生活的，而这些真实的生活，并非人们知道或深刻地认识的。

先讲讲为什么我会写这样的作品。这些年来，中国的改革开放导致了移民大批外流和与世界的联系。无论是在新闻宣传报道，还是在民间广泛的传播中,北美似乎是一个最理想的选择地,人们一窝蜂地想投奔那里。事实上,根据我在北美30年生活的经验,北美平民百姓的生活的情况,与国内人想象的完全不符合。这几年北美经济低迷,整个社会生活环境不是很好。我发现作为文学的中文作品,几乎没有或很少正面直击北美底层现实的作品,而更多的华人作家们在关注着"经验写作"和远离了身边生活的"灵性"创作,这让我非常不解。这个简单的理由,足以让我发挥,而且正像你说的"含泪微笑"的效应,可以导出正反两个方面的人生理解和哲学,是文学的经典幽默。我们有义务把现实的北美告诉中国,更有义务告诉中国的朋友们,关于人生无钱后的精神世界又是怎么样的不同。

概括地讲,读这些作品可能给你带来的启示:

一是进一步了解西方百姓的生活,这些百姓生活离我们将要移民或移民的中国人很近,我们需要明白,更需要知道适应。

二是他们"贫困"和不易的生活,在他们的精神世界里发生了什么。那些贫困的百姓,并没有对生活怨天怨地,他们设法找到一点钱,让自己吃饱喝足,甚至多一点啤酒,给自己一分愉快,他们仍然谈笑风生,幽默挂在嘴边,他们记住了这些,会在投票选举的时候,把自己的一票投到实处。

三是通过这些作品,用自然纯粹的感情去表达我的思考,在这个世界上到底有没有最共同的东西,比如人性、理想、爱,这是我作品最想和最终落笔的目的。我想,这也是文学的最后目的。

四是在作品的表达上,我接受了北美写作风格的某些风格,美国当代最著名的短篇小说家莉迪亚·戴维斯(美国当代"女魔术师",布克国际奖获得者,法国经典文学翻译家),就是一位直接对我写作产生巨大影响的人,她的作品用低调的讽刺,戳穿生活的真相,用素描、画面、展示贴切身边事实的表达,让读者自我反思。

赵:对于新移民文学,您有过"新加拿大人文学"的独创提法。请问"新"的内涵是什么?

郑:"新加拿大人文学",是指加拿大移民写作者在积极本土化后所创造的反映本土现实的作品。

由于特定的生活环境与新国家的生活,移民毫无选择地写着一种边缘的文学,是双边和多边文化互渗的文学,体现了世界文化多样性的理念,有时表现得似乎并不清晰,但呈现出与主体加拿大英法语文学不同的特质,我把这种边缘文学称为"新加拿大人文学"。从严格意义上来讲,"新移民文学"的概念会"混淆"了本土文学的特征,因为它把祖地文学、记忆文学等也概括其中,而"误解"为本土化的加拿大文学。"新加拿大人文学"的概念,与一般意义上的"新移民文学"的最大区别是——文化认同的转变。它应该具备下面的主要特征:

首先,写作者要有实际的、真实的在加拿大生活的新体验,了解和认识新生活的基本特征和方式。简单地说,物质决定精神。感受是重要的,对新文化的感受需要一个"公正"理解的过程,而不是用自己文化的意识传统,取代对现实全部的理解。

其次,要在精神和心态上很好地解决"文化不同"的问题,这是极为重要的方面。这里有两个重点——一是主人精神,放弃外来人"情绪",站在一个加拿大人的位置上写作;二是写作者的主观意识要体现出加拿大的价值精神,文学的思想同样要有加拿大的价值精神,当然绝不是放弃自己的文化。

第三,要跳出"中国文学的域外情结",把海外文学写成中国文学延续的观念。我们不否认文学海外"延续"的存在,也可以叫作"中国文学"的一部分或"新移民文学",也是海外华文文学的一部分。

三、揭秘加拿大魁北克华人作家协会

赵:在魁北克省,存在着生气勃勃的华人文学社团,像魁北克华人作家协会、魁北克中华诗词研究会、弘毅诗社等,为魁北克华人文学的发展做出了不可小觑的贡献。

其中,魁北克华人作家协会(简称"魁华作协")是该省最大的华人文学组织。由时任《华侨新报》的编辑董淼担任主席,诗人白墨和蒙特利尔大学教授嵇少丞担任副主席。《华侨时报》社长周锦兴任名誉会长。您是现任会长。

飘雪也是春天
——魁北克华人作家协会会长郑南川的歌唱

郑南川在魁北克华人作协首本作品集《岁月在漂泊》的发布会上（**2012 年，蒙特利尔**）

请您介绍一下您是怎么结缘魁华作协，又是怎么促进该组织的运转和发展的。

郑：加拿大魁北克华人作家协会成立于 1997 年 3 月 7 日，同年年底我就成为会员。协会最早成立时的宣言是"以文会友，磋商文学"。最初几个月，理事会多次变更，属于组织的开始建立和完善阶段。入会后我主要承担《笔缘》（文学版）的主编，之后担任过第四届、第五届、第九届、第十届和现任会长。当年创会会员几乎都离开了协会，目前在留协会的创会会员只有三人，我是最早见证了协会发展整个过程的"元老"会员。今天的协会已经发展成有上百人的组织。

2012 年，我完成了魁北克华文文学史论文《一段移民文学成长的路程——魁北克华人作家协会十四年发展概述》，概述了自协会成立以来的基本状况。这篇论文，后来被钱林森、周宁主编的《中外文学交流史》（加拿大卷）用作介绍魁北克华人作家协会的主要史料，也被国内学者作为一手文学资料采用。

与加拿大其他地区华人作家协会不同，各地都有多种形式的"作家协会"，魁北克地区只有一个最具代表性的"魁北克华人作家协会"。这样，魁北克华人作家的活动与写作基本凝聚于协会之中。

早在 1999 年，我曾加入加拿大作家协会，并在同年为协会与加拿

243

大作家协会建立了联系,一起组织交流活动和圣诞联欢活动。2001年,协会举办了加拿大全国"詹钜辉文学奖"(Raymond Tsim Literary Awards)的评选,收到了当时加拿大总理克雷蒂安的贺信,也得到了魁府官员的祝贺。中国作协委派评论家何镇邦到蒙特利尔参与全程评选,中国著名作家王蒙、王安忆、杨文瀚等也都参评,该奖获得政府资助,颁奖时300余人参加。魁北克华人作协还保持着和中国作协的互访和交流,接待过铁凝、项小米、蒋子龙、周大新、迟子建、徐晓斌等中国作家。中国作家协会网络文学首席专家肖惊鸿、《收获》主编叶开等,也应邀到访演讲。2013年,协会创立了"向往"文学奖,以表彰魁北克地区写作的成就者,或积极活动于华文文学的人,奖金一百加元,已获得这项奖的人有五位。2014年,由我倡议,建立"加拿大魁北克文学奖",这是一个以文学为本,重质量,关注加拿大生活为特征的"纯文学奖",组织过一次,获得好评。2014年,在加拿大华裔作协主办的"加华文学奖"评比中,魁北克华人作协的紫云、陆蔚青分获散文组一等奖和小说组二等奖。

协会早期的活动,偏重集体交流,定期组织讨论会、交流会、作品赏读会等等,不定期组织专题写作交流活动,例如分小说创作、作家介绍、评论信息分享等等。近年来,类似活动少了,因为随着会员写作的提升,更多时间是个人的写作和思考,如果会员发表大题材文章或出版书籍,协会会专门组织报告会和研讨会等。据不完全统计,到今年为止,协会会员出版书物达30余本,很震撼,也很惊喜。在魁北克,已经形成一个完整的作家群,这么多书籍的出版足以说明问题。

长期以来,协会依赖于地方报业开展文学活动,1997年在蒙特利尔最大中文周报《路比华讯》上设立了文学专版《笔缘》,2000年代中期,分《文友投稿》和《作家专栏》栏目。协会10余人参加了《作家专栏》写作,其余版面作者100余人。迄今《笔缘》已出1000多期,600多万字,是魁北克省为期最长、产量最丰的中文报纸文学版。2002年4月,魁北克华人作协的《红叶》在《蒙城华人报》创刊,由冰蓝统稿,偏重新诗、文化随笔和纪实散文。《红叶》迄今已出100多期,45万字。另有9期特刊刊登各类文学奖获奖作品。2009年在《七天》周报上设立《北往》,由陆蔚青编辑,发表小说、散文、杂文、随笔、诗歌、评论多类作品,这三个写作专版合计约800万字。协会自2008年5月创建电子月刊《华讯月刊》,由陆蔚青负责编辑,发布文讯文论,做内部交流之用。每月一期,迄今近50期,共40多万字。同年,"魁华作协"博客创办,扩大了与世界各地华文文学的交流,2017年协会公众平台"北往——魁北克文学"和"城市文学——加拿大文学"开通,受到读者的热烈欢迎。

2017年,是协会成立20年,协会组织了"魁北克首次华文文学节"活动,丰富的成果,欢心的喜悦,各方朋友纷纷到访,让我们对协会发展充满信心。

魁北克华人作家协会是一支很受欢迎的团体,充满了"家庭温暖"的气氛,会员相处和谐,谦虚自然,真诚帮助。协会没有纠纷,没有乱七八糟的任何东西,这也是会员们欣慰、热爱组织的原因。

郑南川在魁北克华人作协新书发布会(2014年,蒙特利尔)

赵:魁北克华人作者来自各行各业,虽然加入魁北克华人作协,但大多不能和专业作家相提并论。您也直言,"喜欢写一点东西,也就参加了'作家协会',只是这个协会是海外的,是一群爱写作的人跑到了一起。既是民间的,也是业余的,中国有个名词叫'草根',我们也就自称'草根派'了"。

我觉得，您的"草根派"定位，和北美作协类团体的特点不无关系。加拿大和美国的作家协会都是自发成立的民间组织，是写作爱好者的群体，是类似行会的组织，并非只有专业作家才能入会。根据加拿大法律，只要有5位加籍公民向有关部门申请，就可以成立一个协会。比如，加拿大作家协会（The Writers' Union of Canada）就是这样的民间团体。据《加拿大文学百科全书》介绍：

> 加拿大作家协会是写作人的行会，由加拿大作家法利·莫瓦特，在玛格丽特·阿特伍德等5位作家的协助下，于1973年创立，用以回应20世纪60年代末70年代初加拿大图书的迅猛出版……据1997年的《加拿大作协入会须知》，申请者只要"有一本由商业或大学出版社出版的、通过商店渠道出售的普通版书籍"，且为加拿大公民或在加拿大获准永久居留的外国移民，即可入会。该组织每年选举一位加拿大主要作家为主席，通过地区代表和区内作家保持紧密联系。①

如今，加拿大作协的会员多达1900人。活动包括为会员维权、设计会员网页、安排读者见面会、联系出版等。1912年成立、拥有8000余人的美国作家协会（Authorship Guild），亦是一个与加拿大作协类似的民间组织。在美国正式出版图书者、自由撰稿人或在入会前18个月靠写作赢利至少5000美元者，就可以申请加入美国作协，每年会费90美元。

北美华人成立的诸多文学组织，举其大者，如北美华人作家协会、美国中文作家协会、加拿大华裔作家协会、中国加拿大笔会、魁北克华人作家协会等，亦是这样自发的民间的写作人团体。他们大多没有自己的办公地点，没有上下班规定，没有官方拨款。活动经费多来自会费和捐赠。

郑：华人组织的"作家协会"与本土的作家协会是不同的。

---

① 特里·威伦：《加拿大作家协会》，威廉·赫伯特·纽编《加拿大文学百科全书》，多伦多大学出版社，2002年，第1228—1229页。[Terry Whalen, "The Writers' Union of Canada," in *Encyclopedia of Literature in Canada*, ed. William Herbert New (Toronto: University of Toronto Press, 2002), pp.1228-1229.]

本土的作家协会虽然也属于民间组织,但又是完整的机构。正像你所叙述的,组织活动包括为会员维权、设计会员网页、安排读者见面会、联系出版等。这些工作,对于华人组织的"作家协会",有相当的难度。比如会费,加拿大目前作家协会会费已经上升到 280 加元,这个数字对于华人作协就很难做到。据我所知,在加拿大的华人作家团体,收会费到 30 加元的可能只有我们魁北克地区,而且是"涨价"后的标准。华人作家协会推荐出版和销售问题,都是客观存在的。至于维权,对于业余的"作家协会"根本难以做到。以我们协会为例:入会条件是有会员推荐,多篇作品发表(包括在地方报业),或出版书籍。有文学方面的活动,比如毕业于中文系、写有文学评论等。入会需经过半年试用期,双向考察(因为移民生活多变动)。缴纳会费 30 元。这样的群众性团体,肯定不可避免具备组织的松散性。

2015 年,魁北克华人作家协会会员拜谒华人女作家水仙花(1865—1914)在蒙特利尔的墓地

赵:在加拿大华人文学团体中,加拿大华裔作家协会(简称"加华作协")1987 年在温哥华成立,活跃至今,享誉海内外。该协会从 1999 年开始编辑出版文学作品集,硕果累累,包括 7 本文集和由近 20 本会员个人作品集组成的"加华作家系列丛书"。7 本文集中,《枫华文集》(1999)、《白雪红枫》(2003)、《枫景这边独好》(2014)和首届加华文学奖

文集《枫姿绰约》(2014)为多文类文集,《枫雪篇》(2006)是随笔集,《枫华正茂》(2009)是首部加拿大华人文学文论集,《枫雨同路》(2009)是中短篇小说集。这些书籍,有的已被中国国家图书馆、加拿大的大学和公立图书馆收藏。

如果没有反证,加华作协应该是首个自主出版华文文学的加拿大华人文学团体。

随后,加拿大中国笔会、加拿大华人文学学会、大华笔会、多伦多华人作家协会、渥太华华人写作人协会、弘毅诗社等加拿大华人文学社团,也都有编辑、出版过文集。

魁华作协颇有后来者居上的生猛之势,四年内就在加拿大本土编辑出版了6本文集,包括魁北克首部华文选集《岁月在漂泊》(2012)、魁北克华文短篇小说选《太阳雪》(2014)、魁北克华文散文集《皮娜的小木屋》(2014)和《哦,魁北克》(2016),以及加拿大中国二十人诗选《一根线的早晨》(2014)和魁北克华文诗集《"普丁"的爱情》(2016)。

请问,魁华作协是怎样做到在加拿大本土迅速出版华文文集的?和其他加华文学团体出版的文集相比,在内容、题材、气质、作者构成、资金筹措等方面,有何异同?

郑:我相信加拿大华裔作家协会确实是加拿大"首个自主出版华文文学的加拿大华人文学团体",但是它们的出版发行,还是通过内地或香港,这是他们合作的成果。从纯粹加拿大申请、本土书号、加拿大独立出版这样的事实出发,加拿大魁北克华人作家协会是加拿大首家这样的华人文学社团。这样说来意义也是不同的。

所谓本土出版,包含了书号、出版和发行的全部过程。目前我们做到了部分,另一部分还待努力。简单地说,在加拿大出书需具备两个环节,即出版和发行。我们已经获得了出版的能力,但是发行的问题没有解决。在发行的部分需要有一个专门的发行公司,具有推销和出售的正规许可。但是,中文书的发行推销,要进入北美、欧洲、澳大利亚和南美市场是十分困难的。即使像美国一些中文出版商,也只能停留在"初级"的发行层次,通过网络、亚马逊推荐的销售相当有限。这种情况可能延续很久,需要勇气和花大力气才能改变。

协会出版书籍,采取会员购买和协会补贴的办法。一般参与写作的作者,都会积极购买部分书,协会为留存也必须订购相当数量的书。作为出版印刷的补贴,协会也会支付部分费用。这些年,协会会费和个人团体赞助费,足以让协会开支正常,每年都有结余。

由我们协会发行出版的书,面向整个加拿大,更多的是魁北克华文作家作品。我们出版的书确实具有魁北克华文文学的某些特色,主要是两个方面:

一是魁北克华人作家协会成立很早,但一直很少与外面接触,包括和加拿大其他省份和国内团体的交流。协会奉行着"写自己身边生活"的原则,写魁北克和我们,所以这些作品更多的内容,都和魁北克本土有关,关于"记忆"和国内生活的作品极少。我们出版的书籍,主要包括小说、诗歌和散文三类。

二是魁北克写作人多是年轻写手,大多是读书的硕士和博士,国内出国移民的学生,几乎没有专业作家或职业写作人。他们有激情,有生活和有想法,成为魁北克华文文学特色的"创造者"。

赵:在加拿大出版中文作品集,怎么进入中国 14 亿人口的图书市场?后者才是华文文学消费的绝对主体。有心人通过社团网站、微信号、作者寄书、书评……跟踪了解,而普通中国读者则很少听说过加拿大中文作家,除非像叶嘉莹、洛夫、痖弦、梁锡华这样的大家,或像亦舒这样的畅销作家,或者通过影视知道张翎、曾晓文、孙博等。绝大多数加拿大华文作家,在中国默默无闻,读者极其有限。

郑:让在加拿大出版的华文作品进入中国市场,确实是很大的挑战,困难重重,目前也很难改变这种状况。和以前不同的是,网络、微信和交流更加便利,多少加大了交流和宣传的力度。

我真切地希望国内研究和出版系统,加大关注华文文学的支持力度,世界在变成"地球村",中国在走向世界,华文文学也是中国文学的重要部分。

赵:您写过,"(华人)移民文学毫无选择地写着一种边缘的文学,是双边和多边文化互渗的文学,体现了世界文化多样性的理念,有时表现得似乎并不清晰,但呈现出与主体加拿大英法文文学不同的特质"。

2016年，魁北克华人作协在加拿大出版诗集《普丁的爱情》和散文集《哦，魁北克》

  这是一个大胆、值得探究的提法。加拿大和美国是移民国家，严格来说，除了原居民，也就是最早生活在北美大陆的土著人的文学外，后来的欧亚澳等地区移民在加美书写的都属于移民文学。就加拿大而言，因为英、法两国居民在加国人口最多，在移民文学中比重最大。但实际上，就加拿大英、法语文学在西方世界的接受而言，它经历了从边缘化到跻身主流的过程。

  因为欧美文学的强大影响，加拿大英、法语文学长期未受本国重视。就连加拿大英、法语文学在本国大学的讲授，最早也是附于美国文学之后，以"美加文学"的课程出现。如1912—1913学年，麦吉尔大学开设"美加文学"课，1933—1934学年多伦多大学开设"优等生美加文学"课，其他加拿大大学在开设本国文学课上，普遍先美后加、重美轻加。至1948年，只有两所大学设有独立的加拿大文学课程，只有多伦多大学设有加拿大文学的硕士学位。加拿大文学史专家F.W.瓦特（F.W. Watt）幽默地写道："也只是从20世纪40年代起，加拿大文学才崭露头角，打个譬喻说吧，和麦子、木材、虹鳟鱼一道成为外销的商品。"[1]

---

[1] 转引自黄仲文、张锡麟：《加拿大英语文学背景初探》，见《当代外国文学》1988年第3期，第117页。

从20世纪60年代起,加拿大涌现出玛格丽特·劳伦斯(Margaret Lawrence)、玛格丽特·阿特伍德(Margaret Atwood)、罗伯逊·戴维斯(Robertson Davies)、艾丽丝·门罗(Alice Munro)等一批具有国际声望的作家和诺斯洛普·弗莱(Northrop Frye)这样的国际批评大家,加拿大英、法语文学才算真正走向世界。本国大学的加拿大文学热也是在60年代后才日渐升温,至1972年,加拿大有38所大学在本科开设90多门加拿大文学课,选修学生多达6000人,有22所大学设有加拿大文学硕士学位,攻读该学位者200多人。

到20世纪90年代为止,在加拿大开设的本国文学课几乎没有加拿大华人文学的内容,除了极个别用英语写作的华人,如笔名为"水仙花"的伊迪丝·伊顿(Edith Eton, 1865—1914)、1985年获得总督文学奖的首位华裔诗人弗莱德·华(Fred Wah, 1939—)。加拿大华人英语创作崛起于20世纪90年代,而加拿大华人的法语创作在2000年后,以应晨为代表才零星出现。所以,以英、法语创作的加华作家此后进入大学文学课,被F.W.瓦特、威廉·赫·纽(William H. New)等加拿大文学史名家写入加拿大文学史。

加拿大华人的汉语创作虽然开始于一个多世纪前先侨刻在移民站墙上的"壁诗",但有所发展是在二十世纪六七十年代的港台地区的人移民加国之后,20世纪90年代的大陆移民潮,以及香港回归后的港人移加,催生了加华汉语文学的繁荣。但在西人学者撰写的加拿大文学史中,压根没有加拿大华文文学的位置。在中国文学史的书写中,目前也没什么加拿大华文文学的内容,仅在海外华文文学综述和大学教程中略有提及。如广东省社科院文学所所长赖伯疆的《海外华文文学概观》(1991)、汕头大学陈贤茂教授主编的《海外华文文学史》(1999)、苏州大学曹惠民教授主编的《台港澳文学教程》(2000)和《台港澳文学教程新编》(2013),简介了洛夫、痖弦、东方白、马森、梁锡华、陈浩泉、亦舒等从中国台港地区移居加拿大的作家。

所以,加拿大华文文学,从整体上来说,无论是在加拿大,还是在中国,仍处在边缘。个别大家,如叶嘉莹、洛夫、痖弦,在中国赫赫有名,在加拿大或其他国家,知晓他们的多半仅是会讲中文的华人移民或一些西人汉学家。

以上,我从被主流文学的接受层面,粗粗比较了加拿大英法语文学(包括华人创作)和加拿大华人汉语文学的情况,显示了两者都曾被边缘化的历史。

您说:"华人移民文学呈现出与主体加拿大英、法文文学不同的特质。"我很感兴趣,广大学者和读者也想了解更多,能否请您条分缕析一下?

郑:你已经比较集中地表达了当今北美文学的特征,这是比较客观的事实,我相信这种情况仍然是事实并将继续存在。客观地讲,华文文学在北美开始的时间并不长,这在客观上需要时间的过程,从现行的状况看,尽管有的作家正在逐步把自己放入这个行列的队伍中,但真实的情况远比他们想象的难。

一是在北美的文学研究领域,关于华文文学的研究,不但是"零"状态,而且根本没有放入可能研究的领域。

二是这些刚刚开始"跨界"的写作,还呈现在最初级的阶段,作家们正在试图把写作的思路理顺,朝着一个北美化和世界化的写作方向行进。尽管他们的作品被某些人关注,或者自认为作品的"本土化",但是主流文学是否承认,是否达到那个"被意识"的台阶,还是另外一个问题。在加拿大,国家级的"总督奖"就是很好的例子,它的发展经历了一个相当长的从单元向多元的转变,最初的奖项中就没有法语文学的份儿,随着文学与加拿大多元精神的发扬,法语文学才进入这个项目,成为现实。加拿大个别汉学家的出名,也是通过中国文学媒体和宣传影响的扩大,才逐步走回本土,成为关注的对象。

三是华文文学比之华人英语文学,走出来的可能性更小,华文文学对中国文学研究的依赖程度更大,海外写作返回中国推广,再回到本土,这似乎更像华文文学发展的"套路"。

华人、华文文学被边缘化,这是不争的事实,但是我们仍然充满信心,出自华人的优秀作品一定会出现,也一定会有惊喜。

赵:我喜欢逛书店。在魁北克什么样的实体书店,可以买到华人作家的英、法语或汉语文学书籍?能买到您编辑或创作的书吗?

郑：一般来讲，在魁北克所有书店都可以买到华人的英、法文书籍，不过这些书籍必须是通过加拿大图书系统认可，并通过正常系统发行的。中文书籍是没有的，如果你想获得有关书籍，必须通过专业机构查询，前提是必须要有此书。

我们出版的书籍虽然是加拿大正规出版物，但是因为没有通过专业发行商的渠道（目前也没有为中文书籍服务的出售商）发行，所以在正常书店无法买到。只能通过亚马逊网系统查到，联系我们购买。不过，我们的书籍已经被加拿大和魁北克国家图书档案馆永久收藏，进入有关网站，很容易查阅到有关词条，获得图书查阅。在加拿大，各大图书馆都有相当数量和质量的中文书籍，我们的书也可以查阅，在北美、欧洲甚至中国重要的大学或图书馆，也收藏着我们的书籍，同样可以查询。

赵：最后，祝愿您继续创作出反映多族裔人民现实生活的文学佳作！祝愿魁北克华人的英、法、汉语文学创作万紫千红，流播广远，涌现出更多同时具备艺术高度和思想高度的作品！

郑：感谢庆庆这样有分量的采访。最后，我还想以写作人的话来结束访谈，今天我们谈得那么熟悉，相信下次见到你会发现：南川，你这人很"奇怪"。谢谢。

加拿大魁北克华人作家协会年会合影（2015年3月，蒙特利尔）
左起：周善铸、郑南川、索菲、丽丽、陆蔚青、作者、张云涛、单承林（中国驻蒙特利尔领事）、冰蓝

作者(左)、郑南川(右)参加首届世界华文文学研讨会(2014年11月,广州)

  南川是一个直率敢讲的人。他背着自己的书,从加拿大到中国开会,一位认识他的东南亚女作家问他要,他说:"你家的书太多了,给你也是压床底,就不给你了。"被拒的女作家哈哈一笑。双方心照不宣。还有,南川开会期间会溜号,去逛风景胜地,或给吃不惯中餐的同行朋友寻找对口食物。敷衍应景的发言,怎么能收得住他的野马心呢?

    (部分载于《文综》2019年春季号,总第47期,第87—91页)

魁中魁，进更进

——就教于加拿大魁北克的植物学家、诗家周进

作家简介：

周进，笔名静水子，1967年1月生，武汉市人。1995年毕业于武汉大学生命科学学院，获理学博士学位。1998年2月至2002年5月分别在日本中国农业试验场、北海道教育大学旭川校做博士后研究。2000年5月调任中国科学院武汉植物研究所研究员。2002年10月移民魁北克。樱花诗社会员，创办弘毅诗社，协办千里行交游俱乐部。曾被魁北克市罗比涅尔县《县民报》和加拿大国际电台《魁北克华人》节目组分别报道，两次出席该县的移民见证会。著有《扶桑东进诗存》(2002)、《丹枫雪雁集》(2004)、《风流魁北克》(2011)、《琴瑟魁北克》(2013)、《千里魁北克》(2015)、《稻粱魁北克》(2019)等，主编《果园集锦——弘毅诗社成立十周年纪念》(2016)。

访谈时间：2019年12月
访谈形式：笔谈
访谈语言：汉语

一、来到了说法语的魁北克市

赵：您有好几个称呼，周进博士、周老师、静水子、社长、周郎……您希望我称呼您什么？一般中国的相识怎么称呼您？日本朋友呢？加拿大当地人呢？

周：叫我周进就好。一般中国的相识们都叫我周进，日本朋友叫我周桑，加拿大人呢，由于对"zh"发音困难，就叫我Jimmy(吉米)。

赵：笔名"静水子"有来历吗？

周：这是我的初恋为我起的，我用了30多年了。后来有的日本人看到这个名字，以为我是位女性呢。

赵：可以介绍一下您移民魁北克的过程吗？

周：2002年，我在日本的博士后工作期满结束，通过文献资料发现加拿大拉瓦尔大学有一位女教授研究的课题（泥炭地开采迹地的植被恢复技术）与我正在做的课题十分吻合，便向她发电邮，要求去她那里继续做博士后。她看了我的简历和发表的文章目录，欣然同意。经过不少繁复的工作签证手续，我于当年10月中旬单身来到了说法语的魁北克市，抵达魁市的当天便赶上了当年第一场雪——却是一场暴风雪！我

周进冬季登山（2017年，魁北克）

原以为有英语的基础，学起法语来会比较容易，没想到业余学了七八年还不能实用！

过了半年后，我慢慢结交了一些中国朋友、魁瓜朋友①以及来自世界各地的留学生朋友，习惯了北美的生活，感觉这里值得我们常住下去。在本地中国移民朋友和汪向明教授等武大校友的分析、帮助下，我们家决定移民魁省，据说这样移民比移民加拿大联邦要快。于是，我在魁北克填写移民申请表，夫人（当时，现已离婚）在国内准备各种公证材料，然后按规定递交到了魁省外交部香港办公室（与加拿大驻香港总领事馆毗邻）。以后，我们排队等了半年，我和夫人到香港去面试，通过了。然后还有各种文件、体检等烦琐手续，终于在2004年年底完成了移民手续，成为永久居民。2008年4月，我们家又通过了公民考试，宣誓成为加拿大公民。

赵：关于中国人移民魁北克，应该提提您的自由体长诗《魁华风》。读过不少华人讲述移民经历的作品，以四五百行长诗形式表现的，实在凤毛麟角。可以讲讲有关情况吗？

周：它本是当地华社圣诞晚会的邀诗，可惜晚会都搞完了该诗却还

---

① 魁瓜，魁北克华人对当地人的戏称。"魁北克人"这个词（Quebeçois）的法语或英语发音听上去像"魁瓜"。

魁中魁，进更进
——就教于加拿大魁北克的植物学家、诗家周进

周进（左）与导师妮娜·罗什福尔（Line Rochefort）博士在新不伦瑞克省希帕根（Shippagan）野外（2004 年）

没完成，原因是它的素材有着值得写成长篇小说的容量。由于该诗太长，没有做到一韵到底，在艺术上也很不成熟，但它讲述了一个华人家庭约 20 年的移民史，终以分手收场。当事主（生活原型）之一看到这首诗时，泪流满面。一晃近十年又快过去了，事情还在发展中。待尘埃落定，我还要写它的续集呢。这些难道不是华人移民的活历史吗？

赵：怎么能不是？诗中男女主人公交错的独白、留学打工的超负荷、学法语的艰难、婚恋的破裂、对国内老父老母的挂牵、对海外出生子女的爱怜、对自己移民意义的一次次叩问……都写得太真切了，朴直，细腻，诚挚，令人心酸，像一把小锤子砰砰敲击心鼓，急促的，不安的，催命似的。两位离婚又各自成家的主人公，男主人公后来成为连锁中餐馆老板，女主人公做了大学教授，多少熬出了头，但大房子还是挂着落寞，心里仍然不太平衡。诗歌结尾，他们一起说出：

合：只有一点儿值得我们骄傲，
　　那就是，我们凭自己的本事和双手，
　　为祖国节约了一个

生存空间。[1]

它浓缩了多少具有类似经历的华人的万千感慨！在 12 月 13 日南京大屠杀全国公祭日当天，天寒地阴，一口气读完这首长诗，久久不能平静……期待这首诗的续篇。

周：是啊，确实令人感慨。成诗以后发生的故事是：在各自都有了两个孩子后，男在结婚 20 年后与第二任妻子离婚，女在结婚 25 年后与第二任丈夫离婚。他俩有无复合的可能？我们正拭目以待。

南京大屠杀！我们在这边也看得到一些公祭的消息，但感受当然不会有你在当地现场感受到的那样浓烈。时至今日，我不禁想起了张纯如（Iris Chang, 1968—2004）和她的《南京暴行：被遗忘的大屠杀》(The Rape of Nanking, 1997)。作为一个出生在美国的华裔二代，是她让西方人看到了南京大屠杀的真相和残酷。了不起！她是我佩服的人才之一。你知道，我很少佩服别人的，特别是我的同龄人。

赵：您的长文《父爱如山》和《母爱似海》[2]，生动描述了一个知识分子家庭（父为英文专家，母为昆虫线虫学家）几十年相濡以沫、有声有色的生活，二老现在身体怎么样？家庭给您最大的精神财富是什么？

周：家父、家母现在均已 86 岁了，二老还能自己买菜、做饭，生活自理，这确实是个奇迹，我也因此省心了不少。家庭给我的最大精神财富是：充分尊重我的选择和价值取向，对我的决定不加干涉。另一点是培养了我读书的爱好，这是伴随我一生的爱好。我既可以通过与朋友的交往获得愉悦，又可以通过读书打发独处的时光（实际上我笔名中的"静水"，即是根据我读书的样子起的）。这两点对于移民海外、远离亲人、一切需要自己做主的年轻移民来说，显得格外重要。

至于说在文学方面对我影响更大一些的，应该是家父了。在我孩提时代他在昏暗的灯光下翻译《人间喜剧》[The Human Comedy, 作者威廉·萨洛扬（William Saroyan），湖南人民出版社，1983 年]时的苦苦

---

[1] 静水子：《魁华风》，见《千里魁北克》，中文国际出版社，2015 年，第 73 页。
[2] 静水子：《琴瑟魁北克》，中文国际出版社，2013 年，第 101—127 页。

推敲、他唱的英语名歌、他的英文盲打技术、他的编辑技术,后来都对我的生活产生了直接或间接的影响。

周进与父母(2018年,武汉)

赵:令尊大人气色真好,看您点了满桌美味,他们的胃口也应该不错吧。向二老表示由衷的敬意,祝福二老健康长寿,为霞满天!("莫道桑榆晚,为霞尚满天"的化用)

周:谢谢,谢谢!

二、理工男创作文艺作品,经历的最大冲击是思维的转变

赵:我对理工生出手写文章,有种特别的期待……他们会有新鲜的视角,融合了专业知识,文笔也不乏老到有味。我了解的一些作家,就有自然科学和应用科学出身的,像中国的刘慈欣、麦家、黄梵,美国的少君、黄宗之、朱雪梅,加拿大的笑言……2014年中国作协网络作家状况调研发现,中国的七成网络作家理工科出身。数年前,我也曾以一首拙诗表达了拜读您诗作的感慨:

早春读周君之《千里魁北克》

众生青眼向,佳偶梅气凝。

诗墨国华溢,凤歌客魂惊。

忆兄同悲叹,望乡亦喜行。

亲朋遥相问,枫染玉壶冰。

周：你在前面列举的这几位人物，有些是我的前辈、大家。我怎敢与他们相提并论？比如刘慈欣，他是中国的科幻大家，他的《三体》获得了国际大奖（雨果奖）。在一个山区小水电站工作的他，居然能够放眼宇宙，幻想人类的未来生活，这说明个人的文学创造力似乎与生活条件、研究条件（比如大型图书馆、大型天文台等）无关，仅仅与其大脑的异想天开的能力有关。

其他几人的大作容我日后拜读、学习。大作《早春读周君之〈千里魁北克〉》完全是对我的鞭策和鼓励。你对我的评价当然过奖了。

周进的诗集《丹枫雪雁集》（2004） 　　周进的诗集《风流魁北克》（2011）

周进的诗集《琴瑟魁北克》（2013） 　　周进的诗集《千里魁北克》（2015）

赵：您既是植物学大咖，又是文艺男神，诗词、文章、篆刻、歌乐、翻译……都玩得转。对于跨文理学科创作，您有什么特别的感受？

周："大咖"完全谈不上，我不过就是一名普通的植物学研究者，偏重生态学，具体而言是"水生（含湿地）植物生态学"，当然有时会超出这

个范围。"男神"更是谈不上,只不过是业余爱好文学罢了。篆刻是少年时代玩的,我对歌乐(乐理)完全不通,翻译也是偶尔为之(家父倒是个翻译家)。我比较得意的一次翻译,是汉译了日本经典歌曲《荒城之月》[1],它是受托之作,被旭川市男声合唱团访问其姊妹城市哈尔滨时与中国歌唱家们同台演唱。

对于"理工男",大家可能已形成刻板印象,认为他们缺乏浪漫,不解风情。这显然是偏见,理工男中爱好文艺者大有人在。除了你上面提及的,就我亲身经历和所知而言,已故的李国平教授(武汉大学)、吴熙载教授(武汉大学)、汪向明博士(武汉大学)和钟扬博士(武汉植物研究所、复旦大学、西藏大学)等,都是理工大家兼"文艺青年"。翻开《珞珈诗词集》[2]或《桂苑诗词楹联选》[3],其作者除少数系科班出身外,绝大部分都是来自各科各系,各有所成的,写诗不过是业余爱好罢了,特别是在退休以后。

对于我的初期创作,在由"理"转"文"过程中,我确实有些感受或者说受到了某些"冲击(shock)"。比如,在论文写作时,数据95你绝对不能写成100或"百",连"约100"都不行。但在写诗时,为了炼字,你只能用"百";有时为了夸张,你还可以用"千"或"万",不信请看:"桃花潭水深千尺,不及汪伦送我情。"(李白)

再比如,通常所说的松杉柏是指松杉目下的松科、杉科和柏科植物,如果指杉为松,便是犯了比"指鹿为马"更严重的科学错误;如果发表的研究论文中出现鉴定错误,那是要被贻笑大方的。但是,在诗中,有时仅仅是为了押韵,这松、杉、柏三字便可被任意替换。当初,我在被迫进行这样的替换时,内心所受的震撼是不小的。

我以为,理工男创作文艺作品,经历的最大冲击是思维的转变:由一丝不苟、合情合理的理性思维到天马行空、不拘一格的浪漫思维的跨越。这种跨越的实现,才标志着一个"诗人"或者"文艺青年"的真正诞生。

---

[1] 土井晚翠:《荒城之月》,周进译,见周进:《丹枫雪雁集》,中文国际出版社,2008年,第40页。
[2] 张天望:《珞珈诗词集》,武汉大学出版社,2003年。
[3] 黄弗同、涂光雍:《桂苑诗词楹联选》,华中师范大学出版社,2003年。

在弘毅诗社成立的早期，我在诗社博客里发表作品时，有人曾提出我"不愧是理科生，诗里注释过多"的问题。但即使我认为注释足够多了，仍有读者反映对诗里的某些名词、某些现象看不懂，那是因为我的诗里有时堆满了关于植物、植被或地质方面的专业知识，比如《登西山 Boivin 湖层孔菌行》(2014)。那种"白云千载空悠悠"的泛泛而谈的无病呻吟的句子，我从不去写。这可能也是理工男写诗的一个特点吧。

还有，科班出身的诗人，可能受到格律、声韵或各种创作规定的限制，以及难以超越的古人佳作的影响，下笔时难免畏首畏尾，瞻前顾后。而理工男由于从未受过这些清规戒律的训练，反而"无知者无畏"，可以洋洋洒洒地表现自己的情感。再加上他们的文学创作都是业余的，不是完成任务，也不是靠它吃饭，故而少了功利性，多了真情流露。他们的创作动力和源泉是表达自己的真情实感和对生活中的美的发现。这是理工男一向的诗歌情怀所致。

周进（前排左一）等橘研究室师生（2001 年，日本旭川）

赵：以专业词入诗，还不失诗意，是个挑战。有时得换个说法，比如您把电脑屏幕，叫成"方屏"，把杜鹃花科植物莲华踯躅简称为"踯躅"，把国产白酒"水井坊"简称为"水井"，把魁北克的母亲河圣劳伦斯河缩写成"圣河"等等。这样的独创写法,比比皆是。一边受着古典诗词的限制,一边要突破限制,满足表达的需要。而为了满足读者理解的需要,自然就要加注,加大量的注。另外,读者不熟悉的人名、地名、物件、史事、活动等,也是要加注的。我参照注释时,来回翻页,是有点麻烦,但每次都有收获,略知了人事、植物、植被、地质等多方面的皮毛,又特别高兴。有个小建议:您以后用脚注,不要用尾注,您也方便,咱们读者也方便。

周:是啊,古体诗中一般用一字或两字指代某事物,我只好通过加注来解释。至于将圣劳伦斯河缩写成"圣河",张裕禾教授是不赞同的,他认为"圣河"已特指了印度的恒河(见张裕禾,"序",《果园集锦》)。看来我们以后只能称它"劳伦"了。麻烦在于,英语或法语中的人名、地名,多音节者太多了,各人翻译、缩略很难保持一致。

至于加注方式,以后改正便是。

三、随着时光的流逝,以诗记录历史的价值日益体现

赵:您说自己"三十初学诗",迄今弦歌不断。大量诗作写于到日本、加拿大以后,除了新鲜感、乡愁、怀人、爱好所致,以及师长如汪向明教授的鼓励,还有什么原因呢?

周:我想,一个文化冲击,一个乡愁(思乡),这是我到海外后作诗的初始动力。以后,随着移民生活的安定、向接纳社会的融入,我们便开始习惯了国外的生活,诗作也日渐稀少。这个时候,我们必须寻找新的灵感和创作源泉,这便是生活本身,即我们以诗的形式记录我们的生活、记录生活中的每一个感动,而不再强调用客人或者旁观者的眼光观察居住国,或者反复抒发乡愁。我们在加拿大记录加拿大的生活,就像中国人在中国记录中国的生活一样,平常而客观。这便是在地化/本土化(Localization)过程。也许它也可被称作"全球—在地化/本土化"(Globalization),因为我们在经历了东西方文化的历练之后,已具备了国际眼界和多重价值观,同时拥有"思考全球化,行为在地化"的意愿和能力。

我们还通过跋山涉水的旅游来创造生活,使之更加丰富多彩,值得回味。我怀着强烈的使命感,尽量参与并记录(以诗的形式)本地华社活动,包括千里行交游俱乐部的登山活动。随着时光的流逝,其记录历史的价值也正在日益体现出来。

周进(前排左二)参与接待哈尔滨代表团访问日本旭川(2001年)

赵:您有不少回忆在中国生活和研究的叙事组诗,像记录湖北水生植被研究的《遥忆斧头湖》(2001)、《武汉漫忆——赠黄鹏生老先生及海外武汉同胞》(2003)、记录您在湖南江永研究野生稻的《江永行》(2005)、游记《桂林印象》(2005)、记录在江西东乡研究野生稻的《赣州行》(2006)、记录加东黄莓研究的《自度曲 海居》(2006)、记录考察豆科资源的《神农架行》(2007)、记录您组织学生考察武汉大学尤其是珞珈山植被的《珞珈山植被考》(2007)、记录广西红树林研究的《北海》(2007)……

我对您 2006 年 11 月写的《赣州行》①组诗,20 首七言古体,印象尤其深刻。组诗描述了自 1990 年汪向明教授率众考察红芒野稻北限种

---

① 静水子:《风流魁北克》,中文国际出版社,2011年,第6—10页。

群江西东乡野稻后,您和师弟们于1993年到1996年执行原地、迁地保护两个课题,每月奔波于武汉、东乡和鹰潭之间。该课题不仅导致了长喙毛茛泽泻在我国的重新发现,并衍生出重大课题及一般课题,还缔结了您和武汉大学师生、中科院南京地理研究所、江西农科院同行和江西老表的深厚情谊。组诗开阖有度,结构完整。先总写江西山水、人文,"丹霞红壤碧赣江,匡庐飞瀑归鄱阳。八十年前义旗举,世殊不惊学滕王"。再分写各个考察地方的风土、友人和科考情况,如"刘家农垦红砂壤,花生柑橘丝瓜网。洪都辛辣难下咽,师傅但煮金陵汤"……看到你们以苦为乐、苦中作乐,发现中华水韭、泽苔草、毛茛泽泻、武夷慈姑种群等,由衷地为你们高兴!而当数年后再访,三日遍寻不得毛茛泽泻,最后终于在跨水系的樟塘找到,并取活苗装于饭缸内,也让我大舒了一口气,兴奋得不得了。兹录数首如下:

    水退鱼逃现异草,毛茛泽泻五纪藏。
    课题论证分歧小,专家荟萃珞珈庄。

    经年再访异草逃,三日遍查烤骄阳。
    白鹭低飞绕村寨,隔山断水到樟塘!

    吉普专运宿根土,台站挖池填客方。
    逐月监测匍茎走,金秋田鼠收种忙。

您娓娓道来,到最后一首收拢,您才点出,以上种种,其实都是您去国十多年后对旧事故旧的回忆。其事之真,状在眼前;其情之深,感铭五内。

    困苦数载借硕果,野稻研究唯我长。
    十年一瞬海外客,梦里时常回东乡。

有一点不明:为什么是"借硕果"而不是"结硕果"?读到您多首梦

回"东乡"的诗作，也让我想在有机会时到彼一游。另，我计划参与袁隆平传记的英译工作，也许以后真的要去稻田细细走一走、看一看。

周：对不起，原稿打错字了，确实应该是"结硕果"。但因上一段已有一"结"字，这里暂改为"收硕果"吧。

东乡、茶陵和江永，是我做论文蹲点了三年的地方，故事多多。三地相较而言，我最喜欢江永，但东乡和茶陵两地却更多地出现在我的梦境里，直至今日。我也不知道何解。哪天有机会，我愿意给你当向导呢，顺便我也故地重游一番，了却我不可抑制的挂念之情。

由于工作关系，我见过袁隆平院士。他还是我们武大生科院的名誉教授呢，那时他还没当院士。别看他一副老农打扮，他的英语是呱呱叫的。他的工作单位在湖南长沙，是家母的老家。你要是见到袁院士，一定替我问候他老人家，尽管他肯定不会记得我这个无名后辈。

你想到稻田走走、看看，我建议你在双抢季节下乡，顺便体会一下农民的辛苦。

赵：若拜见到袁院士，会替您问候的。谢谢您的美意和建议，有时我也为生在城里，长在书中，不知稼穑、不分五谷而遗憾……我向往现代化的农村。

周进（右一）与导师橘 Hisako 博士（左三）、佐藤雅俊（右二）和中国同行在三江平原自然保护区（2002 年）

魁中魁，进更进
——就教于加拿大魁北克的植物学家、诗家周进

周：袁院士是位平易近人的老人，见他应该不难。我最近在腾讯微视看到他在路边店理发的新闻呢，说他在这家理发店理了16年了。这家店现在成了网红。

周进（中）与学生在湖南茶陵湖里野生稻自然保护区调查（2002年）

赵：打油诗也是您的长项，应景而作，不胜枚举，语多自嘲，机智诙谐，妙趣横生。如：

种菜　赠汪向明教授

迷你菜园巴掌小，平民百姓汗水浇。

一日看它廿卅回，何惧鸦雀檩上器。

（1999年6月12日）

茶道

拭几次勺，舀几匙茶，添几瓢水，发几多泡？

转几度碗，分几口喝，言几次谢？问彼茶道。

（2001年6月2日）

独居海外

出门瞎且聋,归烤面包松。

汝竟为何事,独居洋人丛?

(2002 年 11 月 30 日)

掘芋

霜冻叶青萎,风刺球瘦环。

甘糯品非劣,北疆着实寒。

(2008 年 10 月 23 日)

酸葡萄的幸福

无财可蚀百万铢,有闲不理市沉浮。

菊黄韭绿诗稿素,老夫如何不幸福!

(2008 年 12 月 8 日)

注:2008 年,纽约股市跌过半,亲友损失惨重。投资理财专家孙可西告诉我可以进场了,然而我无钱可炒……

环游东三山

千里行 1 人登东山之伊豆山,从萌萌河右岸返,得平菇一、胡蜂窝一。时温－9 度。

雪浅显鹿蹄,林深眠熊黑。

胡蜂尽南去,留鸟闻依稀。

手杖仔细探,蒙川冻未实。

志在索新道,孤身怕犹疑。

吾本水乡客,拓殖北山陂。

面包阻肠胃,母语更难离。

魁瓜生且硬,朋友东土依。

好在天地阔,乐此永不疲。

(2017 年 12 月 18 日)

魁中魁，进更进
——就教于加拿大魁北克的植物学家、诗家周进

想来，您写时也是舒心快意、嘴角挂笑的！打油诗既要有谐趣，有诗味，还要人人都懂。过去的李白、刘禹锡、苏东坡、曹雪芹，现代的鲁迅、杨宪益……都是"打油"能手，令人钦佩，所作的诗雅俗共赏。打油诗，正如爱因斯坦给卓别林的信中写道："你的电影，世界上的每一个人都能看懂"，也显得同样伟大。您写这类诗，有什么诀窍吗？

周：哎呀，我从未思考过有何诀窍问题，都是当时有感而发；而且你上面引用的这些小豆腐块，从未有别的读者提及它们的意趣。也许敢于"自嘲"就是"诀窍"吧。除了《茶道》讽刺日本人过于刻板、形式化，《环游东三山》讽刺魁人生硬外，其余大约都是自嘲了。

不过，也不完全是这样。《打工散忆》（后称《稻粱魁北克》）组诗中记录的多是工友间的矛盾。怎样将一件不愉快的矛盾（比如吵架）描述成有美感的事情，这确实需要技巧。作为诗人（诗的写作人），他所看到的、经历的事与他周边的人（比如同学、同事、同僚、同好等）看到的、经历的事是一样的，为何他能将这些经历变成诗或文而别人不能？这是因为诗人（包括作家）都善于做白日梦（即幻想），并将白日梦展示给读者，将个人的诗意体验转化为读者（复数）的诗意体验，由此获得审美的愉悦。这便是成诗的过程或者说诀窍吧。

周进（前排右一）欢迎日本友人下田达雄先生夫妇（后排）访问魁北克（2003 年）

赵：2019 年，您的第 6 本诗集《稻粱魁北克》出版，衷心祝贺您！老铁博士在序言中评价"水子诗集具有集文学性、艺术性和记史意义为一体的特色……既是文学作品，也是一部记录魁北克华人生活的分类'编年史'。所以，我认为对于我们生活在魁北克的华人而言有着独特的意义和价值。而对那些热爱大自然、喜欢郊游爬山的朋友们来说更不失为一本辅助参考资料。"①

我也有类似感受，跟着您的诗笔跋山涉水，体会您个人和华人社团移民、生存、既融入又独立的跨文化经历，认识了不少有趣多才的学者，如英语专家您的父亲、昆虫线虫学家您的母亲、植物学家钟扬博士、遗传学家汪向明博士、日本友人日本语教师下田达雄先生、获诺奖提名的印度裔分子生物学家范·默尔西教授……我也因此认识了不少动植物（包括日本的流浪猫、忠犬八公、雪雁、"伴薄庐"的狸奴……）、城乡佳地，还有各种掌故。读后不仅深受感动，而且在知识方面甚有收获。您写得真挚、自然、多彩，不乏诙谐。1440 首诗词，组成了您独具特色的个人"诗传"，有些篇什合时事或史事而作，反映民声，针砭不公，风骨中见风趣，睿智中见忠厚，颇有特色。如：

望 乡

第二次世界大战期间，日本强掳华工来日做苦力。战争结束时，东川町华工死 88 人，合葬于岗。友好人士每年祭奠。二零零零年七夕，望乡铜塑落成。

一年一度七夕忙，遥往异邦祭国殇。
牛郎尚有织女会，劳死冤魂永望乡。

（2007 年 7 月 7 日）

再食马齿苋

小小马齿苋，伴君到天边。

---

① 老铁："序"，见静水子：《稻粱魁北克》，中文国际出版社，2019 年，第 12 页。

魁中魁，进更进
——就教于加拿大魁北克的植物学家、诗家周进

品之酸如故，记忆回从前。
当年物资少，主义比蜜甜。
书生胼手足，温饱尤可怜。
少儿挎竹篮，野菜挖旱田。
载舟覆舟者，民以食为先。

（2017年9月27日）

有的咏史诗，则沉郁哀痛，令人不胜唏嘘。如《重庆知青》(2005)、《汶川抗震》(2008)、《读岳飞传》(2010)、《读史　女谍》(2011)、《轮回士兵的战争》(2017)等。

您怎么看待自己的诗作？

周：我的诗作，不过是一介书生人生经历的记录，主要是记录个人历史，偶尔发发议论，针砭一下时政。由于移民处于母国文化和寄居国文化的夹缝中（或者说跨文化、间文化），他们看待母国的眼光和角度与国人是不同的。作为理工男，我认为我诗中表达的观点是比较客观的。

现在回顾起来，我感觉我的"读史"组诗还是有一定价值的，表达了我对这些历史的看法。其中《读史　女谍》和《轮回士兵的战争》两首，系因我意外读到了敌对双方关于同一事件的文献有感而成。这在我的阅读史上是罕见的。

四、唱和是促进诗歌繁荣的一种手段

赵：您诗作的目标读者一般是谁？谁会是它们的第一读者？

周：诗作的目标读者问题，我从未考虑过，往小了说是我的亲朋好友，往大了说是我们这一波（1978年迄今）中国移民和关心移民生活的人士，包括你。关于第一读者，似乎过去和现在都没有固定的第一读者，倒是所有的"赠诗""送别诗"，还有"少女"组诗，被赠送者成了第一读者。

赵：是的，我发现您给中外师友、家人写了不少赠诗赠词，还有唱和之作、接龙之作，如和梦中女、金一、丁庄、贺铿等。其中，与墨瑞等互和

271

周进（后排左二）参加诗友喜子（后排左一）家宴（2004年3月）

的数首四言诗，以"梅子青时"为题并开头，每首24句，江阳韵，流丽宛转，晓白动人。无论唱和，偶数句最后一字必须一一对应并且基本不变。这是你们自创的诗题和写法吗？还是古已有之？

梅子青时　竹　和墨瑞等

梅子青时，竹冲林上
自幼失怙，难着春妆
初获通知，心如鹿撞
学费难筹，债多不慌

寒衣素食　人世炎凉
潜心钻研　学显名扬
匡庐云海　未掩新篁
温泉水滑　凝脂溢香

同窗四载　情露结霜
湖夜月　别泪成觞

渐行渐远　偶梦长江
海外廿年　情丝未央

（2009 年 12 月 13 日）

附：梅子青时　墨瑞

梅子青时　我在枝上
芳菲待染　欲为君妆
闻君足音　心如鹿撞
绊君衣袂　珠泪惊慌

十指尖兮　玉肌生凉
巧笑倩兮　星目飞扬
为君解系　不损新篁
与君同去　伊人馨香

溪自无言　露自成霜
风过叶眉　恸极无筋
春行渐远　倒寒愁江
此情化雨　落夜中央[①]

（2009 年）

周：诗人间相互唱和是促进诗歌繁荣的一种手段。当年墨瑞发表《梅子青时》，勾起了我对 20 多年前初恋情人的思念，于是成此篇，以"梅子青时"作为词牌，隔句步韵。这是我们自创的写法，有点儿文字游戏的味道，但内容是实的。后来还有几首，都是这个模式。其实，在唱和过程中，我们还自创了若干"词牌"，如"轮回""长相思"等。但唱和太多，容易陷入相互吹捧的境地，我们应该警惕。

---

① 静水子：《风流魁北克》，中文国际出版社，2011 年，第 3—4 页。

周进(中)在石棉矿市(Thetford Mines)登山途中(2018年9月)

五、像许渊冲教授那样能在中、英、法语中自由翱翔的大家,实在太少了

赵:您的作品有无翻译成英语、法语、日语等外语,让非汉语人士读到呢?您发起的弘毅诗社、千里行交游俱乐部,有没有和当地非华人人士进行过交流?

周:我有三首诗作被译成了英语,我还创作过一首法语诗、一首日语俳句(遗失)。但是,诗的翻译与散文、小说的翻译不同,很难保证译文既忠实于原文的内容,又保持诗的韵律。这个难点使我们很难与外国同好们交流。千里行虽然时有非华人参加,但他们并非诗人,更不懂中文,我们之间无法交流汉诗。我们与个别的魁瓜诗人、艺术家有过交流,但与当地的魁瓜诗社没有联系。这是我们的短板,相信也是加拿大华人诗社的短板。

在这一点上,北美人士很不同于日本人士:后者可以无障碍地阅读繁体字的汉诗,诗的意思甚至意蕴,他们都能理解得透彻,仅仅是发音不同而已。所以,当年我与日本友人的汉诗交流要多得多。

赵:您被英译的三首诗,能提供中英两个版本吗? 还有您写的法语诗,法语原文版的和翻译成中文版的。比照读读,各显千秋,也蛮有意思的……

周:三首被英译的诗分别是《异域元夜》(2003)、《下涂鸦山》(2012)和《首唱茉莉花》(2013)。前两首译文只是对内容的翻译和解释,没有押韵,因而失去了诗味,就不在这里献丑了。只有这第三首的译文,略体现了押韵,现引用如下:

首唱茉莉花

香肩负担沉,坎坷渡洋西。

阴霾一扫"茉莉花",信有天亮时。

(2013 年 4 月 10 日) [1]

附英译:

Plum Sang *Jasmine Flowers* for the First Time

On your weak shoulders burdening heavy loads,

You crossed over to the west coast of the Ocean cold.

Jasmine Flowers swept away the haze from your eyes,

It is finally dawn so nice.

通过英译实践,我感觉到先写出中文诗再翻译成外文不是办法。要写外文诗,必须在开始时便抛弃中文,直接用外文构思。我的唯一法语诗 "Mon Pays"(《家园》)便是这样来的。但是,完成它太费时间了:如果写一首中文诗要 30 分钟的话,那么一首等长的法语诗则花了我大约两周的时间,原因是我需要请我的志愿法语女老师 Jacinthe 校正法语,而她需要了解我的精准想法。

---

[1] 静水子:《果园集锦》,中文国际出版社,2016 年,第 98 页。

Mon Pays

Jingshuizi et Jacinthe Trepanier

Mon pays, c'est un diamant sur l'océan atlantique,

Avec un couvert de neige, il dirige la danse des nordiques inselbergs,

Comme le voyage inaugural, pourrait en témoigner la tragédie du Titanic.

Pendant le carnaval d'hiver, des hommes de fer rament entre des flottants icebergs.

Mon pays, c'est un porte-avions sur un terrain verdi,

Il irradie paix et justice vers le monde avec charme.

Dans le Château, des hommes auraient décidé du Débarquement en Normandie.

Pendant le festival d'été, les artistes jouent de la musique et dansent sur la Place d'arme.

Au printemps, il est comme un blé d'inde trempé dans le miel que l'on touille,

Dans les bois, des indigènes chantent et boivent quand le sirop d'érable bouille.

Le poisson blanc monte la rivière et se reproduit.

En automne, il est une montagne de flammes avec une riche faune,

Car les feuilles d'érables sont rouges et celles des bouleaux jaunes.

Les oiseaux des neiges viennent se nourrir dans ce paradis.

(2012年11月18日)[1]

---

[1] 静水子:《果园集锦》,中文国际出版社,2016年,第94—95页。

魁中魁，进更进
——就教于加拿大魁北克的植物学家、诗家周进

由于这首诗是直接用法语写的，故没有中文版。现在既然你提出了要求，我只好试着翻译一下：

家　园

钻石自镶大西洋，
领舞群峰冻北疆。
铁人竞舟流冰破，
目睹泰坦处女航。

航母永驻绿洲床，
散发和平正义光。
古堡闲议诺曼底，
既胜举城喜欲狂。

蜀黍拌蜜思感恩，
踏歌伴酒木糖香。
古潭秘，
胭脂上溯产卵忙。

火焰山冷享秋阳，
霜染枫红桦叶黄。
熊未眠，
雪雁育肥来天堂。

（2019 年 12 月 7 日）

诗中"钻石""航母""（玉）蜀黍"和"火焰山"分别是对魁北克台地冬、夏、春、秋季形象的比喻。第二段讲述了1943年盟军在此决定诺曼底登陆、反击德国法西斯的历史(1943—1944 年，美国总统罗斯福、英国首相丘吉尔、加拿大总理麦肯齐及总督阿特隆伯爵曾在此会晤，密商1944 年 6 月的诺曼底登陆计划）。"胭脂"指胭脂鱼。由于原诗是古典

十四行诗,为照顾汉诗的习惯,翻译时在第三段、第四段各加了一个短句,使之成了四段十六句诗,几乎是再创作了。我深感,翻译太难了,像我国许渊冲教授那样能在中、英、法语中自由翱翔的大家,实在是太少了。

赵:您的法语诗是现代诗,我试着把它翻译成汉语的现代诗。要内容、形式、诗歌之美……全部保留,也不那么容易。姑且抛砖引玉吧。

我的家乡
静水子、Jacinthe Trepanier

我的家乡,是一颗钻石闪耀在大西洋,
他披着雪袍,潇洒领舞在北疆,
他见证了泰坦尼克号悲剧的处女航,
还有铁人勇士,在冬季狂欢节的浮冰间竞舟破浪。

我的家乡,是一艘停泊在绿洲的航母,
他以魅力照亮世界的和平与正义之路,
几国的巨头在古堡里把诺曼底登陆共商,
艺术家在夏季节日的兵器广场奏乐跳舞。

春天,我的家乡是一粒浸透蜂蜜的印第安麦子,
当枫树流溢糖浆,当地人便在林间畅饮,歌唱,
胭脂鱼也开始洄游在漫漫的繁衍路上。

秋天,我的家乡是一座鸟兽群集、如火艳丽的山峦,
枫叶彤彤红,桦叶灿灿黄,
雪雁络绎来此天堂养得膘肥体壮。

周:哈哈哈哈,多谢你费神弄出了这个现代诗译本!总体来看还是不错的,表达了原诗的意味。不过,pays有两个含义,一是"国家",一是

"家乡"。原诗指的是我的家乡,特指我生活了十年(写作当时)的魁北克市。另外,按照中国文化的习惯,应该用"她"而不是"他"来指代美好的事物吧?

赵:受原文 il(阳性代词"他")的影响,就翻译成"他"了。好在"他"可以表示美好、辽阔、有力的意象。当然,用"她"也可以。

赵:我去许老府上请教过。他翻译诗词,以"三美"而闻名。"三美"即"意美、音美和形美"。把杜甫的"无边落木萧萧下,不尽长江滚滚来"翻译成 The boundless forest sheds its leaves shower by shower; The endless river rolls its waves hour after hour.),把柳宗元的《江雪》(千山鸟飞绝,万径人踪灭。孤舟蓑笠翁,独钓寒江雪。)译成:

Fishing in Snow

From hill to hill no bird in flight;

From path to path no man in sight.

A lonely fisherman afloat

Is fishing snow in lonely boat.

把毛泽东的诗《为女民兵题照》中"不爱红装爱武装"一句翻译成 To face the powder and not to powder the face,等等,皆是广为传诵的许氏神译,浑然天成,音韵和谐,给人以莫大的精神享受。

但我不得不承认,中诗外译、外诗中译都是巨大的挑战,也蕴含着无穷的乐趣。因为语言本身、文化差异、诗律要求、受众审美等多重因素,原诗和译诗完全对等是不可能的。然而,正如王安石所说,"尽吾力而不能至者,可以无悔矣"。您上面的译诗和原诗相比,总体来说,还是原诗更出色。可能您也有类似感受吧。

周:我从拉瓦尔大学的图书馆借阅过许老法译的《中国古诗词三百首(上、下)》(300 *Poèmes Chinois Classiques*)(北京大学出版社,1999)呢。对我而言,许老是中国翻译界的大神,我永远也不可能企及。我目前还是集中精力把中文创作搞好吧!

赵:对于加拿大英语、法语、汉语等语种的作品,您感兴趣的作家、能不能说一说？

周：我对加拿大英语、法语出版界了解不多。我的大量英语版图书，不幸都是专业书籍。张戎（Jung Chang）的 *Wild Swans: Three Daughters of China*（《鸿：三代中国女人的故事》）我读过，不过她是英国作家。加拿大应晨的法语版小说我买过几本，可惜由于我的法语能力不够，一直就没有读完。我手头还有本 La Fontaine 的 *Cent Fables*（《寓言百首》，1963），都是押韵的法语古典诗，可我还是欣赏不了，也就不能通过阅读它获得快感。

汉语版方面，我喜欢艾米的《山楂树之恋》（江苏文艺出版社）、紫云的《女人一枝花》（北方文艺出版社）和老牛的《印第安悲歌》（中文国际出版社）等。大多是先读了作者的博客连载，后待出版后又读书的。《山楂树之恋》还被张艺谋拍成了电影呢。哦，对啦，听说由张翎编剧、冯小刚导演的新贺岁片《只有芸知道》马上就要上映了。他俩合作的电影《唐山大地震》我也看过，看来张翎是位很有潜力的多伦多作家。

由于地缘原因，我对温哥华的汉语作家完全不了解，对蒙特利尔的魁北克华人作协就很熟悉，经常浏览他们的网站。他们当中有不少杰出人才。

六、我们的宗旨是以诗会友，固守我们的精神家园

赵：弘毅诗社有12年历史了吧，与魁北克华人作家协会、魁北克中华诗词研究会，是加拿大魁北克省三个主要的华文文学团体。能不能介绍一下弘毅诗社的宗旨、日常活动和现状？

周：对，弘毅诗社是2006年在魁北克市成立的。我们的宗旨是"以诗会友，固守自己的精神家园"。

诗社专门的诗会组织得不多。2017年4月9日，为配合诗社成立十周年纪念的《果园集锦》出版发行，我们召开了在魁作者参加的新书发布会（暨第二次诗会），并请法国文学专家、魁北克文学专家张裕禾博士教授做"海外华人文学的定位"的报告。诗集发行到了包括中国大使馆和市政府在内的相关机构和部门。诗集的发行确实引发了本地华人

魁中魁，进更进
——就教于加拿大魁北克的植物学家、诗家周进

圈诗歌创作的高潮、新人入会的高潮。

诗社的活动与登山俱乐部的活动实现了完美的衔接，即诗友们多数也是登山俱乐部的成员，他们在登山后，以诗的形式表达自己的感受，时有唱和。这样的活动以每周一次的频度进行，目前已维持了八年。

关于发表诗作的阵地，我们没有蒙特利尔、多伦多或温哥华华人诗社的有利条件——他们拥有华文报刊，我们没有。除了维护〈文学城〉博客外，2018年12月我们开通了弘毅诗社的微信群。目前有活跃成员30人（累计会员约70名）。由于移民的流动性特点，诗社会员的流动性也很大。诗社需要补充新鲜血液。

周进（左一）与诗友在阿兹托克山顶（2018年9月，石棉矿市）

赵：新年在望，讲讲对未来的期望，可以吗？

周：至于对于未来的期望，我想个人方面还是尽量保持创作热情，尽量以三四年出版一本诗集的节奏维持下去。在诗社方面，一方面应加强诗社活动，增加唱和；另一方面要争取与本地法语诗社取得联系和交流。据我所知，三河市每年都在举办诗歌节，也许我们将来也会去参与。

赵：多谢拨冗赐教，乘兴而谈！

周:不客气！你的访谈促使了我回顾一生的经历,陪我度过了难挨的魁北克漫漫冬夜。是我应当感谢你呀。

赵:请允许我以一首拙诗聊表此时所感、所谢,以及对弘毅诗社文友们的美好祝愿：

梅子青时　赠远

梅子青时　忆君山上
雪雁翔集　丹枫盛妆
朔气渐深　流凌暗撞
菊隐梅笑　熊眠勿慌

斗雪飞橇　何惧寒凉
银岭逶迤　琼瑶漫扬
叮叮新铃　依依旧篁
既见君子　仙袂益香

绿醅红炉　目星鬓霜
天地安寄　国泰无殃
他乡吾土　万涓归江
甲子伊始　长思未央

周进说,他的照片很多,可能数万张,但95%是植物、植被、风景、古迹等,照人物的很少,照他本人的就更少了。在大忙的圣诞节前夕,他千里挑一,选出近百张来配访谈,但因为篇幅有限,只能登出极少数。他还通过微信,分两次把我们的访谈稿,一个字一个字,读给他母亲听,总计一个半小时。老人家年近九十了,在武汉,他则远在魁北克。他的朗读,在母亲耳朵里,一定是这岁末寒冬最暖和最贴心的天籁,宛若小草对三春晖的呼唤。

加拿大华裔英语文学的开拓功臣
——朱蔼信生前访谈

作家简介：

　　朱蔼信(Jim Wong-Chu，1949—2017)，出生在中国香港，加拿大邮递员，英语诗人、编辑。著有英语诗集《唐人街魅影》(*Chinatown Ghosts*)，参与主编了开先河的加华英语文集《不可剥夺的稻米》《多嘴鸟》、诗集《云吞》、小说集《敲锅》等。20世纪70年代，在温哥华创建"加拿大亚裔作家工作坊"(Asian Canadian Writers' Workshop)，设立"加拿大亚裔作家工作坊文学新人奖"(ACWW Emerging Writers Award)，扶植加拿大土生华裔英语作家，为其日后获得加拿大文学最高奖如总督奖，起到了积极作用。他总编的工作坊月刊《米纸》(*Rice Paper*)已发行20年，是一览加拿大亚裔文艺动态的最好窗口。

　　担任过加拿大华人英语广播节目"片打街男孩"(Pender Guy)的播音员，也是第一位举办个人摄影展的华裔作家，加拿大媒体将他和以镜头记录温哥华风情的著名德裔摄影家弗莱德·赫左格(Fred Herzog)相提并论。2017年病逝后，"加拿大亚裔作家工作坊文学新人奖"更名为"朱蔼信文学新人奖"。

访谈时间： 2015年3月
访谈形式： 笔谈
访谈语言： 英语

一、邮递员作家

　　赵：您的第一本诗集为什么叫《唐人街魅影》？怎么解释您作品中鬼和幽灵的存在？

　　朱：我诗中和题目的鬼都和记忆有关。人去世后，或事情发生后，能唤起记忆的唯一方式，通常是念叨那个人的名字，或者是复述那件事情。

　　赵：您参与主编了几部开先河的加拿大华裔英语文集，提供了大作。怎么想起编文集的？

朱：《多嘴鸟》是小说集，诗歌内容太少了，所以就有了诗歌专集《云吞》。《敲锅》收录了一些新小说，反映加拿大华裔写作的变化。

左起：加拿大的首部华人英语文集《多嘴鸟》(*Many-Mouthed Birds*，1991)、首部华裔英语诗集《云吞》(*Swallowing Clouds*，1999)、首部华人英语小说集《敲锅》(*Strike the Wok*，2003)

赵："片打街男孩"(Pender Guy)①是加拿大第一个关于该国华人的英语广播节目，您担任这个节目的播音员，请问以白人为主体的听众，对这个节目有什么感受？

朱：我们无法知道这个节目有没有听众，更不知道他们的感受。但是，我们在社区几个地方多次做过直播，效果非常好。这个节目已经存在档案馆，查索收听的人还不少，尤其是学者和从事加拿大亚裔研究的学生。

赵：您是加拿大邮政的全职邮递员，却为加拿大亚裔群体的文学和文化繁荣付出那么多，令人惊异。您的邮递工作是什么样的？穿着邮政制服，骑车送信吗？

朱：对啊，我有一套制服和一辆自行车，骑车送信。我看能不能找到照片给你看。我挨家挨户，送信上门。邮递工作不费什么脑筋，我就有时间考虑写诗，写文章。业余时间，我几乎全部投入了文化活动，我构想什么，就能看见什么。我有诀窍，想象出一些事情，然后，让它发生。这对我来说，轻而易举。

---

① 片打街(Pender Street)是温哥华唐人街的一条主要街道。

加拿大华裔英语文学的开拓功臣
——朱蔼信生前访谈

朱蔼信(右)在温哥华家中接待加拿大艾伯塔大学东亚系梁丽芳教授(作者摄)

二、创建"加拿大亚裔作家工作坊"

赵:"加拿大亚裔作家工作坊"创建于 20 世纪 60 年代末、70 年代初,最早成员有华人社区活动的积极分子,后来成了作家。这个工作坊取得了不少成绩:开展写作培训,出版文集,成立读书俱乐部,辅导文坛新人,进行一对一手稿修改,每年举办读书活动,并在埃德蒙顿市和多伦多市设立了分会,还创立了"加拿大亚裔作家工作坊文坛新秀奖"。工作坊出版亚裔文艺杂志《米纸》,而您是该杂志的创始人。请讲讲您多年前是怎么创建这个工作坊的。

朱:以前,有一段时间,我们许多人都发表了作品,当然非常兴奋。我们做了一些调查,发现我们竟然是最早用英语发表作品的华人。我们要想在写作生涯更上一层楼,还必须做更多事情。我们想到其他人,为了帮助他们,我们开始辅导文坛新人,尽我们所能了解出版过程。有了这方面的新知识,我们创建了"加拿大亚裔作家工作坊"。

赵：您这个工作坊，是由一群志愿者运行的非营利组织。如果不介意的话，能否介绍一下它日常都怎么营运，资金从何而来。

朱：作为非营利机构，工作坊的确需要很多钱，开展各个项目。我们募捐筹款，请志愿者帮忙。但是，《米纸》杂志、新组织的亚裔文学节，申请到了加拿大委员会和加拿大传统的公共资金和拨款。

赵：维持工作坊，让它欣欣向荣，您面临的最大挑战是什么？

朱：最大的挑战是，怎么让工作坊与时俱进，适应时代的需要和要求。自从20年前开办它以来，发生了很多变化。当年，只有我们几个人用英语写作；现在，有一批作家，足以形成加拿大文学的一个门类。现在，我们的使命是培养新一代作家。早年的一代作家创造了加拿大华裔文学的经典作品，大多是回顾华人的过去。新一代已经没有那个需要了，他们在探索自我表达的新路数、新途径。我们为什么创立"亚裔文学节"，原因就在这里。这个文学节的首要目的，就是召集已经出版过作品的作家，参加工作坊，鼓励新一代的文学新人。不久要开始的这个文学节，主要是关于幻想和科幻写作。

赵：我同意您的看法。加拿大华裔早期的写作主题相似，大多关于加拿大华人的历史、家史、唐人街之类。一些用汉语创作的华人移民作家，也致力于在文学上重建加拿大华人的历史。他们的写作传统、现实。此外，我也注意到，不管加拿大华人用什么语言创作，创作的主题、内容和风格越来越多元化了。比如，黎喜年和陈泽桓，您可能认识，是加拿大英语作家，都创作了不错的幻想和科幻作品，穿越到未来，没有什么族裔方面的关注。刘绮芬的作品以强烈的当下感为特征，很难看出她的人物有什么文化或族裔背景。从这个角度讲，我相信，您这个工作坊做得很出色，展示了不同作家，尤其是文坛新人变化着的需求和想法。

赵：加拿大主要的华人英语作家，其作品我都读了，比如弗莱德·华、崔维新、李群英、郑霭玲、黎喜年、陈泽桓、李彦、赵廉等，还有像王锦儿、胡功勤、方曼俏等新秀。让人惊讶的是，他们很多人都和加拿大亚裔工作坊有联系。他们怎么看工作坊对其文学发展的作用？

朱：每位成功者都知道，自己受惠于集体之力。有机会时，他们就帮助发展文坛新人。这是我们共同的特点。

赵：2014年10月9—12日，"亚裔文学节"在温哥华举办，这是环太平洋加拿大亚裔作家的盛会，有13位重要作家进行了作品朗读，参加讨论会和工作坊。您在演讲中说："加拿大亚裔作家工作坊，始终不渝地以帮助新人为使命，我们想开辟新的写作天地。"您这段话令人振奋，不仅概括了工作坊以往的成绩，而且对未来很有打算。那么，在您的眼中，工作坊的未来是什么样？

朱：未来取决于大家的意愿，大家提供新想法，开展新活动，来影响工作坊的发展方向。我们启动的活动之一，是重新推出"加拿大亚裔作家工作坊文学新人奖"。真正的加拿大华裔文学是包罗万象的，汇聚不同方向的不同声音，视角富有变化，写作类型也是多变的。我最大的愿望是，有朝一日，不再需要这个工作坊去当捍卫者或导航灯。

2018年9月21—23日，"亚裔文学节"在温哥华举办，11位加拿大亚裔作家出席，包括夺得总督奖和吉勒奖（加拿大两项最大文学奖）的首位华裔作家——邓敏灵

三、身为加拿大华裔，意味着什么？

赵：2014年9月25日到10月18日，您在温哥华当代艺术国际中心举办题为"人们、地方和政治"的摄影展，展出了您在1973年到1981年间拍摄的几百幅照片。英语大报《温哥华太阳报》把您和著名的德裔加拿大摄影家弗莱德·赫左格（Fred Herzog）相提并论，后者在二战后

287

移民加拿大,用相机记录了二十世纪五六十年代温哥华的市井百态。报上同一篇报道说您从不"偷拍",为什么?

朱:唐人街是旅游景点,人们来拍拍照,买些纪念品带回家。大部分人拍照时,不问被拍人是否同意。我需要了解被拍的对象,会征求他们的同意。然后,我送给他们照片,照片属于他们,不属于拍摄者。

赵:您在北美和中国往来,对华人的整体印象如何?有国家或地区差异吗?中国人(含港台地区)在方言、风俗、习惯、文化等方面千差万别。

朱:在海峡两岸暨香港,华人占主体。离开那里,我们自称为"海外华人"。海外华人,尽管散居全球各地,都有共同的传统和经历。我在中国时,谈到这个,发现很难说清这种同一性和内涵,大部分人,尤其是学生,想不到这些。

赵:您介意谈谈您的家庭吗?

朱:不,我是纸儿子。[①] 我在加拿大长大,而我血缘上的家人在香港。

赵:几乎所有人都会问"我是谁?",作家也不例外,尤其是容易陷入文化冲突的族裔作家。您在美国各种各样的华人餐厅度过了童年和少年,20世纪60年代末回到温哥华,我发现您在那时经历了身份危机。用您的话讲,就是"经历了一场洗脑的身份危机,从此开始了精神上的寻求"[②]。这场危机是怎么发生的?现在,加拿大华裔对您意味着什么?

朱:我在加拿大成长时,受到嘲笑,说我不属于这里,我是另类。这样的例子很多。我从没完全理解这是什么意思,直到来到温哥华,发现了温哥华的唐人街。这是第一个让我自在的地方——没人对我评头论

---

① 加拿大《排华法案》实施的 1923—1947 年,通过买卖证书冒名入加的移民手法,曾是当年华人圈内心照不宣的秘密。唐人街出现了"纸家庭",新来者可能和原家庭成员之间毫无血缘关系,其真实身份是"纸儿娘""纸儿子""纸叔叔"之类。1960 年,加拿大政府推行大赦计划,让非法移民自首,更正身份,有 12000 个在加华人承认以假文书移民加国。(潘铭燊:《加华心声录》,温哥华:枫桥出版社,1990 年,第 55 页。)

② 朱蔼信:《自传》,见《云吞:加拿大华裔诗集》,阿森纳帕尔普出版社,1999 年,第 273 页。[Jim Wong Chu, "Biography," in *Swallowing Clouds: An Anthology of Chinese Canadian Poetry* (Vancouver: Arsenal Pulp Press, 1999), p.273.]

加拿大华裔英语作家李群英（左）、朱蔼信（右）和作者（中）参加在广东外贸外语大学举办的加拿大研究会议（2013年9月）

足，没人告诉我不属于这里。我后来在旧金山经历了美国亚裔争取权益的运动，旧金山是黑人运动和美国亚裔运动的起源地，身份意识更明确了。自我认同的观念，意识这样的词语，是我开始自我发现的关键词。

2017年朱蔼信病故，英文遗著《唐人街魅影：朱蔼信诗歌摄影集》（*Chinatown Ghosts: The Poems and Photographs of Jim Wong-Chu*, 2018）出版，内含了加拿大众多亚裔英文作家，如余兆昌、李群英、弗莱德·华、格伦·迪尔等对他的致敬

赵：如果让您定义一下自己，您会怎么说？

朱：我是一名文化工程师，帮助打下基础，搭建框架，建造文学之家。

朱蔼信出生在中国香港，四岁时以"纸儿子"的身份移民加拿大，也就是说，他冒充了别人家的孩子来到了加拿大。通过买卖证书冒名入加的移民手法，曾是当年华人圈内心照不宣的秘密。唐人街出现了"纸家庭"，新来者可能和原来家庭成员之间毫无血缘关系。1960年，加拿大政府大赦，让非法移民自首，有一万多在加华人承认以假文书移民加国。朱蔼信也是长大后才慢慢了解到自己的真实身份。

(部分载于《加华文学》2021年2月15日，第260期)

附录 1：
加拿大华人文学的概貌及其在中国的接受

摘　要：加拿大华人文学有 150 多年的历史，具有跨语种的特征，由加拿大华人创作的汉语文学、英语文学、法语文学和双语文学构成。在汇总大量原始文献的基础上，本文结合中加关系史，以及加拿大的文化和族裔政策，分语种揭示了加华文学独特而多元的概貌，梳理出其在中国的翻译和接受过程。本文也评述了现有加华文学研究的概况，并对今后的加华文学研究做出了翻译和研究视角上的补充。

关键词：加拿大，加拿大华人文学，跨语种，中国，接受

自 19 世纪中叶华人到加拿大淘金，华人就参与了加国的建设。[①] 虽然早期华人的生存历史充满了屈辱和艰辛，但其后代业已以"加拿大人"自居，用英语、法语、汉语或双语进行创作。近几十年，华人从中国（含港澳台地区）、东南亚、美国等地移居或移民加拿大，使得华人成为加拿大除英、法两个"立国民族"之外的最大少数族群。

据加拿大国家统计局（Statistics Canada）公布，截至 2021 年 10 月 1 日，加拿大总人口为 38436447，超 3800 万，拥有 200 多种族裔。华人近 180 万，约占全加拿大人口的 5%，以安大略省和不列颠哥伦比亚省为最多，分别有华人 85 万和 54 万。和上述二省相比，华人总人口排名第三的魁北克省的华人则相对较少，约 12 万人。[②]

在加拿大，华人主要聚居在多伦多、温哥华、蒙特利尔、渥太华、埃德蒙顿、卡尔加里温尼伯等数个大城市，尤以多伦多和温哥华二市华人最为集中。多伦多是加拿大华人最多的城市，有 70 万华人，约占全市

[①] 据加拿大学者 Anthony B. Chan 在《金山：新世界里的华人》(*Gold Mountain: The Chinese in the New World*, 1983) 一书中记载：中国人最早进入加拿大是在 1788 年，有 50 名中国工匠随米尔斯船长开辟了广州与温哥华岛努特卡湾（Nootka Sound）之间的皮毛贸易，在当地建房定居，与土著妇女通婚。但大规模华人进入加拿大是在 19 世纪中叶以后。

[②] 加拿大统计局，http://www.statcan.gc.ca, 2021 年 12 月 16 日，2021 年 12 月 20 日访问。

总人口的12%。温哥华是加拿大华人比例最高的城市,有50万华人,约占全市总人口的20%,一跃成为该市最大的少数族群。温哥华曾拥有继旧金山之后的世界第二大唐人街。在大城市的华人聚居区,如温哥华的列治文(Richmond)和多伦多的士嘉堡(Scarborough),通用中英双语标识,具有中国风情的饭馆、超市、商店和购物中心比比皆是。温哥华因为聚集着大量的香港移民,甚至有"香哥华"(Hongcouver)之称。在魁北克省,华人主要居住在蒙特利尔,共10.9万,约占该市410万总人口的2.7%。

因此,汉语(包括粤语等方言、普通话)在加拿大,是除英语、法语外,使用人数最多的语言。

一、加华文学的跨语种概貌

1. 加华汉语文学

加华汉语文学方面,其滥觞,可溯至19世纪中后期访加中国名流的诗文。19世纪中后期,维多利亚和温哥华先后成为加拿大华人最大的聚集地。到访的中国政坛和外交名流,如黄遵宪、康有为、梁启超、孙中山等,都留下了富有文史价值的文字。1882—1885年,黄遵宪任清廷驻旧金山领事,到访加拿大,与当地华侨诗词唱和,著有五言长诗《逐客篇》。1899—1904年,康有为数次到达加拿大,写下30多首古诗和700余字的《加拿大游记》。戊戌变法失败后,梁启超在避难日本期间,于1903年到访加拿大,创办了该国首份中文报纸《日新报》,并写下十万言的《新大陆游记》。1897年、1902年和1911年,孙中山为革命筹款,三次到访加拿大,其慷慨激昂的演说点燃了加拿大华人捐助革命的火种。

早期的加华文学还包括华人刻在海关羁留所墙上的诗歌即"先侨壁诗"。当时,华人多从温哥华岛上的维多利亚入境,须在羁留所接受苛刻的检查,有时长达数月之久。据在那受押3个月的杰克·李讲述:"我们被当作罪犯,窗户上有栏杆,要点名,睡觉也要点,定时睡觉、起床……华人把这地方叫作'猪仔屋'……吃得很差,一般就是汤,他们用做过汤的肉,掺些蔬菜,再给些饭……羁留所里很吵,火车整天开来开去。"①而同期的欧洲移民却享受着加拿大政府给予船资和土地的优渥待遇。他们刻在检查站墙上的诗歌反映了他们的悲惨遭遇和愤懑,真切再现了穷苦华人结伴出洋、旅途九死一生、来加被拘"猪仔屋"(华人对移民检查站的称呼)等多方面史实,被视作"华文文学登陆加拿大最早最有力的证据"②。现举数首为例:

独坐税关中,心内起不痛,
亦因家道贫,远游不近亲。
兄弟来到叫,只得上埠行,
黑鬼无道理,唐人要扫地,
每日食两餐,何时转回返。

(辛亥七月十二日李字题宁邑)

清贫调　抄李白清平调

穷想金钱困牢笼,遍舟倨颔浪万重,
若非勤为天财就,会向中华家下还。

一心只望来金山,
谁知金山穷艰难,
困入监房眼泪流成行,
妻子在家望信番,
谁知三冬二秋转回唐。③

从19世纪中后期起,活跃在华人社区的多个剧社,如祝民安班、太平班、庆丰年班、祝华年班、祝升平班、乐秋千班、如意班、醒群社、现象

---

① 余兆昌:《咸水埠,温哥华华人图史》,道格拉斯 & 麦肯特出版社,1988年,第53页。[Paul Yee, *Saltwater City: An Illustrated History of the Chinese in Vancouver* (Vancouver: Douglas and McIntyre,1988), p.53.]

② 梁丽芳:《黄遵宪、康有为、梁启超和加拿大华人文学》,见《华文文学》2013年3期,总第116期,第58页。

③ 黎全恩:《猪仔屋昔日:华人抵加后的"监狱"》,见《加华新闻》,2006年8月5日。

293

社、国民钟社、崇义剧社等,上演传统的粤剧和新兴的白话剧。在当时华人被主流社会排斥的情况下,这些剧团活动增强了华人的凝聚力,缓解了华人的乡愁,促进了唐人街的自我管理。他们参与致公堂和同乡会庆典、阅书报社开幕、华校兴建、商号开张、国内赈灾、婚丧嫁娶等各种活动。更重要的是,华人心系祖国安危,通过剧团演出,宣传了推翻帝制、抗击外侮的革命主张,并为之大力募捐。这些剧团的演出及其剧本,不啻构成了加拿大华文文学的早期成果。

梁启超《新大陆游记》,1904年由新民社印行,书中含梁启超在美国波士顿的留影

1944年,加拿大华人演戏筹款抗战(加拿大国家档案馆)

另外,加拿大的华人报刊也承担了播撒汉语文学的使命。例如,历史悠久的《大汉公报》(1907—1992)上,先后辟出《大汉公报丛录》《汉声》等文学版面,集中刊载了大量体裁丰富、雅俗并存、感时论事的作品。在这些戏剧、剧本、诗词、小说等作品中,不乏"带有岭南特色的班本、粤讴、谐文、滑稽谈、谐诗、木鱼、南音等文学类别"[①]。仅就旧体诗词而言,该报从1917年开始有文学版面到其在1926年改版,十年期间,诗词累计五六千首,洵为丰盛繁茂。在上百位作者中,出现了颜志炎、甄雨泉、林筱唐、林仲坚、宋瑞年、刘希楷、骆仲约、宋卓初、黄笏南、庄绁秋、马浩良等多位优秀诗人,还有像碧荷、何若莲这样的女性诗人。1957年,《大汉公报》出版《诗词汇刻》,收录竟逾3000首,绝大数作者来自加拿大、美国,少数来自拉美地区。此外,办刊时间长短不一的多种中文报刊,如当地华人自办的《禹声月刊》《侨声日报》《新民国报》等,也或多或少地成为培育早期中文读者的土壤。

20世纪80年代,有着港台地区背景的《明报》《星岛日报》《大公报》《世界日报》进入加拿大。2000年前后,随着中国移民的激增,加拿大中文报业迅猛发展,涌现了温哥华的《神州时报》《环球华报》《大华商报》《加中时报》和《华侨新报》,多伦多的《大中报》和《北辰时报》,蒙特利尔的《路比华讯》《蒙城华人报》《七天》,渥太华的《新华侨报》,温尼伯的《缅省华报》《越缅寮华报》等多家中文报纸。这些中文报纸的文学副刊,犹如一片片让加拿大华文文学滋养壮健的原野,新芽得以呵护,老树更见繁茂,花草竞相吐芳。

比如,1990年《大汉公报》刊出加华作协主办的"加华文学"专版,共10期。2000—2003年移师《星岛日报》,共刊出35期后暂停。从2003年5月到2005年9月,《星岛日报》副刊开辟了加华作协主编的"枫雪篇"专栏,在不到三年时间内,就有40多位作者发表了500多篇,近30万字的小品文、散文和杂文。2006年,在《环球华报》上,"加华文学"专版复出,迄今已刊出240多期。

《大华商报》在2008年始载的大华笔会主办的"作家文苑",为每周一期的文学副刊,迄今已刊出约400期。另有《文苑诗坛》每月一期,已刊出约60期。两者发表累计百万字。即便是在华人比例相对较小的

[①] 梁丽芳:《试论岭南人对加拿大华文文学的起源及其形成贡献》,见《世界华文文学论坛》2010年第3期,总第72期,第3—8页。

加拿大法语区——魁北克省,当地中文报刊亦辟有文学版面。从1997年起,在蒙特利尔最大的中文周报《路比华讯》上,设有魁北克华人作家协会主编的文学专版"笔缘",迄今已出1000多期,600多万字,作者100余人,堪称魁北克省为期最长、产量最丰的华报文学副刊。《蒙城华人报》上有魁北克华人作协主编的《红叶》副刊,偏重新诗、文化随笔和纪实散文,迄今已出150多期,约60万字。

自从加拿大从1967年实施移民分值制后,中国港台地区移民逐渐增多。1997年香港回归,香港人纷纷迁移加拿大。传统的华人移居城市温哥华成为港台地区移民的首选,随着移民潮到来的港台地区作家为加西地区的华文创作带来了现代气息,提升了其品质。叶嘉莹的古体诗词,洛夫和痖弦的现代诗,梁锡华、罗锵鸣、胡菊人、潘铭燊、余玉书、卢因、陶永强、梁丽芳等人的散文随笔,马森、东方白、冯冯、葛逸凡、陈浩泉、朱小燕、文钊、亦舒等人的长篇小说,阿浓、陈华英等人的儿童文学作品,在加西形成了以港台地区作家为主体的第一波华文文学高潮。20世纪80年代,中国改革开放后,越来越多的中国移民涌向温哥华、多伦多、蒙特利尔等大城市。居留温哥华的古华、贾葆蘅等小说家,文野长弓、林楠、丁果、萧元恺、任京生等散文兼评论家,汪文勤、宇秀、沈家庄、冯玉等诗人,刘慧琴、申慧辉等创作型翻译家,刘慧心等传记作家,以及一大批热爱写作的中国移民,汇入了加西由港台地区作家掀起的华文创作浪潮,推波助澜,使得温哥华成为加拿大最为活跃的华文文学场域。而一批流向多伦多的中国移民写作人,如张翎、陈河、曾晓文、孙博、赵廉、姚船、川沙、原志、为力、李初乔、诗恒、余曦、黄俊雄、阎真、孙白梅、李静明、文章、高维晞、马绍娴、洪天国、陈霆、西风等,从20世纪90年代至今,已有多人发表移民题材的长篇小说,形成了"多伦多小说家群",和同省渥太华的笑言、杜杜,滑铁卢的李彦、温莎的文章等中国新移民作家,在加东掀起了以大陆移民作家为主体的第二波华文文学高潮。进入21世纪后,加东魁北克省华文文学,以蒙特利尔为中心,蓬勃发展,虽然仅有10多万华人,但也出现了薛忆沩、郑南川、陆蔚青、白墨、紫云、周进等优秀作家和诗人,他们和温哥华、多伦多等地的华文作家合力,掀起了华文文学的第三波高潮。

在老一代名家中,叶嘉莹(1924—)为古典诗词大家,加拿大皇家学会院士,其诗词、评论和讲演在海内外都有极其丰富的出版。洛夫(1928—2018)和痖弦(1932—)曾是《创世纪》诗刊的缔造者,领导了台湾地区文坛的现代主义运动。两人先后移民加拿大,文情依旧,洛夫创作了数部诗集、散文集和一部3000行的长诗《漂木》,获得诺贝尔文学奖提名。痖弦著有诗论集《聚散花序》、朗诵诗集《弦外之音》、随笔集《记哈客诗想》和通信集《两岸书》,主编《众笔汇华章》,八旬之年亲任加拿大华人文学学会主任委员,在《世界日报》上开辟《华章》专版,引领把华文文坛建成世界最大文坛的运动。马森(1932—)从台湾大学退休后移居加拿大,著有多部长篇小说、短篇小说,以及《茧式文化与文化突破》《马森戏剧论集》《二十世纪中国新文学史》《世界华文新文学史》等作品共40余部。东方白(1939—)创作了约20部作品集,出版了大河小说《浪淘沙》。香港岭南学院文学院前院长梁锡华教授(1947—)以学者散文、小说、评论和翻译闻名,移民加国后,笔力不减,出版了散文集《如寄集》。

左起:中侨互助会行政总裁陈志动、叶嘉莹诗词英译者陶永强、叶嘉莹教授、书法家谢琰(2007年8月23日,温哥华)(陶永强供照)

新移民作家中,从长篇小说的创作量来看,张翎、陈河、曾晓文、孙博、薛忆沩等近年来比较多产而有影响力。

张翎著有多部长篇小说,如《望月》《交错的彼岸》《邮购新娘》《金山》《睡吧,芙洛,睡吧》《阵痛》《流年物语》《劳燕》《胭脂》等,小说集《尘世》《盲约》《雁过藻溪》《一个夏天的故事》《张翎小说精选集》(六卷)、《每个人站起来的方式,千姿百态》。这些小说,不少都以中国人移民北美为背景,展示出重大历史事件中各族裔人物的命运,尤其是中国女性于苦难中忍耐应变的顽强生命力。张翎的小说多次入选中国精选本，进入中国小说学会年度排行榜，屡获海峡两岸暨香港文学大奖，如中国华语传媒年度小说家奖、华侨华人文学奖评委会大奖、《台湾时报》开卷好书奖，包括连续两届获"中山杯华侨华人文学奖"最高奖项。追忆唐山大地震的小说《余震》被拍成电影，荣获亚太电影节最佳影片、百花奖最佳影片等多个奖项，参加了2010年奥斯卡奖最佳外语片的角逐。

陈河曾任温州市作家协会副主席，1994年在阿尔巴尼亚经营药品生意，后移民加拿大。在经历10多年动荡不安甚至命悬一线的漂泊后，回归写作，屡获中国的重要文学奖项，如2010年首届"郁达夫小说奖中篇大奖"、《小说月报》第14届百花奖、《人民文学》中篇小说奖等。著有描述动荡经历的纪实文学《被绑架者说》、中短篇小说集《黑白电影里的城市》《女孩和三文鱼》《去斯可比之路》等。他以真实人事为蓝本的长篇小说可分为新移民小说和历史小说两大类，前者包括《红白黑》《布偶》等，后者含有聚焦东南亚抗战的《沙捞越战事》和《米罗山营地》、描写安阳甲骨文挖掘和保护的《甲骨时光》、揭秘中国抗美援越的《外苏河之战》等力作。《甲骨时光》不仅入选中国出版协会公布的年度中国30本好书，而且从海外华文作家的148部参评小说中脱颖而出，荣获2016年华侨华人"中山文学奖"首奖和30万奖金。陈河小说被译成意大利文出版，他也成为意大利西西里西西里首府巴勒莫的荣誉市民。陈河的纪实性跨国书写虚实结合，既有材料扎实的一面，也有魔幻先锋超现实的实验风格，语言自然洗练，人物丰满可信，风格凝重超逸，甚受国内外读者追捧。

曾晓文曾是黑龙江省高考语文状元，拥有南开大学文学硕士和美国雪城（Syracuse）大学电信与网络管理硕士学位。白天任西人公司信息技术总监，夜晚记录各族裔人物的悲欢，探索人性和人道，多次荣获海峡两岸暨香港的文学奖。著有描写美国新移民坎坷和司法内幕的半自传长篇《梦断得克萨斯》（又名《白日飘行》），以及反映加拿大当代移民众生相的长篇小说《夜还年轻》和《移民岁月》。他和多伦多的新移民作家孙博联袂，创作发表了海归IT精英题材的20集电视剧本《中国创造》。该剧本不仅连获中国作家鄂尔多斯文学奖、中山杯华侨华人文学奖、北京市广电局2011年度优秀剧本奖，还被拍成30集电视剧《错放你的手》播出，以此为基础的长篇小说《中国芯传奇》入选国家新闻出版署"2020年农家书屋重点出版物推荐目录"。

被认为"不属于文学界,而只属于文学"的薛忆沩,[①]为北京航空航天大学计算机科学与工程学士、蒙特利尔大学英美文学硕士、广东外语外贸大学语言学博士。出版作品甚多,包括带有先锋色彩的长篇小说《遗弃》《白求恩的孩子们》《一个影子的告别》《空巢》《希拉里、密和我》和《李尔王和1979》,短篇小说集《不肯离去的海豚》《流动的房间》《通往天堂的最后那一段路程》《出租车司机》《十二月三十一日》和《与狂风一起旅行》,读书随笔集《文学的祖国》《一个年代的副本》和《与马可·波罗同行》等。作品被译成多种外文。他很少像多数华人作家偏爱移民和异域表现的题材,而是执着讲述中国本土故事,通过刻画当代中国城市小人物(包括自身)的卑苦,把日常生活纳入哲学思辨的范畴,来探索个人对荒谬的反抗。其作品深受法国存在主义鼻祖萨特和爱尔兰流亡作家乔伊斯的影响,笔调精准、朴质而冷静,富有内在的诗性和深刻的哲理内涵。

加拿大《蒙特利尔书评》(2017年秋季号)以薛忆沩为封面人物

其他新移民作家累计出版了数百部长篇小说和作品集,如加拿大华裔作家协会会长陈浩泉的《天涯何处是吾家》和《寻找伊甸园》,翻译家刘慧琴的散文和评论集《寻梦的人》和《被遗忘的角落》,作家兼评论家林楠的80万字文集《彼岸时光》和《含英咀华》,朱小燕的长篇小说《浪中人》和散文集《住在温哥华,时光飞逝》,潘铭燊的散文集《温哥华

---

① 周国平:"评语",见薛忆沩《空巢》,华东师范大学出版社,2014年,封底。

书简》《温哥华杂碎》《加华心声录》和《人生边上补白》,文野长弓的散文集《席地而歌》和《步履酩酊》,专栏作家宇秀的时尚散文集《一个上海女人的下午茶》《一个上海女人的温哥华》和诗集《我不能握住风》《忙红忙绿》,魁北克文艺评论家兼作家陆蔚青精美、博雅的短篇小说集《漂泊中的温柔》、散文集《曾经有过的好时光》和诗集《魁北克玫瑰》,魁北克华人作家协会会长郑南川刻画北美经济低迷中各族裔百姓的中短篇小说集《跑进屋里的那个男人》和《窗子里的两个女人》以及中英双语诗集《一只鞋的偶然》和《堕落的裤裆》(陶志健译),被誉为"华人第一名嘴"的资深新闻人丁果的《走上钓鱼台之路》《隔海瘙痒》《十年磨一剑》和《切问与近思》,IT专家贾葆蘅的长篇小说《弘治皇帝》《嘉靖王朝》和《移民梦》,"唐人街之父"黎全恩教授与丁果、贾葆蘅合著的里程碑式的巨著《加拿大华侨移民史》……虽殊难尽列,却为透过文学窗口探析加华移民百态提供了细密真实的素材,也能直观到去国离乡在这些作家创作版图上所形成的分水岭。

加拿大华裔作家协会(简称"加华作协")出版的"加华作家系列"近20本:包括陈浩泉的小说《寻找伊甸园》和随笔集《泉音》、王洁心的小说《风在菲沙河上》、韩牧与劳美玉合著的诗集《新土和前尘》、梁丽芳的散文集《开花结果在海外》、杨裕平的文化评论集《艺影》、林婷婷的散文集《漫步枫林椰园》、葛逸凡的中长篇小说《金山华工沧桑录》和《葛逸凡诗文集》、赵庆庆的散文集《讲台上的星空》、冬青的选集《福溪岁月》、若智的散文集《岁月遗踪》、曹小莉的自选集《嫁接的树》、青洋的诗集《夜未央》和小说集《黑月亮》和《阿Q歪传》、韩牧的诗集《梅嫁给枫》、吉羽的散文集《是谁呼唤我的名字》、汪文勤的小说集《心动过缓》、谢博生的记者手记《加西采风录》等。这些至今还在推出新作的系列丛书,从各个层面反映了温哥华华人评作兼美、诗书文译并长的特色。

除了个人的专著外,加华汉语文学作品入集的,也为数甚多。不算被编入海外华人作品集的那些单篇,清一色是加华文学作品的选集,据不完全统计,也约20本。例如,由西安大略省大学吴华教授和加华作家孙博、诗恒主编的《西方月亮:加拿大华人作家短篇小说精选集》(2004)和《叛逆玫瑰:加拿大华人作家中篇小说精选集》(2004),由约克大学徐学清教授和孙博主编的《枫情万种:加拿大华人作家散文精选集》(2005),孙博编的《旋转的硬币》(2007),伍秀芳编的《枫情:多伦多华人作家协会会员作品集》(2007)等。加华作协编辑出版的8本文集中,《枫华文集》(1999)、《白雪红枫》(2003)、《枫景这边独好》(2014)和首届加华文学奖文集《枫姿绰约》(2014)为多文类文集,《枫雪篇》(2006)是随笔集,《枫雨同路》(2009)是部分被翻译成韩文的小说集。《枫华正茂》(2009)和《加拿大华人文学评论集:纪念加拿大华裔作家协会创会30周年》(2019)属于开拓性的加华文学评论专集,既有对加华文学的综论,也有具体的作家作品研究,几十位执笔者来自北美、海峡两岸暨香港、东南亚等地。加拿大华人文学学会发起人刘慧琴和林婷婷合编的《漂鸟:加拿大华文女作家作品集》(2009)由台湾商务印书馆出版,痖弦和该馆总编方鹏程作序,荟萃加华女作家的50篇代表作,是海内外首本加华女作家文集。魁北克华人作家协会接连出版的作品集《岁月在漂泊》(2012)、短篇小说集《太阳雪》(2014)、散文集《皮娜的小木屋》(2014)和《哦,魁北克》(2016)、诗集《"普丁"的爱情》(2016)在魁北克华文文学史上有开先河之意义。

2. 加华英语文学

加华英语文学的发轫,几乎和加华汉语文学的肇始同步,都在19世纪末20世纪初,迄今都有100多年的历史,都源于移居加拿大的第一代移民。所不同的是,加华英语文学的开创者是一位笔名为"水仙花"(Sui Sin Far)的华裔混血女性,她几乎是单枪匹马地在北美的英语世界奋斗,留下了英语小说、回忆录、游记等多类作品,在当年排华严重的北美,架起了华人与主流社会间的桥梁,其作迄今为中西学界研读。而加华汉语文学的开拓却得力于若干男性华人,包括他们刻在加拿大移民局上的"壁诗",发表在《大汉公报》等华报上的诗文、演唱的戏剧等,但受众仅限于唐人街,无法向排华的主流社会展示真实多彩的华人世界,受到中西学界的关注亦较为有限。

是故,"水仙花"一枝独秀、报春式的英语作品,及其独特身世,就倍加值得注目。"水仙花",真名伊迪丝·伊顿(Edith Eaton,1865—1914),其父是英国丝绸商人,其母是自小受过西人传教士熏陶的上海女性。她少年失学,却自强不息,在当地英文报上发表诗歌和短篇小说,担任《蒙特利尔每日星报》(*The Montreal Daily Star*)和《每日目击者》(*Daily Witness*)记者,报道华人生活。后旅居牙买加和美国旧金山、洛杉矶、西雅图、波士顿等地,以"水仙花"为笔名,继续发表反映华人喜怒哀乐的作品,并出版了英语小说集《春香夫人》(*Mrs. Spring Fragrance*)。伊迪丝·伊顿笔法诙谐,态度温和,在其回忆录《一个欧亚混血儿的思想录》(*Leaves from the Mental Portfolio of a Eurasian*)

中自云"把右手伸向西方人,把左手伸向东方人,希望他们之间的微弱纽带不要完全断裂"①。虽然她在外貌和穿着上和西人无异,却敢于公开自己的中国血统,并不畏惧严重的排华世风。伊迪丝·伊顿未婚无子,死后葬于蒙特利尔的皇家山墓园,墓碑上刻有"义不忘华"四个汉字。在安息该墓园的20万死者中,她是唯一被列入墓园名人册的华人。

"水仙花"的妹妹温妮弗莱德·伊顿(Winnifred Eaton, 1875—1954)是一位畅销书作家。她在家中排行第八,出生在蒙特利尔。14岁便在登过姐姐"水仙花"作品的当地报纸上初露文学才华,21岁成为报刊记者。同年移居美国后,鉴于日裔在北美的境遇要好于华裔,便以杜撰的日本女性名字"小野の小町"(Onoto Wantanna)为笔名,发表了众多描写日本风情的文章,并出版了《日本的梅花小姐》(*Miss Numè of Japan*, 1899)、《日本夜莺》(*A Japanese Nightingale*, 1901)等数十部日本题材的畅销小说和自传体小说《我的记忆之书》(*Me: A Book of Remembrance*, 1915),进而转型成为加拿大作协卡尔加里分会会长和成功的好莱坞编剧。温妮弗莱德·伊顿育有四子,自1931年起,和石油大亨丈夫定居加拿大卡尔加里市,直至逝世。

因此,伊迪丝·伊顿是魁北克华人英语文学的先驱,亦堪称加拿大华人英语文学的滥觞。她不仅被冠以"加拿大和美国华裔英语文学的祖母"之称,还是加拿大和美国主流文学的重要组成。

在伊顿姐妹在世期间,加拿大华人正忍受着主流社会日益严重的歧视。在华人淘金、修铁路的不列颠哥伦比亚省,具有种族主义偏见的政客,利用白人劳工保饭碗的情绪,鼓动加拿大政府制定排华政策,在所有申请入境的各国移民中,仅向华人征收高额人头税,而且逐年提高。1885年,为50加元;1901年为100加元;1903年,激增至500加元。但华人想方设法付足人头税,来加华人依然增加,1911年为27831人,1921年为39587人。② 一战结束后,欧洲移民大量入境,很多退伍军人返回加拿大,就业矛盾和族裔矛盾再度激化,加拿大全国充斥着反华的情绪和言论,加拿大政府通过了最严苛的禁止华人入境政策。

---

① 伊迪丝·伊顿:《一个欧亚混血儿的心灵书简》,见《独立者》,1909年1月21日,第132页。(Edith Eaton, "Leaves from the Mental Porfolio of a Eurasian," *Indepentlent*, January 21, 1909, p.132.)

② 李胜生:《华人在加拿大》,牛津大学出版社,1988年,第59—61页。[Peter S. Li, *The Chinese in Canada* (Toronto: Oxford University Press, 1988), pp.59-61.]

1923—1947 年,加拿大实施《排华法案》("Exclusion Act"),包括歧视华人的 43 项条款,被华人称为"四三苛例"。根据此法案,又有外交人员、在加拿大出生的华裔、符合条件的商人、在加拿大上学的华人学生这四类人才能登陆加拿大。离开加国的华人必须领有离境证,自登记之日起,两年内返回加国,逾期将不能入境。《排华法案》实施的 24 年期间,仅有 12 名中国人被允许移民加国。由于已婚华人不能接家人团聚、单身华人必须回国娶亲、有父母在华的华人要回国尽孝,以及其他原因,离加回中国的华人不断增加,总数达 61213 人。华人在加拿大的人口呈递减趋势:1931 年,全加华人 46519 人;到了 1941 年,全加华人 34627 人。①

《排华法案》在 1923 年 7 月 1 日加拿大国庆日实施,加拿大华人称之为"侨耻日",每年该日都会举行大规模的抗议活动。二战期间,加拿大华人一方面忍受政府对华人的严重不公和不人道,一方面以德报怨,踊跃参军,代表加拿大奔赴战场,勇敢作战。加拿大政府迫于道义压力,于 1947 年取消《排华法案》。来加拿大的中国人开始增多,有的是妻儿前来和丈夫团聚,有的是投奔亲戚谋求发展,有的是到加拿大读书深造,有的是为了获得更好的工作和生活环境……到了 1981 年,全加华人已达 289245 人②。

在加拿大限制和禁止华人入境时期,加拿大华人不足五万,绝大多数人英语能力有限,能用英语创作和出版文学作品者,更微乎其微。因此,自伊顿姐妹去世后,加华英语文学很长一段时间默默无闻。

北美华裔文学先驱水仙花和她的英语小说集《春香夫人》(*Mrs. Spring Fragrance*,1912)

---

① 《加拿大年鉴》,1945 年,第 123 页。(Canada Year Book. 1945. p.123.)
② 李胜生:《华人在加拿大》,牛津大学出版社,1988 年,第 59—61 页。[Peter S. Li, *The Chinese in Canada* (Toronto: Oxford University Press, 1988), pp.59 - 61.]

到了1979年,《不可剥夺的稻米——加拿大华裔和日裔合集》(Inalienable Rice: A Chinese & Japanese Canadian Anthology)在温哥华综合媒介出版社(Intermedia Press)问世,带来了华人英语写作重崭头角的迹象。这本不足百页的薄册子,可能是加拿大首部华人英语作品的结集,开启了加拿大华人英语文学在温哥华崛起的先河。

在温哥华华裔诗人、"加拿大亚裔作家工作坊"主席朱蔼信(Jim Wong-Chu,1949—2017)的倡议下,在老中青三代华裔英语写作人的抱团努力下,数本加华英语文集《不可剥夺的稻米》、《多嘴鸟》(Many-Mouthed Birds,1991)、诗集《云吞》(Swallowing Clouds,1999)和小说集《敲锅》(Strike the Wok,2003)的出版促成了加拿大华人英语文学的兴盛,涌现出一批声誉鹊起的华裔英语作家。

他们(多不会讲汉语)以自身、家族或族裔经历为蓝本,构建加华移民史,在各文类上创有佳作,引起了主流社会的强烈反响。如朱蔼信、弗莱德·华(Fred Wah)、崔维新(Wayson Choy)、余兆昌(Paul Yee)、郑霭玲(Denise Chong)、李群英(SKY Lee)、刘绮芬(Evelyn Lau)、黄明珍(Jan Wong)、陈泽桓(Marty Chan)、林浩聪(Vincent Lam)、黎喜年(Larissa Lai)、邓敏灵(Madeleine Thien)、方曼俏(Judy Fong Bates)、贝蒂·关(Betty Quan)、陈伟民(Weyman Chan)等,多数荣膺加拿大最高文学奖总督奖、欧美文学大奖或提名,入选加拿大文学选集,被用作北美大学教材。其中,崔维新和郑霭玲还获得加拿大政府的最高荣誉——加拿大勋章。

老诗人弗莱德·华(1939—　)是总督奖首位华裔得主。在名校不列颠哥伦比亚大学读书期间,参创了饶有名气的后现代主义诗歌杂志《蒂什》(TISH),出版了近二十部诗集。其中,散文诗集《等候莎省》回顾了其家庭在大草原艰苦环境中扎根的曲折经过,荣膺1986年总督奖,弗莱德·华成为获此殊荣的首位华人。其首部小说《钻石烧烤店》(Diamond Grill),以父亲的餐馆为背景,描述了一直困扰他和众多族裔作家的"名"与"言"的问题,获霍华德·奥哈根短篇小说奖(Howard O'Hagan for Short Fiction)。其评论集《伪装》(Faking It,2000)获得加·鲁瓦(Gabrielle Roy)评论大奖。弗莱德·华的文学语言,充满跳跃和即兴的后现代性,分解中心,自造新词和句式,鲜活灵动,不乏幽默和犀利。

崔维新(1939—2019)曾在不列颠哥伦比亚大学修读文学,自1967年起执教于多伦多亨伯学院。他著有长篇小说《玉牡丹》(*The Jade Peony*,1995)和《一切要事》(*All That Matters*,2004),自传《纸影:唐人街童年》(*Paper Shadows: A Chinatown Childhood*,1999)和回忆录《还没有:生死之忆》(*Not Yet: A Memoir of Living and Almost Dying*,2009)。其首部长篇小说《玉牡丹》从温哥华唐人街三个孩子的视角,叙述了加拿大华人生存奋斗的坎坷经历。获1995年温哥华城市最佳书奖,并和加拿大最著名的女作家玛格丽特·阿特伍德分享安大略省三叶草图书大奖。《玉牡丹》还被美国图书馆协会评为"著名书籍",被《加拿大文学评论》(*Literary Review of Canada*)列入"1945—2004年最有影响的100本加国书籍"。崔维新还参与拍摄了两部纪录片,描述自己以写作来保留过去的《蝴蝶揭秘》(*Unfolding the Butterfly: Secrets and Memoirs*)和记录到中国寻根的《寻找孔子》(*Searching for Confucius*)。

加拿大总督奖得主弗莱德·华

获加拿大勋章的华裔作家崔维新
(Gary Gellert 摄)

加拿大前首相皮埃尔·特鲁多的高级经济顾问郑霭玲(1953—),以具有强烈历史感和纪实性的作品著称。长篇纪实家史《妾的儿女》

（The Concubine's Children，1994）屡版不衰，连获温哥华城市书奖、加拿大纪实文学奖和女性文学奖、总督奖提名等荣誉。该书曾位列《环球邮报》畅销书榜长达 93 周，被翻译成十几国文字，在美国、荷兰、德国、以色列等国都成为畅销书。她的著名演讲"成为加拿大人"（"Being Canadian"），为她在加国"公民周"上所做，多次被收录进文化选集，她代表自己和华人阐发了对加拿大公民权的睿智认识，即"加拿大公民权承认不同，赞美多元，此为我们加拿大人彼此的共通之处……我们如何讲述自己的故事，就是公民权的体现"①。

郑霭龄的英语家史《妾的儿女》（左）获加拿大总督奖提名，在《环球邮报》畅销书榜长达 93 周，2013 年在中国推出了中译本（右）

余兆昌（1956— ），曾任温哥华中华文化中心的主任、多伦多档案馆多元文化理事。著述丰富，出版了 20 多本加拿大华人题材的多文类英语作品，如《咸水埠：温哥华华人图史》（Saltwater City: the Illustrated history of the Chinese in Vancouver，1988）、剧本《金山惊

---

① 郑霭玲：《做加拿大人》，见《谁为加拿大讲话？》，德斯蒙德·莫顿，莫顿·温菲尔德编，麦克兰 & 斯图尔特出版社，1998 年，第 330 页。[Denise Chong, "Being Canadian," in *Who Speaks for Canada?* eds. Desmond Morton and Morton Weinfeld (Toronto: McClelland and Stewart, 1998), p. 330.] 原文为 Canadian citizenship recognizes differences. It praises diversity. It is what we as Canadians *choose* to have in common with each other [...] How we tell our stories is the work of citizenship.

魂》(*Jade in the Coal*，2010)、长篇小说《君子》(*A Superior Man*，2014)等。他不仅打破了加拿大华人移民史英语读物普遍缺失的局面，而且以优美宏富的儿童文学作品，奠定了自己在加拿大文学史上的独特地位。他是加拿大首位向英语小读者普及加拿大华人历史及其儿童生活的作家，叙述残疾少女画家赴加寻找华工父亲的《鬼魂火车》，在1996年荣膺总督奖中的儿童文学奖，使其成为第二位获此殊荣的加拿大华裔作家。

李群英(1952—)，曾和朱蔼信、余兆昌等华裔英语作家，共创了名闻遐迩的加拿大亚裔作家工作坊，出版了首部重构加拿大华人移民史的长篇英语小说《残月楼》(*Disappearing Moon Cafe*，1990)，以及聚焦女性欲恋的中短篇小说集《肚皮舞娘》(*Belly Dancer*，1994)。其成名作《残月楼》获1990年温哥华城市书奖，并获总督奖提名。该书跨度一个半世纪，以黄家四代的移民发展为红线，构建了从19世纪中期华人来加淘金到20世纪90年代移民潮席卷加国的故事。因为具有华裔、女性、同性恋者等多重边缘身份，李群英具有强烈的反叛意识，坚信"面对已有历史，我们无法真正了解自己"，希望以个人的声音重新阐述加拿大华裔的移民历史。[1]

近年来，加华英语文坛新秀辈出，其中，林浩聪和邓敏灵尤其引人注目。

急诊医生林浩聪(1971—)，毕业于白求恩毕业的多伦多大学医学院，曾是加拿大空中急救队的成员。其带有强烈职业色彩的短篇小说集《放血和奇疗》(*Bloodletting and Miraculous Cures*，2006)夺得吉勒大奖——仅次于总督奖的加拿大文学第二大奖，并被改编成电视连续剧，在北美热播。林浩聪则为第一位获此荣誉的加拿大华人作家。长篇家史小说《校长的赌注》(*The Headmaster's Wager*，2013)也得到

---

[1] 李群英:《〈残月楼〉和在加拿大写作的文化政治性》，见《千禧年讯息》，纪恩达、王伟编，埃德蒙顿市加拿大亚裔作家协会，1997年，第10页。[SKY Lee, "*Disappearing Moon Cafe* and the Cultural Politics of Writing in Canada," in *Millennium Message*, eds. Kenda Gee and Wei Wong (Edmonton: Asian Canadian Writers Workshop Society of Edmonton, 1997), p.10.]

了欧美英语文学界的肯定,获得多项提名,包括当年度总督奖、卡耐基优秀小说奖和英联邦布克奖。林浩聪继承了加华英语文学中族裔自传的传统,显示了越南华裔历经战火和漂泊,终于安身北美、进入精英阶层的百年历程。

马来西亚华裔邓敏灵(1974—),不列颠哥伦比亚大学毕业。她著有三部获奖长篇小说,即《确然书》(Certainty,2006)、《圈内的狗》(Dogs at the Perimeter,2011)和《别说我们一无所有》(Do Not Say We Have Nothing,2016)。《确然书》追述父辈二战流亡经历,售出美国、英国、意大利、荷兰、丹麦、瑞典等16国版权,获《环球邮报》最佳图书奖提名。《圈内的狗》描写了柬埔寨的红色高棉暴政,荣获2015年法兰克福图书奖。《别说我们一无所有》反思20世纪60年代上海音乐学院学生的命运,荣膺吉勒奖和总督奖,入围布克奖,使她成为囊括加拿大两项最大文学奖的首位华裔作家。邓敏灵善于以小见大,从主人公微末的身世之谜开始,渐渐令变幻诡谲的历史具象起来,体现了跨时代、跨国界、跨族裔的叙事和文化架构,宏阔而不失精细,纷繁而不失章法,显示了一位当代华裔女作家广阔的国际化视野和普世情怀。

擅长中英双语创作的,也不乏其人,如赵廉、李彦、林婷婷、黄俊雄、川沙、曹禅等。赵廉是约克大学文学博士,创有双语诗集《枫溪情》和《切肤之痛》,英语回忆录《虎女》(Hu Nü)和短篇小说集《中国结》(The Chinese Knot)等,其英语论著《打破沉默:加拿大华裔英语文学》(Beyond Silence:Chinese Canadian Literature in English,1997)荣膺加拿大加·鲁瓦文学评论大奖,是首本加华英语文学论著。李彦,现任滑铁卢大学孔子学院院长,著有不少汉语中短篇作品,以及长篇小说《羊群》《嫁得西风》。英文小说有获加拿大新书提名奖的《红浮萍》(Daughters of the Red Land,1995)和《雪百合》(Lily in the Snow,2009),作者自译的二书中文版分别在作家出版社和人民文学出版社推出。林婷婷著有汉语文集《推车的异乡人》《漫步枫林椰园》和《枫叶絮语》,英语著作《亚洲之心:中国和菲律宾民间文学的比较》和英语菲律宾儿童故事。黄俊雄出版了中英对照本《黄俊雄小小说选集》和三本英文小小说选集。加拿大华语诗人协会会长川沙著有双语诗集《春夜集》。80后曹禅在斯坦福大学创作系就读期间,著有英语话剧《忘记提伯仑》(*Forgetting Tiburon*,2009)、摇滚音乐剧《亚伯拉罕和友谊之火》(*Abraham and Friendly Fire*,2010)、《时光当铺》(*Pawn*,2011)和汉语音乐剧《仓央嘉措》(2013)。其中,《时光当铺》由曹禅导演、作曲、演奏和制作,在2011年6月大邱国际音乐剧节(亚洲最大音乐剧节)中摘走"大学生国际音乐剧"的"最佳原创奖"。同年8月在纽约国际实验戏剧节中,被主办方称作"这次国际戏剧节当中最炫目的一出戏",列为9·11系列纪念活动之一。

2008年10月,李彦(立者)招待中国作家代表团访问加拿大

3. 加华法语文学

应晨是加拿大最成功的华人法语作家,也是活跃在世界法语文坛的实验者和佼佼者。

她1961年生于上海,1983年从复旦大学法语专业毕业,工作五年后赴加拿大。在具有深厚法裔文化渊源的魁北克省,她考入名校麦吉尔大学(Mcgill University)法语系攻读文学,在作家教授伊冯·希瓦(Yvon Rivard)的指导下,出版了她第一部法语小说《水的记忆》。为了专心写作，她和两个孩子迁居魁北克省南部离美国不远的小镇马戈格（Magog），以一部部独有机杼的法语小说，获得国内外很高的荣誉。2006 年，应晨移居温哥华，在西门菲莎大学（Simon Fraser University）从事创作和研究工作，并常应邀到欧美参加法语文学的交流和演讲。

  自 1992 年首发至今，应晨已出版法语小说和随笔集共 13 部。其中，小说 11 部，分别为《水的记忆》（*La Mémoire de l'eau*，1992）、《中国信简》（*Les Lettres Chinoises*，1993）、《忘恩负义》（*L'Ingratitude*，1995）、《磐石一般》（*Immobile*，1998）、《悬崖之间》（*Le Champ dans la mer*，2002）、《骨瘦如柴的妇人跟她影子的争吵》（*Querelle d'un squelette avec son double*，2003）、《家门口捡到的孩子》（*Un enfant à ma porte*，2004）、《食人者》（*Le Mangeur*，2006）、《妻子变成猫》（*Espèces*，2010）和《堤岸遥远》（*La rive est loin*，2013）和以白求恩医生为原型的《创伤》（*Blessures*，2016）；随笔集 2 本，题为《黄山四千仞，一个中国梦》（*Quatre mille marches: un rêve chinois*，2004）和《大山的缓慢》（*La Lenteur des montagnes*，2014）。其作品在加拿大和法国同步出版，有些小说如《水的记忆》《中国信简》和《忘恩负义》，还一版再版。

  无论是早期的族裔化小说，还是后来的去族裔化的系列抽象创作，应晨保持了一以贯之的重要特质，即借助超越时空、形态多变、语言模糊的叙述人"我"，达成作者的身份诉求和精神自由。

加拿大最成功的华人法语作家应晨（**Ying Chen**）（网络照片）

应晨的小说曾荣膺魁北克-巴黎联合文学奖、魁北克书商奖，以及加拿大最高文学奖总督奖、法国费米娜奖和爱尔兰读者奖等多项提名，并被译成英、意、西、德、波兰语等多种文字。加拿大、美国、法国、德国等大学的文学系把应晨的作品纳入教材。她本人曾于2001年担任总督文学大奖的评委，并于2002年荣膺法国文化部颁发的骑士勋章，成为继巴金之后少数获此殊荣的华人作家之一。

当移居法国的程抱一、山飒、戴思杰等华人作家，以法语文学作品赢得西方文坛敬意时，应晨的孜孜不倦和成就是不应该被忽视的。

4. 加华文学社团

加华文学的繁荣，亦离不开加拿大华人各类文学团体的促进。加西有加华作协、加拿大华文作家协会、加拿大华人笔会、大华笔会、加拿大华人文学学会，包括作家在内的漂木艺术家协会和三维艺术家协会，以及包括加华英语作家的加拿大亚裔作家工作坊等，加东有加中笔会、多伦多华人作协、魁北克华人作协、魁北克中华诗词研究会、渥太华华人写作者协会、加拿大华语诗人协会、弘毅诗社等。他们热心于创作、评论、出版、讲座、朗诵、研讨会、国内外作家互访等各类文事。如加华作协1997—2017年在温哥华主办过10次国际性的华人文学研讨会，加中笔会与约克大学、暨南大学合作，在多伦多举办加拿大华裔/华文文学国际研讨会。他们多有自己的网站、博客或微信号。加拿大华裔作家协会、加中笔会博客、加拿大华人文学学会博客、笑言天涯文学网、魁北克华人作家协会、文心社等都不断登出加华文学的作品、访谈、评论或书讯。近几年来，上述一些报刊，或魁北克华文文学专栏《七天》《北往——魁北克文学》等，都推出了微信公众号，为加华作品的全球传播增添了快捷的渠道。

文学社团活动方面，可以毫不夸张地讲，没有加华移民自发组织的各种文学社团，就没有加拿大华文文学的今天。在异域外语的大环境中，母语文化情结自然聚拢起以写作传递心声的作家，以及无数文学爱好者。近十年来，加拿大华人密集度最高的三个城市温哥华、多伦多和蒙特利尔，每个城市至少有两个华文文学社团。仅在温哥华一地，就有加华作协、加拿大华人文学学会、加拿大华文作家协会、加拿大华人笔会、大华笔会、含作家在内的漂木艺术家协会和三维艺术家协会、加拿大中华诗词学会等十来个华文文学社团。

加拿大宽松的结社政策,亦便利了大小文学社团的诞生。根据加拿大法律,只要有 5 位加籍公民向有关部门申请注册,就可以成立一个协会。比如,加拿大作家协会(The Writers' Union of Canada)就是这样的民间团体。据《加拿大文学百科全书》介绍:

> 加拿大作家协会是写作人的行会,由加拿大作家法利·莫瓦特(Farley Mowat),在玛格丽特·阿特伍德(Margaret Atwood)等 5 位作家的协助下,于 1973 年创立……申请者只要"有一本由商业或大学出版社出版的、通过商店渠道出售的普通版书籍",且为加拿大公民或在加拿大获准永久居留的外国移民,即可入会。①

2013 年加拿大作协规定,满足上述条件者交纳入会费 100 加元,就可入会。如今,加拿大作协的会员多达 1900 人。活动包括为会员维权、设计会员网页、安排读者见面会、联系出版等。1912 年成立、拥有 8000 余人的美国作家协会(Authorship Guild),亦是类似的民间组织。在美国正式出版图书者、自由撰稿人或在入会前 18 个月靠写作赢利至少 5000 美元者,就可以入会,会费 90 美元。

加华文学团体同样带有北美作协类团体的民间性、自发性和服务性。担任加华作协多届会长的梁丽芳教授,在论及加华文学社团的特征时就表明,他们是"自发的、沙龙性质的民间团体;参加会务者都是义工性质;经费来自会费,接受捐款……"②活动经费如短绌,参与者则需自掏腰包。加拿大华人的各类文学组织,举其历史久者,如加华作协

---

① 威廉·赫伯特·纽:《加拿大文学百科全书》,多伦多大学出版社,2002 年,第 1228—1229 页。[William Herbert New (ed.), *Encyclopedia of Canadian Literature* (Toronto: University of Toronto Press, 2002), pp.1228 – 1229.]

② 梁丽芳:《华人文学团体在中加文学交流上的民间角色》,见《华文文学》,2014 年 5 期,总第 124 期,第 104 页。

（1987年成立于温哥华）、加中笔会（1995年成立于多伦多）、魁北克华人作协（1997年成立于蒙特利尔），都是自发的民间写作人团体。他们虽是形式上的"三无"组织——无政府拨款、无自己的办公地、无上下班规定，在精神层面，却拥有共同的宗旨——"联谊、推广华文文学，提高写作兴趣和文学欣赏水平，促进交流"①。因此，加拿大华人作协类的团体，在性质、组织、活动、目标等多方面，都迥异于中国的各级作家协会。加华写作人来自各行各业，既不存在领取政府薪俸的专业作家，也鲜少单凭卖文谋生的全职作家。

然而，正是这些自发的不同规模的加华文学社团，为该国华文文学带来了勃勃生机。上述的那些文学成果，华报的文学版面，与中国对口报刊和社团的互动，新书的出版和宣传，各种朗诵、讲座、研讨会、征文比赛……都有他们的功劳。他们日复一日，潜移默化，改善着华人圈的人文氛围，演绎着所居国多元文化的内涵，在加华文学诞生、发展、壮大的每个重要的历史阶段，发挥着"园丁"和"推手"的作用。

限于篇幅，加华文学团体的诸多活动，笔者将另文探讨。

二、加华文学在中国的接受和评介

加拿大华人文学（简称"加华文学"）由加华汉语文学、加华英语文学和加华法语文学组成。以下就分语种介绍它们的接受和研究情况。这亦是加拿大华人文学研究的一个显著特点，即长期以来分语种研究，各语种研究之间交流较少，但近年来，有识之士提出要对加华文学进行跨语种的描述和研究，并有所尝试，以期尽可能呈现其完整的全貌。

1. 对加华汉语文学的接受

加拿大研究加华汉语文学者，主要是该国的华人学者，如艾伯塔大学东亚系的荣休教授梁丽芳、约克大学语言文学系的副教授徐学清和马佳、西安大略大学休伦大学学院法语和亚洲学系的副教授吴华、舍布

---

① 梁丽芳：《华人文学团体在中加文学交流上的民间角色》，见《华文文学》，2014年5期，总第124期，第104页。

鲁克大学历史和政治科学系的学者张裕禾等,还有一些加拿大华人作家,如刘慧琴、林婷婷、林楠、郑南川、陆蔚青等,都写过对加华文学的评述。

梁丽芳,出生于广东侨乡台山,在香港读书,曾获不列颠哥伦比亚大学文学硕士和哲学博士学位,海外华人文学和中国当代文学专家。1987年参与创立了加拿大最为活跃的华人文学社团——加拿大华裔作家协会,历任会长或副会长,较早提出了将"海外华文文学"研究扩大为"海外华人文学"研究的洞见,[①]主张将海外华人的华文文学作品和非华文文学作品打通研究。她本人除评述加拿大华人的英文作品,如发表《打破百年沉默:加拿大华人英文小说初探》(《世界文学》1998年第4期)和《人名、地名的翻译与方言:从加拿大几本华裔英语小说的中译说起》(《华文文学》2015年第4期),亦分析加拿大华文作家陈浩泉、葛逸凡等的中文小说,探讨加拿大早期华文文学,率先发表了《黄遵宪、康有为、梁启超与加拿大华人文学》(《华文文学》2013年第3期)、《加拿大华文小说第一波:港台作家们的开拓角色》(《华文文学》2013年第3期)等填补加华文学研究空白的论文。她和中国移民学者马佳主编的《中外文学交流史》(中国—加拿大卷)包括了对加华文学的重要钩沉和评介。[②]

吴华,著名古典文学研究家吴晓铃之女,多伦多大学文学博士,亦颇关注"多伦多小说家群"。除和徐学清合著《地平线的拓展——以"多伦多小说家群"为例看加拿大新移民文学》(《世界华文文学论坛》2011年第1期),还著专文《"所以读君诗,亦知君为人":解读曾晓文》(《文艺报》2005年7月12日)、《群星璀璨,相映成辉:"多伦多小说家群"》(《华文文学》2006年第4期)肯定了以张翎、曾晓文、孙博、李彦、原志等为代表的多伦多作家,以生动反映当代移民现实的多部长篇小说,为加拿大华文文学注入了勃勃活力。《"流动"的凝视——加拿大华文书写中的

[①] 梁丽芳:《扩大视野:从海外华文文学到海外华人文学》,"开花结果在海外:海外华人文学研讨会",加州大学伯克利分校,2002年11月28日到12月1日。

[②] 梁丽芳教授的生平和学术详介,可见萧元恺撰写的《文学研究自成蹊径——访梁丽芳教授》,载于《华文文学》2013年第3期,总116期,第81—83页。

身份建构》(《中国文化研究》2014 年第 3 期)通过对曾晓文和原志四部小说的解读,勾勒出华裔移民身份建构的曲线,从聚焦于中国人的自我注视,到新移民对居住国的观看,再到华人和白人之间平等的对视和白人对华裔的审视,揭示出身份建构是一个视域不断拓宽的寻找和发现自我的过程。

徐学清,多伦多大学文学博士,长于加华长篇小说研究,探讨其中的移民与母语文化、边缘与主流文化、文化记忆与身份的多质性,并发表对"多伦多小说家群"中的张翎、孙博、陈河等的专评,如《论张翎小说》(《华文文学》2006 年 4 月)、《经济全球化、文化多样化中的海外华人——评加拿大华裔作家孙博的长篇小说》(《创作评谈》2005 年第 6 期)、《人性、兽性和族性的战争:读陈河的〈沙捞越战事〉》(《华文文学》2010 年第 5 期)等。她亦进行加拿大华人文学的跨语种研究,发表了《文化身份的重新定位:解读笑言的〈香火〉和文森特·林的〈放血和奇疗〉》(《世界华文文学论坛》2009 年第 1 期)、《历史叙述和文学想象》(《世界日报》2013 年 10 月 25 日)等力作,对中国移民作家笑言的汉语小说《香火》和土生华裔作家的英文小说《放血和奇疗》进行身份比较研究,把中国移民作家张翎的汉语小说《金山》和土生华裔作家的英文小说,如李群英的《残月楼》、崔维新的《玉牡丹》,同置于加拿大华人移民史的大背景中进行文本细读比较。

徐学清和吴华合编并在中国出版的《枫彩文彰》(2015),是中国首部加华文学论文集,收录近 30 篇在研讨会或期刊上发表的优秀论文,在研究命题和批评方法上都具有多元化、多视角的开拓性,填补了加华文学研究领域的空白。

张裕禾,原上海外国语大学法语系副系主任,魁北克拉瓦尔大学社会学博士,出版有法文专著,是一位关心魁北克华人创作,跨文学、社会学和历史学的三栖学者。对魁北克华人的法语创作颇有造诣。在评介魁北克华文文学方面,撰写《魁北克华文文学的诞生及其发展前景》等文,并为魁北克弘毅诗社 10 周年诗集《果园集锦》撰序。

国内学者对海外华文文学的研究,起步于 20 世纪 90 年代。学科概念从"台港澳地区"扩展到"世界华文文学",研究的兴趣和重心则分散或转移到"对海外"——先是对东南亚,后是对欧美新移民的关注上。[①] 因此,相比于东南亚华人文学、美国华人文学和欧洲华人文学,国内对加拿大华人文学的了解较晚,各个语种文学的介绍和研究处于展开阶段,以主题研究、族裔研究、性别研究为主,立足文本,普遍采用社会历史分析和审美分析相结合的方法。

就加华汉语文学来说,国内的海外华文文学史或教程,如广东省社科院文学所所长赖伯疆的《海外华文文学概观》(1991)、汕头大学陈贤茂教授主编的《海外华文文学史》(1999)、首都师范大学王景山教授主编的《台港澳暨海外华文作家辞典》(2003)、苏州大学曹惠民教授主编的《台港澳文学教程》(2000)和《台港澳文学教程新编》(2013),对之已有所简录,评介了洛夫、痖弦、东方白、阿浓、马森、梁锡华、陈浩泉、亦舒、梁丽芳等从中国港台地区移居加拿大的作家。由多伦多大学学者马竞松、吴小燕编著的《当代加拿大华裔作家作品赏析》(*Appreciation of the Worksby Contemporary Chinese-Canadian Writers*)是一本对外高级汉语教材,曾在当地多次使用,2017 年由国内的漓江出版社推出,挑选了葛逸凡、陈浩泉、川沙、孙博、李彦、余曦、张翎和曾晓文八位新移民作家的小说代表作,共八章,每章评析一位作家,为学生提供了切近加拿大社会生活的多彩文本。

约从 2000 年起,华文文学领域的前辈学者白舒荣、饶芃子、陈公仲等亦开始著文,评读在加拿大崛起的华文移民作家,白舒荣的《"拼命三郎"冯湘湘》(美国《华人世界》2002 年第 3 期)、《加拿大"税吏"作家朱小燕》(《人民日报》·海外版 2002 年)等、饶芃子的《新移民文学的崭新突破——评华人作家张翎"跨越边界"的小说创作》《暨南大学学报》2004年 4 月)、陈公仲的《一曲百年沉重的移民悲歌:〈金山〉读书笔记》(2009)[②]等促进了加华汉语文学在大陆学界的进一步解读。深入的研究则集中于叶嘉莹、洛夫、痖弦等几位老一代大家,除有大量的单篇评

[①] 刘登翰、朱双一等:《台湾文学研究前沿问题(笔谈)》,见《华侨大学学报》2005 年第 4 期,第 5 页。

[②] 陈公仲:《一曲百年沉重的移民悲歌:〈金山〉读书笔记》,见《灵魂是可以永生的》,陈公仲著,二十一世纪出版社,2014 年,第 96—100 页。

论外,还有博士论文和专著。关于叶嘉莹,有暨南大学朱巧云的博士论文《跨文化视野中的叶嘉莹诗学研究》(2004)、山东大学张春华的博士论文《叶嘉莹中国古典诗词诠释体系研究》(2009)、复旦大学徐志啸教授的《华裔汉学家叶嘉莹与中西诗学》(2009)、南开大学博士生熊烨的《千春犹待发华滋:叶嘉莹传》(2013)、中华书局出版的《叶嘉莹九十华诞纪念文集》(2016)等。关于洛夫,有台湾诗评家萧萧的《诗魔的蜕变:洛夫诗作评论集》(1991)、费勇的《洛夫与中国现代诗》(1994)、学者兼诗人龙彼德的《洛夫评传》(1995)和《一代诗魔洛夫》(1998)、美籍华人作家少君的《漂泊的奥义》(2003)、少君和向艺秋等合著的《洛夫:诗、魔、禅》(2004)、叶橹主编的洛夫长诗《漂木》评论集(2007)、董正宇的《走近"诗魔"洛夫》(2019)等。关于痖弦,有萧萧主编的《痖弦诗作评论集》(1994)、龙彼德的《痖弦评传》(2006)等。

在加拿大新移民华文作家中,对张翎的评论较为丰富,涉及其作品的历史背景、语言风格、女性书写、叙事结构、跨文化性等多方面。国内期刊上评介张翎作品的文章,从 2001 年首发至今,累计已近 200 篇,位于加拿大同代华文作家之首。以张翎为研究对象的优秀硕士论文也有 100 多篇,但博士论文尚属稀落。① 《香港文学》2004 年第 7 期刊登"加拿大华文作家作品展",包括叶嘉莹、洛夫、汪文勤、王祥麟、韩牧、丐心的诗作,张翎、卢因、周肇玲、亚坚、余曦的小说,金依、陈浩泉、刘慧琴、葛逸凡的散文,痖弦和梁丽芳的评论,以及梁锡华和施淑仪翻译的加拿大英语诗人布迈恪的作品。南京大学刘俊教授应邀做总评。《香港文学》2009 年 12 月号总第 300 期"海外华文作家专辑系列"刊登了张翎专辑,包括张翎、施雨、徐学清等的文章和安顿的访谈,2011 年 9 月号组织了卢因专辑,2011 年 11 月号有痖弦专辑,2013 年春推出加华作协专辑,2018 年 8 月号推出"悼念洛夫"专辑。该杂志的"海外华文作家专辑系列"曾经发表过聂华苓、非马、赵淑侠、喻丽清、苏炜、朵拉、王鼎钧等华文作家的专辑。香港文学季刊《文综》自 2007 年创刊以来,也陆续登过加华作家和学者之作,以及"加拿大中国笔会"专辑(2010 年夏季

---

① 中国知网 http://acad.cnki.net/Kns55/brief/result.aspx? dbPrefix=CJFQ

号)等。

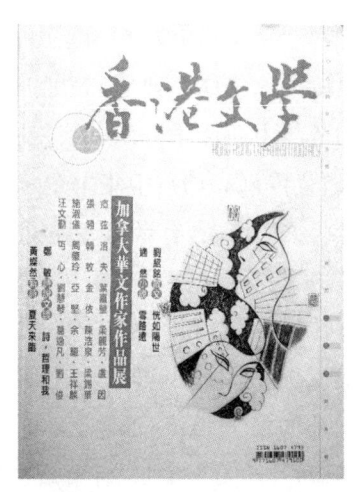

《香港文学》(2004 年 7 月)"加拿大华文作家作品展"

另外,国内关于加拿大华文文学整体探讨的博士论文尚未发现,相关的优秀硕士学位论文存在数篇,多为暨南大学研究生所作,如邓敏的《加拿大新移民散文研究》(2012)、何紫珊的《加拿大新移民华文小说中的少数族群形象研究》(2013)、陈梦圆的《加拿大新移民华文小说中的混血儿形象研究》(2014)、王卓妍的《加拿大新移民华文小说中的"下一代"书写研究》(2015)、陈征的《论加拿大新移民华文文学的"母女关系"叙事》(2015)等。暨南大学王列耀教授主持的国家社会科学基金项目《加拿大华人新移民小说研究》(批准号 10BZW101),则着重于对加拿大华人新移民汉语小说的整体把握和个案分析,同时纳入了与他国如美国华人汉语小说的横向比较。

就期刊而言,1979 年 7 月《当代》创刊号上刊出台湾作家白先勇的小说《永远的尹雪艳》,打破了两岸文坛多年的隔绝,为台港澳地区华文文学进入内地开启了大门。由于《当代》为国家级人民文学出版社主办的刊物,其示范意义催生了《华人世界》《海内外文学》《台港文学选刊》《台港澳海外华文文学》(1998 年更名为《世界华文文学》)等相关杂志的创办,有台港澳背景的加拿大华文作家,如洛夫、痖弦、梁锡华、阿浓等,在这些刊物上率先得到评介,随后加拿大华文作家的亮相日渐增多。

国内两大华文文学学术期刊《华文文学》(1985 年创刊)和《台港海

外华文文学研究和评论》(1998年更名为《世界华文文学论坛》),在近十几年加大了加华文学的解读力度。《华文文学》组织了"加华文学专号"(2006年第4期)和"加华文学专辑"(2007年第5期),这是国内对加华文学的首次集中评介,荟萃了加、中、美三国学者,评论家和作家的见解。不仅介绍了加华汉语文学的概况,而且评论了张翎、曾晓文、孙博、林婷婷、陈浩泉、葛逸凡、余曦、宇秀等作家和他们的作品,以及弗莱德·华、李群英、陈泽桓等主要的加华英语作家,并对加拿大两大华人作家社团——加华作协和加中笔会——做了介绍。该刊编后语——"在编辑部大量的来稿中,加华文学研究的稿件是非常少的,尽管加拿大华文文学有着不俗的表现"——也说明了国内加华文学研究一度是晚发、稀缺的。[1] 此后,《华文文学》继续展示相关的开拓性研究,并在2013年第3期刊登了加籍华人文学专家梁丽芳教授的研究专辑。

近年来,《世界华文文学论坛》陆续刊登了有关痖弦、李彦、张翎、笑言、林婷婷、郑南川、林浩聪、方曼俏、余兆昌、李群英等的作品评论,以及对林婷婷、李彦、卢因、余兆昌、笑言、林楠、宇秀、陈浩泉等的访谈,并在2010年第2期和第3期特地刊登了"加华文学研究专辑"。上述两份期刊虽以华文文学研究为主,但都具有宽阔的学术胸襟,不自限于华人的华文创作。曾任《华文文学》主编的陈贤茂教授认为"海外华文文学"包括"在中国(包括台港澳)以外的国家或地区,凡是用华文(即汉语)作为表达工具而创作的文学作品,都称为海外华文文学。"[2] 而曾任《世界华文文学论坛》主编的刘红林研究员则明确表示:"研究加拿大华人的文学创作和文学活动,不能偏废另一个用英文创作的作家群体。因为这一群体不仅作家众多,而且成就卓著。"[3] 在兼容并包的学术和编辑理念指导下,近十几年来,这两份期刊持续登出了加华英、汉和法语文学的评论,访谈和报道,成为该领域研究的重镇。

---

[1] 《华文文学》编辑部,"编后记",见《华文文学》2006年第4期,总第75期,第112页。
[2] 陈贤茂:《海外华文文学的定义、特点及发展前景》,见《香港文学》1988年第42、43期。
[3] 刘红林:《风景这边独好:近三十年加拿大华裔文学综论》,见《华文文学》2014年第4期,总第123期,第107页。

《华文文学》(2006年第4期)为"加拿大华文文学专号",是国内首本加华文学研究专号

　　访谈录方面,南京大学赵庆庆的《枫语心香:加拿大华裔作家访谈录》(2011)是国内首本加拿大华人作家访谈专著,为时任加拿大驻华大使马大维(David Mulroney)所推荐。该书包括了作者对15位用汉语创作或用英语创作的加华作家的深度访谈,分老中青三代,其中用汉语创作的作家包括张翎、曾晓文、林婷婷、刘慧琴、葛逸凡、卢因、陶永强和汪文勤,用汉语和英语同时创作的作家李彦、张翎和学者梁丽芳。华中师范大学江少川的《海山苍苍:海外华裔作家访谈录》(2014)含有他与欧美、澳大利亚几十位华人作家的访谈,内含从大陆移民加拿大的作家,分别为访谈张翎的《攀登华文文学创作的高山》、访谈李彦的《用中文写作真有回家的感觉》、访谈曾晓文的《在西方的天空下重塑东方翅膀》、访谈孙博的《站在东西方交汇点上书写人性》和访谈陈河的《远行天涯追寻文学梦》。中国矿业大学朱云霞的《跨域经验和文学书写:对话新移民作家》(2020)包括了访谈宇秀的《在场·记忆·跨域书写》。

　　国内规模最大的迄今已召开了17届的世界华文文学研讨会,以及各类华人文学或新移民文学的研讨会,出现了越来越多的来自加华文学的声音,既有刘慧琴、林婷婷、陈浩泉、林楠、葛逸凡、朱小燕、余玉书、张翎、李彦、陈河、曾晓文、贾葆蘅、郑南川、陆蔚青、宇秀、萧元恺、任京生、爱丽、文章等加华作家现身说法,也有梁丽芳、徐学清、吴华等加华学者向会议提交论文并发言,或来华讲学。而蜚声国际的加拿大华人诗歌泰斗,如叶嘉莹、洛夫、痖弦则经常来华讲学,参会,广受欢迎。叶嘉莹在中央电视台"百家讲坛"开设诗词讲座,在南开大学执教多年,九秩高龄后在该校为传承诗词而建的"迦陵精舍"继续工作。在洛夫的故乡湖南衡阳,2009年举办过盛大的洛夫国际诗歌节,洛夫文学馆和文化广场也相继落成。痖弦在家乡河南南阳兴建图书馆。这些加拿大华文作家的在华活动,促进了加拿大华文文学在中国的传播,为中加文学交流写下了光彩夺目的篇章。

2. 对加华英语文学的接受

"文革"后,从20世纪80年代起,中国的外国文学翻译事业迎来了春天。然而,国内最早几乎所有的加拿大文学史或选读,如《加拿大文学作品选读》(黄仲文,1986)、《加拿大英语文学简史》(黄仲文,1991)、《加拿大文学简史》(郭继德,1992)等,均未提及加华英语文学。自1994年以来,随着加拿大对中国加拿大研究资助力度的加大,中国的加拿大文学学者受到鼓舞,也日渐关注加华英语文学作品。《加拿大短篇小说选读》(谷启楠等编,1994)选录了加拿大总督奖得主余兆昌的代表作《草原孀妇》("Prairie Widow"),并解释该作以20世纪前半期华人在加遭受歧视为背景,描写了金梅·余一家在草原小镇的遭际,塑造了力抗命运的女主人公形象。次年,《世界文学》常务副主编申慧辉和北京外国语学院孙桂荣教授主编出版了加拿大女作家作品集《房中鸟》,收录了两位加华女作家的英语短篇小说,安妮·朱的《喧闹的唐人街》和刘绮芬的《玻璃》,并说明二作反映了青春期的华裔女性。《中西诗歌》(2007年第1期)、《世界文学》(2007年第5期)、《诗选刊》(2007年第7期)和《诗歌月刊》(2008年第2期)刊登了总督奖诗人弗莱德·华的诗歌专辑,为其诗集《远方》(*So Far*)中的近20首诗作,由作者的朋友、南京诗人黄梵、加拿大汉学家石峻山(Josh Stenberg)翻译。

近十几年来,曾受冷落的加华英语文学的长篇作品,也逐渐被移译成中文出版,累计已有十来本,包括郑霭玲描述越战受害者的纪实文本《照片中的小女孩:黑镜头的背后》(漓江出版社,2001)、邓敏灵探讨父辈在二战中流亡东南亚的小说《确然书》(上海文艺出版社,2009)和关于移民少年成长的小说集《简单食谱》(人民文学出版社，2016)、林浩聪医生获得吉勒大奖的医疗短篇小说集《放血和奇疗》(中译本名为《停止呼吸》，新星出版社，2014)等。双语作家李彦则结合中国读者的历史文化背景和审美趣味，自己译写和改编其英文小说，英文小说《红土地的女儿》的中文版，以《红浮萍》为名，在2010年由作家出版社推出，英文小说《雪百合》的中文版，易名为《海底》，2013年由人民文学出版社推出。

2013年，堪称加华英语文学中译的里程碑年。五位知名加拿大华裔作家的代表作一起被中译出版，它们是郑霭玲的家族传记《妾的儿女》、崔维新的长篇小说《玉牡丹》、方曼俏的长篇小说《龙记咖啡馆的子夜》(又译《午夜龙记》)、李群英的长篇小说《残月楼》、余兆昌的儿童故事《鬼魂火车》和中篇小说《三叔的诅咒》。除郑霭玲的《妾的儿女》由重庆出版社出版外，其他数本书都由南开大学出版社推出，被列入"加拿大华裔获奖文学译丛"和"南开跨文化交流中心研究丛书"。

加拿大驻华使馆安排了其中三位加华英语作家——郑霭玲、李群英和方曼俏，于2013年9月访问中国，同行的还有温哥华的华裔英语诗人朱蔼信，他曾编辑过加拿大首部华裔英语诗集《云吞》和加拿大首部华裔英语小说集《敲锅》。这四位作家依次在广州、上海、天津和北京停留，为中国读者阅读其作品，在加拿大文学研讨会上发言，并在广东外贸外语大学、暨南大学、南开大学等高校参与作品讨论。他们在与中国读者和学者交流中各抒己见，现场气氛十分活跃。

郑霭玲讲述自己小时候通过阅读林语堂900多页的英语小说《京华烟云》(Moment in Peking)了解中国，却发现传统的中国和移民现实差距甚大，她借助照片、信件、访谈、实地考察等走进历史，揭示人性。她强调作家的责任，认为在描写自己族裔时要避免美化拔高，而且要突破族裔性，写出有价值的作品。

李群英认为中国读者应该了解独特的加拿大华人历史。她说，他们这些作家是加拿大"历史悠久、值得自豪的华人社区"的后代。"我们的原始故事描绘了前辈在金山荒原中孤独奋斗的感人历程。"她还表示，要敢于在作品中发出反抗、实现自我的声音。

方曼俏回忆自己小时候从母亲那里知道中国歌曲，以及像花木兰、

梁祝这样的民间故事,回忆父亲开洗衣店,1天工作18个小时,一周工作7天,却还写诗自娱。方曼俏特别强调写作要有"细节",要有"故事",只有这样,才能打动读者。她还为2013年能回到故乡开平和家人共度中秋而感到特别高兴。

朱蔼信生动简述了加拿大华人写作的历史,从19世纪华人在加拿大入境羁留所的墙上刻诗,讲到近几十年来加拿大华人中、英文创作百花争艳。他谈到自己写英语诗,为向英语读者真实描绘华人生活和情感而骄傲。同时,他亦讲述了失落汉语的感受。他展示了加华英语作家兼历史学者余兆昌的名著《咸水埠:温哥华华人图史》(*Saltwater City: the Illustrated history of the Chinese in Vancouver*, 1988),表示要用自己的笔构建出"加拿大华人的神话"。

2014年6月中旬,郑霭玲应邀在北京外国语大学举办的加拿大华裔研究会议上做主题发言,后参加了《妾的儿女》凤凰读书会,帮助中国读者了解这本破冰式的家史书和加拿大华人百年移民的酸甜苦辣。

加拿大华裔英语作家亦通过上海国际文学节来华交流。该文学节于2003年开办后,一年一次,每次持续两周左右,邀请世界各地的作家

左起:翻译家牛抗生、作家余兆昌、郑霭玲、李群英、影视制作人关卓中,在2013年11月记者会上①

---

① 亨特、焦焕文:《加拿大华裔作家中国行圆满成功》,加拿大网络电视台,2013年11月4日。

和评论家出席。在加拿大驻华使馆的安排下,新锐华裔女作家黎喜年和邓敏灵、首位获得总督奖的华裔作家弗莱德·华、首位获吉勒大奖的华裔作家林浩聪等,都出席过上海国际文学节,并做了精彩发言。然后前往南京,到开展加拿大文学研究的高校,如南京大学、南京师范大学和南京财经大学,进行专业交流。邓敏灵还是 2008 年上海市作家协会国际文学交流活动"上海写作计划"中的首批受邀"驻市作家"。

国外加华英语文学方面的专著,目前寥寥。开山之作,为加籍华人赵廉(Lien Chao)在其约克大学博士论文基础上出版的《打破沉默:加拿大华裔英语文学》(*Beyond Silence: Chinese Canadian Literature in English*, 1997)。该书首开先河,提供了甚有价值的史料和加华英语文学综述,获得加拿大的加·鲁瓦文学评论大奖。

从 20 世纪 90 年代末,国内学界开始关注加拿大华裔英语文学。国内杂志上开始出现加华英语文学的综述,如梁丽芳的《打破百年沉默:加拿大华人英文小说初探》(《世界文学》1998 年第 2 期)、罗婷的《加拿大华裔英语文学的兴起》(《外国文学研究》2001 年 3 期)、刘捷的《加拿大华裔文学主题批评》(《加拿大掠影》2002 年第 4 期)、朱徽的《当代加拿大华裔英语文学述评》(《当代外国文学》2003 年 3 期)、赵庆庆的《永恒的母题 变迁的主流——首部加拿大华裔英语诗集〈云吞〉评析》(《华文文学》2007 年 5 期)、王璐的《当代加拿大华裔文学家族小说范式》(《暨南学报》哲学社科版 2010 年第 2 期)、加拿大约克大学学者马佳的《由离散到聚拢,从解扣到织锦——加拿大华裔作家英文创作的主题演变》(《华文文学》2010 年第 5 期)等。北京大学陶洁教授著过《小记加拿大的华人文学》一文,收入其西方文学随笔集《灯下西窗》(北京大学出版社,2004 年),这期间,国内的加拿大文学史书籍也开始包括加拿大华裔英语作家的简介,如朱徽的《加拿大英语文学简史》(2005)、傅俊、严志军和严又萍合著的《加拿大文学简史》(2010)等,只是语焉不详,非常简略。

关于个别作家的评介,集中于伊顿姐妹、崔维新、弗莱德·华、李群英、黎喜年、陈泽桓、林浩聪等几位作家。

笔名为"水仙花"的伊迪丝·伊顿(姐姐),是加拿大最早发表大量英语作品的华裔作家,国内不仅有相当数量的论文,还有研究专著。李贵苍以"'人性归一'大同社会理想:北美华裔文学鼻祖水仙花研究"获得教育部人文社科项目(2009),其《书写他处:亚裔北美文学鼻祖水仙花研究》(2014)是国内首部研究伊迪丝·伊顿的专著,运用文化批评和历史主义的方法,研究伊迪丝·伊顿现象,确立她开创北美华裔文学传统的历史地位,认为她讲述华人历史经验的同时也塑造了华人历史。关于温妮弗蕾德·伊顿(妹妹)的专著,则有潘志明的《作为策略的罗曼司:温妮弗蕾德·伊顿小说研究》(2008),该书在美国罗曼司传统和19世纪末20世纪初的美国文化、社会及学术的语境之中,重新审视其文学作品,说明了伊顿的罗曼司小说对罗曼司传统所隐含的异己特性进行调拨和质疑,回击了美国以生物学特征为基础的文化、社会和性别话语。

台北大学外文系的傅友祥(Bennett Fu)教授就加华英语文学也写过论文,并出版了研究当代加拿大华裔女性作家的专著《越界文本:当代加华女作家写作中的性别和性》(*Transgressive Transcript: Gender and Sexuality in Contemporary Chinese Canadian Women's Writing*, 2012),以李群英、黎喜年、刘绮芬和柯温爱及其代表作为例,探讨了女性主体的建构,分析了加拿大女性交织着历史、文化、族裔和性的文本,考察了女性对加拿大华裔历史的重新书写。魏金凤在《边缘生存:北美新生代华裔小说的存在符号学研究》(2003)一书中论述了八位作家,其中有两位为加华女作家。她探讨了刘绮芬的小说通过写作和叛逃而凸显自我,而黎喜年的小说借助神话加强对历史的理解,并对工业化生产的同质性和非人性做出批判。

赵庆庆的《枫语心香:加拿大华裔作家访谈录》(2011)是国内首本加拿大华人作家访谈专著。在作者访谈的15位加华作家中,内含四位英语作家和两位中英双语作家,与他们的访谈分别为《写戏·演戏·导戏·说戏:加拿大英语剧作家陈泽桓》《小镇孤魂:聆听方曼俏》《我怎么变成"夹在中间先生"的:访加拿大最高文学奖总督奖得主弗莱德·华教授》《边缘女性:走进新锐作家黎喜年博士的神话世界》《风起于〈红浮萍〉:和加拿大双语作家、滑铁卢大学孔子学院院长李彦的对话》和《打破沉默的倾诉:访加拿大获奖评论家、双语作家赵廉博士》。陈中明、赵庆庆分别对总督奖得主余兆昌做过访谈,笔录题目分别为《陈中明访余兆昌》(《世界华文文学论坛》2011年第2期)、《加拿大华人真正的关切之声:采访加拿大最高文学奖总督奖得主余兆昌》(《常州工学院学报》2016年第6期)。

  国内关于以加华英语文学为课题的博士论文,目前仅有一篇,为南京师范大学严又萍撰写的《族裔性及其超越:当代加拿大华裔英语文学研究》。该文从"族裔性"的概念入手,以后殖民批评为理论基础,结合后现代理论、文化研究、女性主义、叙事学等相关理论,从"书写加拿大华人的历史""追寻加拿大华人的身份"和"重审移植北美的中国文化传统"这三个方面探讨当代加拿大华裔英语文学中表现出的"族裔性"。这种"族裔性"彰显出华裔作品不同于白人主流文学作品。与此同时,一些华裔作品在主题上超越了族裔性,避免了落入民族本质主义的陷阱。该文还认为,加华英语文学作为少数族裔文学,不论是其族裔性还是文学性都不应被忽视,并结合余兆昌、李群英、崔维新、弗莱德·华、陈泽桓的代表作做了论证。

  3. 对加华法语文学的接受

  相比加华英语文学,加华法语文学起步甚晚,很长时期乏善可陈。威廉·赫伯特·纽的《加拿大文学史》(1991)和他主编的《加拿大文学百科全书》(2002)没有加华法语创作的记载。以魁北克省为主的加拿大法语文学方面的专著,如加拿大教授雷内·狄奥尼(René Dionne)的《魁北克及其文学》(1984)、劳伦·梅伊豪(Laurent Mailhot)的《魁北克文学史》(2004)、国内魁北克文学研究专家孙桂荣的《魁北克文学》(2000)等,亦无相关文字。直到20世纪末,加拿大才出现一位法语创作上取得重大突破的华人作家——应晨(Ying Chen)。她毕业于复旦大学法语系,80年代到加拿大魁北克省修读法语文学,并定居,迄今出版了11本法语小说和2本随笔集,在加拿大和欧洲获得法语文学大奖,堪称在加拿大乃至世界范围内都小有名气的华人法语作家。蒙特利尔法语《新闻报》(*La Presse*)曾经以《每周人物》("Personnalité de la semaine")、《女巫小说家》("Cette romancière est une ensorceleuse")等为题,多次采访应晨。

加华法语文学在中国的接受,主要围绕女作家应晨进行。

2002年,应晨亲自中译的《忘恩负义》以《再见,妈妈》为名,由浙江文艺出版社出版,但反应平平,没有获得在西方读书界的轰动效应。原因大概是该中译本被错误地定位为青少年读物,封面设计简单幼稚,和书中沉重的年代不相吻合,使人无法感受到该书的分量和在法语世界取得的成就。再者,书中强硬而冷血的"虎妈"形象,尽管是夸张的、象征的,也较难为多数国人接受。2002年,应晨回中国,在参加法语小说《再见,妈妈》中译本的发行期间,接受采访。《青年报》(2002年9月12日)曾刊登应晨和赵延的谈话,揭示了她的创作过程和不愿被视作族裔文学代言人的心理。

学界论述方面,宋晓薇的论文《应晨和她的小说〈水的记忆〉》(《从中国看魁北克》,傅荣和李洪峰编,外语教学与研究出版社,2007年12月)介绍了应晨的生平并评介其小说创作。赵庆庆的论文《北美华裔女性文学:镜像设置和视觉批判》(《外国文学评论》2008年4期)上将应晨和加华英语作家刘绮芬、美华英语作家林玉玲(Shirley Geok-lin Lim)做比较,指出其女权意识的局限性。另外,曾获加拿大拉瓦尔大学社会学博士学位、现居魁北克的张裕禾教授,曾就应晨给国内写过评述。傅俊、严志军和严又萍合著的《加拿大文学简史》(2010)也对应晨有所简介,称之为加拿大非法裔作家中"一颗耀眼的明珠"①。

复旦大学周莅濛写过硕士学位论文《加籍华裔法语作家应晨的不同写作身份辨析》。该文辨析了应晨的几重作家身份:新移民作家、新魁北克作家和世界性作家。先理清了她作为新移民作家在海外华人文学中的位置,并深入文本辨析这一身份赋予其文本的特点,接着探寻应晨的新魁北克作家身份在其文本中的线索,最后指出应晨对国别和区域文学身份的有意识反抗,形成了其世界性作家的身份归属。

除此以外,加华法语文学在中国大抵是比较寂寞的。

---

① 傅俊、严志军、严又萍:《加拿大文学简史》,上海外语教育出版社,2010年,第353页。

三、对加华文学翻译和研究的展望

加华文学具有跨语种的特征,包括汉语、英语、中英双语和法语创作,新老作家济济一国,影响日益广远。加拿大的主流文学评论家不仅将加华英、法语文学纳入加拿大文学史的编写,而且亦意识到加拿大文学应包纳少数族裔用本族语的创作。加拿大艾伯塔大学比较文学系创始人、总督奖诗人爱·德·布洛杰特(E. D. Blodgett)教授就指出,人们提到"加拿大文学","一般想到的是英语和法语的加拿大文学,而加拿大还有一些移民用母语——德语、冰岛语、意大利语和乌克兰语写作,还有汉语"。[①] 加拿大著名的文学史专家、曾任《加拿大文学》主编的威廉·赫·纽(William H. New)教授,不仅持类似观点,[②]还在1994年第140期《加拿大文学》上著专文《金山之内》("Inside Gold Mountain")评述加拿大华裔英语写作的主题,并在其编撰的《加拿大文学史》和《加拿大文学百科全书》中,收录了加拿大华裔英语和法语作家。因此,加华文学的翻译和研究存在令人振奋的拓展空间。

在翻译方面,可以进行双向互译,即把加华汉语作品译成英语,把加华英语和法语作品译成汉语。加拿大的双语作家李彦、赵廉、黄俊雄、川沙等,以及一些精通双语者已经着手此事。像洛夫的代表作《石室之死亡》,已由美国汉学家陶忘机(John Balcom)译出,1994年在旧金山出版,《洛夫短诗选:中英对照》(2001)在中国香港出版。陶然机英译的洛夫3000行长诗《漂木》(*Driftwood*)2005年也已在美国出版。叶嘉莹的诗词,由哈佛大学汉学家海陶玮(James R. Hightower)英译过数首,中国社会科学院80年代初刊载的英译的缪钺先生写的《迦陵诗词

[①] 爱·德·布洛杰特:《什么是加拿大文学比较研究?》,见《比较文学面面观》,钱德拉·莫汉编,印度出版社,1989年,第46—47页。[E. D. Blodgett, "What is Comparative Canadian Literature?" in *Aspects of Comparative Literature*, ed. Chandra Mohan (Delhi: India Publisher, 1989), pp. 46-47.]

[②] 威廉·赫·纽:《加拿大文学史》,吴持哲等译,人民文学出版社,1994年,第207—208页。

稿》序言,其中也含有几首英译的叶嘉莹诗词。① 而叶先生更多的诗词作品则由其好友陶永强英译,集成《独陪明月看荷花》(*Ode to the Lotus*,2007)一书在加拿大问世。另外,张翎描写加拿大华人移民史诗般的长篇小说《金山》(*Gold Mountain Blues*,2012)、汪文勤含有近500首诗的合集《诗在》(*Good Now*,2013)、郑南川的诗集《一只鞋子的偶然》(*The Fortuities of a Shoe*,2013)和《寄走的人生》(*A Life Mailed Out*,2020)、双语作家李彦和赵廉的若干作品……都有可读可赏的中英双语版。加拿大吴华、徐学清和科琳娜·戴维斯(Corinne Davies)三位博士合编的《向北方:加华作家小说集》(*Toward North: Stories by Chinese Canadian Writers*,2018)由多伦多 Inanna 出版社推出,收录了英译的张翎、陈河、曾晓文、孙博、川沙、余曦、原志、涯方、诗恒、杨涛和朱小燕 11 位作家的 13 篇作品。

另外,加华汉语文学作品也出现了英语以外的译本。比如,魁北克省通晓汉、英、法三语的写作人张芷美的英语回忆录《狐狸精》,2008 年在蒙特利尔出版了法语版。魁北克华文作家薛忆沩的小说集《深圳人》

叶嘉莹诗词的英译本 *Ode to the Lotus*(《独陪明月看荷花》),陶永强翻译,书法家谢琰题诗

---

① 详见叶嘉莹先生与笔者的邮件,2010 年 5 月 20 日。

329

有中、英、法三种版本。陈河的长篇小说《红白黑》被译成意大利文，2018年出版，书名叫 A modo nostro。

2018 年 10 月 25 日，英译集《向北方：加华作家小说集》(Toward North: Stories by Chinese Canadian Writers) 新书发布会在多伦多举行
左起：三位主编吴华、徐学清、科琳娜·戴维斯 (Corinne Davies)、多伦多作家曾晓文、翻译家孙白梅（加中笔会供照）

  统观在华被中译的加华英语和法语作品，可以发现被译英语作品包括弗莱德·华的诗歌、郑霭玲的纪实作品、余兆昌的儿童故事和中短篇小说、林浩聪的短篇小说集，以及崔维新、李群英、方曼俏、邓敏灵和李彦的长篇小说。被译加华法语文学作品为应晨的中长篇小说《忘恩负义》。这些作家绝大多数获过加拿大最高文学奖总督奖或提名，被译作品也都是其代表作。但加拿大还有一些重要的华裔英语作家和作品有待翻译，像"加华英语文学祖母"水仙花的小说、加华英语文学拓荒者朱蔼信的诗文、刘绮芬的大量获奖诗文、陈泽桓风靡加拿大全国的戏剧……以及其他作者脍炙人口的小说、诗文、戏剧、纪实等。从被译者年龄上讲，弗莱德·华年逾八旬，崔维新 80 岁（2019 年辞世），郑霭玲、余兆昌、李群英、方曼俏等都在六旬之上，应晨属于 60 后，林浩聪和邓敏灵属于 70 后，而更为年轻的优秀加华英语作家，如曹禅的诗歌和戏

剧,具有深沉、大气而丰富的表现手法和普世情怀,颇值中译。

国内学者也在研究中自译原文,但或许因资料匮乏,在加华英语文学的翻译上,对人名、地名等专有词的中译值得商榷。不少加华作家英文名中的姓源自粤语,如 Lau 是"刘",Yee 是"余"、Lai 是"黎",Choy 是"崔",Chu 是"朱",Chan 是"陈",Bak 是"白",Lim 和 Lam 是"林"……而且姓前会加上英语的常见人名。整个英语名字,和中文名的普通话发音迥异。国内音译的伊芙琳·劳或艾凡琳·罗(Evelyn Lau)中文名是刘绮芬,保罗·余(Paul Yee)中文名是余兆昌,拉丽莎·赖(Larissa Lai)中文名是黎喜年,威荪·蔡和蔡韦森(Wayson Choy)中文名是崔维新,吉姆·王-朱(Jim Wong-Chu)中文名是朱蔼信等等。李群英(SKY Lee)被音译成丝凯·李,甚至被意译为"李天",其实 SKY Lee 是该作家全名 Sharon Kun Ying Lee 的缩写,和"天"(英语为 sky)无甚关系。最独特的加华作家姓名可能是 Fred Wah 了,国内一般译成弗莱德·华,也有将 Wah 译成"伍""王""瓦"或"瓦赫"。然而,这些都不是其真姓,他的中文名叫"关富烈"。19 世纪末,他祖父随着华工潮来加,入境时,海关官员按照西人习惯,把他祖父姓名的最后一个字"华"当成姓,根据粤语发音写成 Wah,填于证件,如此沿用至他父亲、他自己和他的后代。在温哥华,就有一些 Wah 姓的店铺,其实店主另有他姓,原因亦在此。所以,在提到加华作家,尤其是土生的加华作家,最好能将其英文名连同音译标出,免得造成混乱。精通英语、汉语普通话、粤语等方言的梁丽芳教授也举出译例,说明"一个普通话翻译者可能意识不到的问题。这些翻译者第一:漠视了作者利用方言来命名人物的事实,而用普通话来谐音,选用相应读音的汉字;第二:没有顾及华人社区沿用已久的地名,想当然地自创名字",指出这是"语言沙文主义实践中的偏差"。[①] 加华作品中的人名、地名、器物、建筑等的拼写,往往也是基于粤语或其他方言,在音译时要注意。

在研究方面,国内外已经开始收集原始文献,对之进行梳理和诠

---

① 梁丽芳:《人名、地名的翻译与方言——从加拿大几本华裔英语小说的中译说起》,见《华文文学》2015 年第 4 期,总第 129 期,第 43—45 页。

释,如梁丽芳、徐学清、吴华、陈浩泉等对加拿大中文报刊的研读。另外,国内外学者在文本细读的基础上,运用后殖民理论、离散理论、后现代理论、社会文化批评、女性主义批评等多种方法,解释加华文学作品。少数评论家注意到加华文学多语种的特点,使用"加拿大华人文学"或"加拿大华裔文学"一词,对之进行跨语种评述,如梁丽芳的《黄遵宪、康有为、梁启超与加拿大华人文学》,刘慧琴的《多元文化中的一枝奇葩——加拿大华人文学概况》、北京大学陶洁教授的《小记加拿大的华人文学》、刘红林的《风景这边独好——近三十年加拿大华裔文学综论》等。刘淑玲主持的中国教育部人文社科项目——从"华人文学"到"华裔加拿大文学"认为"华人文学"强调与中华民族的认同感,而"华裔加拿大文学"强调与加拿大的认同感,这一称谓变化昭示出华裔文学在加拿大文学场域的演进,显出两国经济、文化与文学互动的隐形轨迹。赵庆庆主持完成的中国教育部人文社科项目《加拿大华人文学史论:多元和整合》是首部探索加拿大华人文学多语种发展的史论。该著约 40 万字,200 多幅图,围绕"金山"这一牵动无数华人的地理和心理存在,挖掘了加华文学一百多年漫长而坎坷的发展历史,全面描述了加华汉语、英语、法语和双语文学的多元风貌。在跨语种呈现的基础上,研究就可突破语种自限,扩大视野,进行比较和整合,把加华文学研究推进得更广更深。

另有一点值得注意的是,加华文学具有自我阐释性,即有些作家,同时也是评论家和学者,在大学里授课,在对其研究时,不妨参照其评论和专著,这样可以对他们本人的创作和加华文学感受更深。比如,叶嘉莹、梁丽芳、弗莱德·华、黎喜年、崔维新、陈泽桓,曾在不列颠哥伦比亚大学、艾伯塔大学、卡尔加里大学等高校执教,他们评作兼美。叶嘉莹的诗词契合了她的"感发"[①]和"弱德之美"[②]理论。梁丽芳的随笔集《开花结果在海外》和她的"华人文学"[③]之说相呼应。弗莱德·华之所

[①] 叶嘉莹:《多年来评说古典诗歌之体验及感性与知性之结合》,见《我的诗词道路》,石家庄:河北教育出版社,1997 年,第 46—66 页。
[②] 叶嘉莹:《朱彝尊之爱情词的美学特质》,见《四川大学学报》1994 年第 2 期,第 62—70 页。
[③] 梁丽芳:《扩大视野:从海外华文文学到海外华人文学》,见《枫华正茂:加华文学评论集》,陈浩泉编,加拿大华裔作家协会,2008 年,第 105—117 页。

以对英语词汇、句式进行颠覆再造,盖因为他曾投身于20世纪60年代加拿大颇具影响的"蒂什"(TISH)诗歌运动,主张口语化和通俗化,倾向"介于二者之间"(in-betweenness),集"同时并存的外国性"(synchronous foreigncity)于一身。[1] 黎喜年重写中西神话或童话,在小说中虚构反乌托邦,其对金融和科技寡头操纵人类生活的论述息息相关。[2] 崔维新和陈泽桓将家事和族史写进文本,源于他们欲借故事建构历史,将个性、民族性熔于一炉。[3]

结　语

跨语种的加华文学成果累累,受传媒和出版影响,和加拿大本土、欧美、海峡两岸暨香港和澳门、东南亚等国家和地区皆有联系,所以在研读作家作品的同时,最好能对加华文学做一视野开阔的整体把握,以达到见树见林的理想效果。这对加华文学工作者既是挑战,也未尝不是机遇。如果能如批评大家勒内·韦勒克(René Wellek)所言,将文学的"内部研究"和"外部研究"充分结合起来,并以加拿大著名学者诺思洛普·弗莱(Northrop Frye)的"整体文学观"统照、把握、辨析千姿百态的跨语种文学现象,那么,加华文学的翻译和研究就一定会走向丰满和成熟,甚至会开辟出华文文学、华人文学、加拿大文学、中国文学、世界文学等研究领域的新途径。

对于用汉语、英语、法语或双语辛勤耕耘的加华作家们来说,这样的研究,则既有助于他们了解自己作品在加拿大、中国和世界文学版图的位置,也有助于广大读者走进他们的悲欢离合,触摸文字下鲜活的血脉,从而更好、更真、更深地感受他们的作品。

---

[1] 弗莱德·华:《伪装:诗学和杂糅》,埃德蒙顿:纳西出版社,2000年。[Fred Wah, *Faking It: Poetics & Hybridity* (Edmonton: NeWest Press, 2000).]

[2] 黎喜年:《社团行动和全球蔓延:资本种族写作》,见《西岸线》2008年第2期,总59期,第116—128页。[Larissa Lai, "Community Action, Global Spillage: Writing the Race of Capital," *West Coast Line* 59, No. 2 (2008): 116-128.]

[3] 陈泽桓:《少数族裔剧作家的窘境》,赵庆庆译,见《华文文学》2006年第4期,总第75期,第65—68页。

附录2：加拿大华人文学大事记

458—459年　慧深等五位中国僧人到达加拿大不列颠哥伦比亚省，南下航行至墨西哥。

1405—1433年　郑和下西洋时，中国人在加拿大东部布雷顿岛(Breton)建立移民区。此为加拿大学者、耶鲁大学建筑学教授保罗·夏松(Paul Chaisson)实地考证后推测。

1584年　意大利耶稣会士利玛窦(Matteo Ricci)在广东肇庆的教堂，挂上从欧洲带来的《万国舆图》，令中国人在地图上初识加拿大。

1623年　意大利耶稣会士艾儒略(Giulio Aleni)在中国文人杨廷筠的帮助下，用中文撰写《职方外纪》，这是首部汉语世界地理书，内含加拿大详介。

1788年　英国船长约翰·米尔斯(John Meares)雇佣70名广东工匠到温哥华岛的奴加港(Nootka Sound)造船，次年又招募50名。其中有人和土著妇女通婚，留居加拿大。

1842年　魏源的地理巨著《海国图志》出版，内含当时中国人对加拿大最全面的认识。

1857年　美国探矿队在加拿大西部菲莎河谷发现金矿。广东华人阿康(Ah Hong)从旧金山来加拿大探询。广东华人孟马克(Mark Moon)从纽约来到多伦多。

1858年　大批华人从美国、中国来加拿大，汇入"菲莎河淘金潮"。

1867年7月1日　加拿大立国。

1870年　加拿大长老会传教士乔治·麦凯（George Mackay）在中国台湾建立台北差会，为加拿大在华首个传教基地。

1870—1880年　加拿大维多利亚的唐人街有"均天乐""尧天乐""丹凤山"等戏班演出。

附录2：加拿大华人文学大事记

1875年6月1日　横贯加拿大的加拿大太平洋铁路(Canadian Pacific Railway)开建。

1875年　维多利亚50多户华侨家庭联合开办中文讲习班。

1877年　加拿大魁北克省(以讲法语为主)的大城市蒙特利尔出现第一家华人洗衣店。

1880—1885年　约17000名华工参加修建加拿大太平洋铁路，逾4000人死亡。1885年11月7日，该铁路竣工。

1882—1885年　黄遵宪任清廷驻美国旧金山总领事，到访加拿大维多利亚等地，和当地华侨诗文唱和，著有反映华人疾苦的五言长诗《逐客篇》。

1884年　中华会馆(Chinese Benevolent Association)在维多利亚成立。

1885年　加拿大向入境华人起征歧视性的人头税，每人50加元。

美以美教会在维多利亚成立"华人教会学校"，为加拿大最早华校。

1888年　加拿大长老会派古弗斯(Jonathan Goforth)夫妇、弗雷泽·史密斯(James Fraser Smith)医生夫妇、威廉·麦克卢尔(William McClure)医生、哈里特·萨瑟兰(Harriet Sutherland)护士和语言奇才季理斐(Donald MacGillivray)七人，建立豫北差会，被誉为"河南七贤"(the Henan Seven)。

1892年　加拿大卫理会著名传教士哈特(Virgil Hart)博士以四川为基地，建立华西差会。

1896年　清廷重臣李鸿章结束欧美之旅取道温哥华回国，温哥华华人搭起欢迎的牌楼。

"北美华裔文学祖母"伊迪丝·伊顿(Edith Eaton)在《蒙特利尔星报》等报刊发表华人题材的英语作品。

1897年　孙中山三次到访加拿大(1897、1902、1911)。

1898年　醒侨剧社在温哥华开办醒侨戏院，有500座，为当年华埠最大公众场所。

1899—1904年　康有为数次到达加拿大，写下30多首古诗和700余字的《加拿大游记》。

1899 年　温妮弗蕾德·伊顿（Winnifred Eaton），伊迪丝·伊顿之妹，以杜撰的日本女性名"小野の小町"（Onoto Wantanna），发表《日本的梅花小姐》（*Miss Numè of Japan*）等日本题材的英语小说。

　　　　维多利亚中华会馆创办"乐群义塾"，后扩建成"华侨公立学校"，一度是加拿大最大最好的华人学校。

1901 年　加拿大向入境华人增征歧视性的人头税，每人 100 加元。

1903 年　加拿大向入境华人增征歧视性的人头税，每人 500 加元。

　　　　戊戌变法失败，梁启超避难日本期间，在 1903 年 2 月 6 日至 4 月 16 日访留加拿大，创办加拿大首份中文报纸《日新报》。后访美国，写下十万言《新大陆游记》记述加、美见闻。

1907 年　《华英日报》创立，1909 年易名为《大汉日报》，1919 年易名为《大汉公报》，运行 85 年，为加拿大最悠久的中文报纸，设有《大汉公报丛录》《汉声》《加华文学》等文学版面。

　　　　温哥华唐人街遭白人暴徒洗劫，损失惨重。

1908—1923 年　加拿大移民检查局在维多利亚市设立，被羁华人在墙上刻下诗文，史称"先侨壁诗"。

1909 年　加拿大圣公会传教士怀履光（William Charles White）开辟河南教区，大肆购运中国文物，为加拿大汉学创始人之一。

1910 年　加拿大长老会明义士（James Menzie）到河南北部传教，后成为甲骨文名家。

　　　　孙中山追随者冯自由来到温哥华，任《大汉日报》（后易名为《大汉公报》）主笔。

1912 年　伊迪丝·伊顿（笔名"水仙花"）的英文小说集《春香夫人》（*Mrs. Spring Fragrance*）在美国出版。

1914 年　教育家梅贻琦受上海青年会委派，到温哥华的华人教会演说。

1915 年　温哥华的醒群社上演白话剧，宣传强华救亡，大受欢迎。

1916 年　数万华人劳工途经加拿大，奔赴法国，支援第一次世界大战。

1917 年　《醒华报》在多伦多创办，后易名为《醒华日报》，运行至 20 世纪 80 年代，为加拿大东部最悠久的中文报纸。

1923—1947 年　加拿大实施全面排华的《华人移民法》,有 43 条法令,被华人称作"四三苛例"。大批华人家庭被分隔在大洋两岸。华人以游行、演戏、宣讲、著文等多种形式抗议。

1928 年　建筑学家梁思成和林徽因在渥太华的中国领事馆成婚。

1930 年 1 月　京剧大师梅兰芳赴美演出,途经维多利亚,应中华会馆之邀与华人叙谈,光扬中华文化。

1931 年　加拿大入华传教士、广学会出版委员会主席薄玉珍(Margaret Brown)的《王夫人的日记》《天晓得》等中文小说、《父母的天职》等中文剧本在上海出版。

1932 年　加拿大广播公司(CBC)成立。

1934 年　著名的振华声剧社在温哥华成立。

1936 年　加拿大华人主办的第一家英语报纸《中华周报》(*Chinese News Weekly*)在温哥华创立。

1937 年　加拿大文学最高奖——总督奖(Governor General's Award)设立。

1937—1945 年　加拿大华人约 4 万人,抗日募捐多达 500 万加元,人均约 125 加元。加拿大华侨子弟来华和东南亚抗战,搏击日机,飞越"驼峰航线"。

1938—1939 年　加拿大白求恩医生来华救治抗战军民,1939 年 11 月 12 日殉职,著有《伤口》《哑弹》《沃田里的野草》等描述中国抗战的英文小说。

1939 年　加拿大华人自愿入伍,代表加拿大参加二战。

1941—1945 年　加拿大对日宣战。约 600 名华人加入加拿大军队,70％牺牲。加拿大华人自觉购买政府的战时公债,多达 1000 万加元。

1953 年　英语半月刊《华埠杂志》(*Chinatown News*)创刊。

1955 年　《人生漫谈》创刊,在香港印刷,在温哥华发行,登载武侠、传奇等中长篇小说,销路颇广。

1957 年　郑天华(Douglas Jung)成为加拿大国会首位华人议员。加拿大最悠久的中文报纸《大汉公报》出版《诗词汇刻》,收录诗词逾 3000 首,绝大多数作者来自加拿大、美国,少数来自拉美地区。

1959 年 4 月 27 日　加拿大最后一位入华传教士海伦·威利斯(Helen Willis)离开中国。

1960 年　加拿大华裔英语作家弗莱德·华(Fred Wah),在温哥华参与发起"蒂什"(TISH)诗歌运动。

8 月,北京京剧团 95 名成员来加拿大演出,大获成功。

1965 年 12 月　著名居士、作家冯冯从中国台湾移居温哥华,加拿大移民部长杰克·尼古逊迎接,报道载于《温哥华太阳报》(Vancouver Sun)。

1967 年　加拿大建国 100 周年。

加拿大实施"分值制"移民政策,华人申请移民加拿大不再受任何种族歧视。

1969 年　古典诗词大家叶嘉莹从中国台湾移居温哥华,任教于不列颠哥伦比亚大学亚洲系,后获"加拿大皇家学会院士"称号。

加拿大亚裔作家工作坊(Asian Canadian Writers' Workshop)成立,出版英语月刊《米纸》(Rice Paper)。

1970 年 10 月 13 日　中华人民共和国与加拿大建交。

1973 年　中、加政府签订"中加学者交流项目"(China—Canada Scholars Exchange Program),每年互派学者,迄今已有 47 年历史。

《华侨之声》粤语电台在温哥华开播。

1974 年　陈若曦从中国香港移居加拿大,写成小说《尹县长》,在台湾地区出版,轰动一时。1979 年应美国加州伯克利大学中国中心之聘,移居美国。

1976 年　加拿大 18 名青少年组团,通过中国驻温哥华领事馆安排,到中国访问 6 周,团员中有日后获得总督文学奖的英语作家余兆昌(Paul Yee),以及日后参与创建加拿大华裔作家协会的学者梁丽芳。

1977 年　"加拿大唐人街之父"、维多利亚大学黎全恩教授,抢救刻于维多利亚移民检查局大楼上的"先侨壁诗"。同年,大楼被拆。

1979 年　叶嘉莹教授退休后,往返中加讲学,于 1990 年创建南开大学中华古典文化研究所。

朱蔼信(Jim Wong-Chu)、李孟平(Bennette Lee)等编辑的《不可剥夺的稻米：加拿大华裔和日裔合集》(*Inalienable Rice: A Chinese & Japanese Canadian Anthology*)出版,为加拿大首部华裔英语作品集。

《当代》创刊号(1979 年 7 月)刊出白先勇的小说《永远的尹雪艳》,为台港澳地区暨海外华文文学进入大陆开启了大门。随后创办的《华人世界》《海内外文学》《台港文学选刊》《台港澳海外华文文学》(后更名为《世界华文文学》)等杂志开始评介加拿大华文作家。

1980 年　温哥华中华文化中心成立。

来自香港的华人移民创办魁北克地区的首份中文报《华侨时报》,有版面专登移民的散文小品,为魁北克华文文学的摇篮。

1982 年　新诗社"白云诗社"在温哥华成立,成员十来人,有加拿大学者梁丽芳、来自上海的袁军和梅子,现已停止活动。

1983 年　《星岛日报》在加拿大建立分社。

1985 年　弗莱德·华(Fred Wah)的散文诗集《等候萨省》(*Waiting for Saskatchewan*)出版,获总督奖的诗歌奖,弗莱德·华为荣膺该奖的首位加拿大华裔英语作家。

1986 年　朱蔼信的英语诗集《唐人街魅影》出版(*Chinatown Ghosts*),为加拿大华人首部唐人街题材的英语诗集。

1987 年　加拿大华裔写作人协会在温哥华成立,1995 年易名为"加拿大华裔作家协会"(简称"加华作协"),创会会长卢因,副会长梁丽芳,历任会长有卢因、梁丽芳、陈浩泉、刘慧琴和林婷婷。

1988 年　加拿大实行《多元文化法》,成为世界上第一个以多元文化为国策的国家。

林思齐(David Lam)出任不列颠哥伦比亚省省督,是加拿大首位华人省督。

1989 年　余兆昌的《咸水埠：温哥华华人图史》(*Saltwater City: the*

	Illustrated history of the Chinese in Vancouver）获温哥华城市书奖。
	刘绮芬(Evelyn Lau)的畅销自传《逃跑：流浪儿日记》(Runaway: Diary of a Street Kid)出版,被改编成电视剧。
1990 年	李群英(SKY Lee)的《残月楼》(Disappearing Moon Cafe)出版,为加拿大首部华裔题材的英语长篇小说,获温哥华城市书奖,以及总督奖的小说奖提名。
1990—1997 年	梁锡华、罗锵鸣、胡菊人、马森、许行、卢因、陶永强、亦舒、陈浩泉、阿浓、陈华英、冯湘湘、潘名燊、施淑仪、谢琰、余玉书、韩牧、也斯、陈中禧等大批中国香港文人移居加拿大。
1991 年	葛逸凡的《金山华工沧桑录》出版,为较早描写加拿大筑路华工的中长篇小说。
	刘绮芬的诗集《俄狄浦斯之梦》(Oedipal Dream),获总督奖的诗歌奖提名,时年 21 岁,是获该奖提名的最年轻作家。
	和金庸、倪匡并称为"香港文坛三大奇迹"的亦舒,移居温哥华。
	《世界日报》创立加西版。
	广东省社科院文学所所长赖伯疆的《海外华文文学概观》出版,含数位加华作家的介绍。
1992 年	有 85 年历史的加拿大中文大报《大汉公报》停刊。
1993 年	林婷婷的散文集《推车的异乡人》获台湾侨联总会"华文著述类"散文首奖,后获 2010 年冰心奖。
	《明报》分别在温哥华和多伦多创立加西版和加东版。
1994 年	多伦多华人作家协会成立,历任会长有伍秀芳、陈孟贤、陈慧等。
	郑霭玲（Denise Chong）的家史文本《妾的儿女》(The Concubine's Children)出版,获总督奖的非虚构作品奖提名,在《环球邮报》畅销书榜长达 93 周,被译成十几国文字。
	《加拿大短篇小说选读》(谷启楠等编)收录余兆昌的英语小说《草原孀妇》("Prairie Widow"),为国内首次刊载加华英语作

家的原作。

1994—2000年　陈泽桓(Marty Chan)的英语广播小品《点心日记》(Dim Sum Diaries)，展现加西草原小镇华人家庭的生活，在加拿大广播电台连播六年，共播出250多集。

1995年　著名诗人痖弦从中国台湾迁居温哥华。

加拿大中国笔会在多伦多成立，历任会长有王兆军、胡清龙、洪天国、孙博、曾晓文。

崔维新(Wayson Choy)的长篇小说《玉牡丹》(The Jade Peony)，获加拿大新书奖提名、吉勒奖提名，是首位获吉勒奖提名的华裔作家。该书还获安大略省三叶草图书奖，被美国图书馆协会评为"著名书籍"，被《加拿大文学评论》列入"1945—2004年最有影响的100本加国书籍"。

李彦的长篇小说《红土地的女儿》(Daughters of the Red Land)，获加拿大新书奖提名和滑铁卢地区文艺杰出女性奖，为大陆移民作家首次获此殊荣。作者自译的中译本《红浮萍》2010年由作家出版社推出。

黎喜年(Larissa Lai)的长篇小说《千岁狐》(When Fox Is a Thousand)获加拿大新书奖提名。

陈泽桓的英文戏剧《妈，爸，我和白人女孩同居了》(Mom, Dad, I'm Living with a White Girl)，风靡加拿大全国和美国外百老汇。

应晨的第三部法语长篇小说《忘恩负义》(L'Ingratitude)，获魁北克-巴黎联合文学奖、魁北克书商奖，以及总督奖、法国费米娜奖和爱尔兰读者奖等多项提名，并被译成英、意、西、德、波兰语等多种文字。

1996年　著名诗人洛夫从中国台湾迁居温哥华。

余兆昌(Paul Yee)的《鬼魂火车》(Ghost Train)出版，获总督奖的儿童文学奖，为第二位荣膺此奖的华裔作家。

贝蒂·关(Betty Quan)的《母语》(Mother Tongue)出版，获总督奖戏剧奖提名。

黄明珍(Jan Wong)的英语自传《神州怨》(*Red China Blues*)出版,入选《时代》杂志1996年十大最佳图书。

1997年　1997年2月28日,在蒙特利尔最大的中文报《路比华讯》上,魁北克华人作家协会主办的文学专栏《笔缘》创刊。3月16日,魁北克华人作家协会在蒙特利尔正式成立,历任会长有董森、郑南川等。

赵廉博士的《打破沉默:加拿大华裔英语文学》(*Beyond Silence: Chinese Canadian Literature in English*)出版,为首部加拿大华裔英语文学专著,获加·鲁瓦文学评论奖。

叶婷行的英语自传《苦风一孤叶》(*A Leaf in the Bitter Wind*)出版畅销。

北京作家陈建功、评论家陈骏涛访问温哥华,出席加华作协第一届华人文学研讨会。

1998年　1998年11月1日,反映加拿大太平洋铁路华工血泪史的八集文献纪录片《枫骨中华魂》(*Canadian Steel, Chinese Grit*)在渥太华举行首映式。英语版和法语版的片长48分钟,普通话版和粤语版的片长8小时30分。该片1997年开拍时,加拿大总督罗密欧·勒布朗(Romeo LeBlanc)亲笔致函祝贺。

著名作家白先勇、武汉作家池莉、北京评论家牛玉秋访问温哥华,出席加华作协第二届华人文学研讨会。

1998—2010年　渥太华作家笑言主持"笑言天涯"纯文学网站。

1999年　伍冰枝(Adrienne Clarkson)出任加拿大总督,是加拿大总督设立107年以来的首位华裔和第二位女性总督。

魁北克中华诗词研究会在蒙特利尔成立,由白墨主持,在当地《华侨新报》上设立每周"诗坛",17年刊出700多期,发表诗词逾18000首。

崔维新的英语自传《纸影:唐人街童年》(*Paper Shadows: A Chinatown Childhood*)出版,获总督奖非虚构作品奖的提名。

朱蔼信、关嘉祥编的《云吞:加拿大华裔诗集》(*Swallowing Clouds: An Anthology of Chinese Canadian Poetry*)出版,

为加拿大华人的首部英诗合集。

美华作家於梨华、少君、黄河浪、中国评论家刘登翰、袁良骏等访问温哥华,出席加华作协第三届华人文学研讨会。

汕头大学陈贤茂教授主编的 200 万字巨著《海外华文文学史》(四卷)出版。

2000 年　著名诗人洛夫在温哥华创作的 3000 行长诗《漂木》出版,获诺贝尔文学奖提名。

《环球华报》由中国新移民创办,继《星岛日报》《明报》和《世界日报》三大日报之后,成为加拿大第四大全国性中文报纸。

美华作家严歌苓、哈尔滨作家阿成、北京评论家何镇邦等访问温哥华,出席加华作协第四届华人文学研讨会。

苏州大学曹惠民教授的《台港澳文学教程》出版,内含台港澳背景的加华作家评介。

2001 年　多伦多大学华裔教授陈嘉年(Ka—nin Chan)创作的中英双语歌剧《铁路》(Iron Road)在多伦多首演,获多拉·马沃·莫尔优秀音乐剧奖(Dora Mavor Moore Award for Outstanding Musical)。

邓敏灵(Madeleine Thien)的短篇小说集《简单食谱》(Simple Recipes)荣获加拿大四项文学大奖,包括 30 岁以下最具潜力青年作家奖,进入英联邦作家处女作奖的决选。中译本 2016 年在华出版。

美华作家吴玲瑶、中国评论家龙彼德等访问温哥华,出席加华作协第五届华人文学研讨会。

2002 年　中国作家铁凝、项小米、美籍历史教授孙隆基等访问温哥华,出席加华作协第六届华人文学研讨会。

2003 年　漂木艺术家协会由诗人洛夫、音乐家谢天吉、文学评论家张迈等在温哥华创立。

朱蔼信、赵廉编的《敲锅:当代加拿大华裔小说集》(Strike the Wok: An Anthology of Contemporary Chinese Canadian Fiction)出版。

北京大学王景山教授主编的《台港澳暨海外华文作家辞典》出版,内含加华作家评介。

2004年　洛夫诗书画乐盛演《因为风的缘故》在温哥华女皇大剧院举行,中英文解说,反响热烈,当地中英文大报均有报道。

陈泽桓的英语戏剧《紫禁凤凰》(*Forbidden Phoenix*)在埃德蒙顿首演,融合京剧元素,表现华人在加拿大淘金、修铁路的历史,后在加拿大巡演。

方曼俏(Judy Fong Bates)的英语小说《午夜龙记》(*Midnight at the Dragon Cafe*)出版,入选2005年度美国图书馆协会著名书榜。

《香港文学》7月号刊登了"加拿大华文作家作品展"。

2005年　加华英语作家崔维新获加拿大勋章。

大华笔会在温哥华成立,历任会长有林楠、微言。

菲律宾华文作家、加拿大华人笔会会长林婷婷在温哥华组织《文学的午后》朗诵会,展现当地作家作品,反响热烈。

加华英语作家郑霭玲参加上海国际文学节。

北京评论家吴泰昌、美籍华人教授朱虹、香港作家葛亮等访问温哥华,出席加华作协第七届华人文学研讨会。

2006年　加拿大总理斯蒂芬·哈珀在2006年6月22日,就人头税和《排华法案》向华人正式道歉,对300多位在世的人头税缴纳者和遗孀,每人赔偿2万元。该道歉仪式全程电视直播,提供英语、法语、普通话、粤语和台山话同声传译。从1885—1923年,共有82371华人缴纳了近2400万加元的人头税。

弘毅诗社在魁北克市成立,社长为生物学博士、诗人周进。

林浩聪(Vincent Lam)医生的英语小说集《放血和奇疗》(*Bloodletting and Miraculous Cures*),获吉勒文学奖,奖金高达2.5万加元,为荣膺此奖的首位华裔作家。

邓敏灵出版长篇英文小说《确然书》(*Certainty*),获《环球邮报》最佳图书提名和加拿大亚马逊新书奖。

中国世界华文文学学会会刊《华文文学》推出"加拿大华文文

学研究专号"(2006 年第 4 期),为国内首次集中刊登加华文学研究成果。

2007 年　加拿大律师兼翻译家陶永强英译叶嘉莹诗词,书法家谢琰题诗,集成《独陪明月看荷花》(*Ode to the Lotus*),由温哥华的中侨互助社出版。

北京作家陈建功、天津评论家肖克凡、南昌大学教授陈公仲、美国学者黄秀玲、美华作家陈瑞琳、加华英语作家陈泽桓、评论家徐学清等访问温哥华,出席加华作协第八届华人文学研讨会。

2008 年　不列颠哥伦比亚省政府"庆祝建省 150 周年:表彰巾帼、耆英及长者项目"拍摄加拿大华裔作家刘慧琴的英语纪录片《为子女的成长和成就做出奉献》。

原中央电视台编导、加华女作家汪文勤的散文集《捕风的日子》荣获冰心奖。

陈伟民的诗集《洗衣房噪声》(*Noise from Laundry*)获总督奖诗歌类的提名。

邓敏灵参加上海作协主办的《故乡和他乡》系列讲座,发表演讲。

2009 年　张翎发表长篇小说《金山》,入选《人民文学》"中华人民共和国成立 60 周年特选作品",获中国首届"中山杯"华侨华人文学奖的特别大奖。英译本 *Gold Mountain Blues* 2011 年由加拿大企鹅出版社出版。

加华作协向中国现代文学馆移交近 40 位加华作家的近百件手稿与著作签名本,由馆长陈建功接收。

林婷婷、刘慧琴主编海内外首本加拿大华文女作家文集《漂鸟》,中央电视台中文国际频道报道该书在北京的发行式。该书后获中国 2011 年度优秀图书奖。

中国《文学界》杂志 2009 年 6 月号推出加华作家陈河、孙博、曾晓文和李彦专辑。

黎喜年参加上海国际文学节,在复旦大学和南京大学举行题

为"杂糅·种族·生态文学"的讲座。

反映先侨修筑加拿大铁路史的大片《金山》(Iron Road)在华上映,由中加合拍,好莱坞终身成就奖得主彼得·奥图、影帝梁家辉、孙俪、卢克·马可法莱恩主演,曾在有"加拿大奥斯卡"美誉的加拿大金狮奖评选中获得最佳摄影、最佳美术设计、最佳服装、最佳化妆四项大奖。

汕头大学李贵苍教授主持的"'人性归一'大同社会理想:北美华裔文学鼻祖水仙花研究"被立为中国教育部人文社会科学项目(批准号09YJA752020)。

2010年 加拿大华人文学学会成立,痖弦任主任委员,林婷婷和林楠任副主任委员。

张翎的小说《余震》被冯小刚拍成电影《唐山大地震》,获得了亚太电影节最佳影片、中国电影百花奖最佳影片等奖,参加奥斯卡奖最佳外语片的角逐。

弗莱德·华参加上海国际文学节,在南京师范大学举行题为《夹在中间》的讲座。

余兆昌的英语戏剧《金山惊魂》(Jade in the Coal)在温哥华不列颠哥伦比亚大学首演。

"加拿大唐人街之父"、维多利亚大学黎全恩教授,将自己研究唐人街的毕生心血,共近80箱的研究资料,捐献给多伦多大学。

湖北作家方方、暨南大学蒋述卓、王列耀、南京大学刘俊等教授访问多伦多,出席约克大学、暨南大学和加中笔会合办的加拿大华裔／华文文学研讨会。

中国社科院黎湘萍、苏州大学曹惠民、美国乔治华盛顿大学朱蓓章、加拿大麦克马斯特大学Donald Goellnicht、女王大学Petra Fichinger等教授,加拿大剧作家陈嘉年,出席加拿大滑铁卢大学孔子学院和瑞纳森学院主办的加拿大与美国华人英语文学研讨会。

暨南大学王列耀教授主持的"加拿大华人新移民小说研究"被

立为国家社会科学基金项目(批准号10BZW101)。

中国学术期刊《世界华文文学论坛》(2010年第2、3期)刊登"加拿大华文文学研究专辑",推进加拿大华人文学跨语种研究。

2011年　曾晓文、孙博合著的电视剧本《中国创造》,获北京市广电局"2011年度优秀剧本奖"、第二届"中山杯"华侨华人文学奖,被改编成30集电视剧《错放你的手》播映。

首部魁北克华人作品集《岁月在漂泊》在蒙特利尔出版。

JJ Lee的自传《男人的尺寸:父亲、儿子和西装的故事》(*The Measure of a Man, a Son, and a Suit*)出版,获总督奖非虚构作品的提名。

曹禅(Karmia Chan Cao)的英语音乐剧《时光当铺》(*Pawn*)在斯坦福大学首演,在大邱国际音乐剧节(亚洲最大音乐剧节)中获"大学生国际音乐剧最佳原创奖",并参加纽约实验戏剧节。

加拿大不列颠哥伦比亚大学法语系主任拉蒙塔涅(André Lamontagne)的中篇法语小说《掘墓人》("Les fossoyeurs"),讲述探访华人墓地的故事,成为加拿大广播公司的"魁北克省外法语文学奖"的五本入围作品之一。

林浩聪参加上海国际文学节,在南京财经大学举行题为《文学之路》的讲座。

南京大学赵庆庆副教授的《枫语心香:加拿大华裔作家访谈录》出版,为国内首本加华作家访谈专著,获加拿大政府授予的项目发展奖。同年,主持的"加拿大华人文学史论"被立为中国教育部人文社会科学项目(批准号11YJC752041)。

2012年　加拿大华人文学学会主办《世界日报》"华章"文学月刊,痖弦任主编。

林浩聪的家族传记《校长的赌注》(*Headmaster's Wager*)获总督奖非虚构作品奖、英联邦布克奖等大奖的提名。

中国香港地区作家潘耀明、中国内地评论家季红真、韩国汉学家朴宰雨等访问温哥华，出席加华作协第九届华人文学研讨会。

台北大学傅友祥教授的《越界文本：当代加华女作家写作中的性别和性》（*Transgressive Transcript: Gender and Sexuality in Contemporary Chinese Canadian Women's Writing*）出版。

2013年　加拿大女作家爱丽丝·门罗（Alice Munro）在82岁时获诺贝尔文学奖，为加拿大首位获此奖的作家。

时事评论家、"华人第一名嘴"丁果获加拿大总督颁发的英女皇登基60周年纪念章。

加华英语作家郑霭玲获加拿大勋章。

黎全恩、丁果和贾葆蘅合著的《加拿大华侨移民史》出版，荣获人民出版社年度十佳学术著作奖、经典中国国际出版工程项目基金、台湾侨联总会全球海外华文学术论著社会人文科学类首奖。中央电视台"华人世界"报道新书发布会。

2013年12月，加拿大华裔作家协会组团访问台湾九天，"台湾文化部"为之举办座谈会。这是海外文学团体首次在"台湾文化部"的安排下在台交流。

加拿大中华诗词学会在温哥华成立，历任会长为沈家庄、陈良，顾问为大诗人叶嘉莹、瘂弦、西人汉学家王健。

五位加华英语作家被中译出版：郑霭玲的家族传记《妾的儿女》、崔维新的长篇小说《玉牡丹》、方曼俏的长篇小说《午夜龙记》、李群英的长篇小说《残月楼》、余兆昌的儿童故事《鬼魂火车》和中篇小说《三叔的诅咒》。除郑霭玲书由重庆出版社出版外，其他数本由南开大学出版，被列入"加拿大华裔获奖文学译丛"。加拿大驻华使馆安排郑霭玲、李群英、方曼俏和朱蔼信2013年9月来华宣传。

汪文勤的诗集《诗在》及其英译本出版，洛夫和瘂弦作序。

2014年　叶嘉莹九十华诞暨中华诗教国际学术研讨会在南开大学隆重开幕，国务院原总理温家宝、加拿大总理哈珀、加拿大驻华大使赵朴等发来贺函。

钱林森、周宁主编的《中外文学交流史》丛书（中国国家出版基金项目）之"中国—加拿大卷"出版，由梁丽芳、马佳、张裕禾、蒲雅竹合撰。

张翎的长篇小说《阵痛》获第三届"中山杯"华侨华人文学奖的评委会大奖。

2015年　李彦的纪实作品《白求恩大夫最后的恋情》获上海市第25届新闻奖的一等奖。

以曾晓文为主人公的"华人故事"《背灵魂回家》在中央电视台"华人世界"播出。

约克大学的徐学清副教授和西安大略大学的吴华副教授合编《枫彩文彰》，是国内出版的首部加华文学论文集。

南京大学赵庆庆副教授在2015年4月，就加拿大华人文学话题，接受加拿大国际广播电台专访。

华南农业大学李良博副教授主持的"加拿大华人汉英双语作家作品研究"被立为中国教育部人文社会科学项目（批准号15YJC752017）。

吉林大学刘淑玲副教授主持的"从'华人文学'到'华裔加拿大文学'"被立为中国教育部人文社会科学项目（批准号15YJC752019）。

2016年　《痖弦诗集》首次以简体字全本的形式由广西师范大学出版社引进，由痖弦亲校，允为定本。

多伦多作家陈河的长篇小说《甲骨时光》获华侨华人"中山文学奖"（原"中山杯"华侨华人文学奖）大奖。

邓敏灵的《别说我们一无所有》(Do Not Say We Have Nothing)荣膺总督奖英语小说奖和吉勒奖，同时进入英语文学最高奖布克奖的最后6本入围名单。邓敏灵为吉勒大奖的第二位华裔得主。

陈浩泉主编的加华小说集《枫雨同路》，以《他是我弟弟，他不是我弟弟》为名，在韩国发行韩文版。此为首部韩文版的加华作品集。

蒙特利尔作家薛忆沩以深圳为背景的小说集《出租车司机》在加拿大发行英译本，名为 *Shenzheners*（即"深圳人"之意），并参加渥太华、多伦多、温哥华的国际文学节。

在蒙特利尔最大的华文报《路比华讯》上，加拿大魁北克华人作家协会主办的文学专栏《笔缘》发行 1000 期，累计逾 500 万字。

印度出版的《第二个创世纪：当代世界诗集》(*The Second Genesis: An Anthology of Contemporary World Poetry*) 收入加华诗人洛夫、陈浩泉、梁丽芳、青洋、韩牧、朱蔼信的作品。

2017 年　加拿大立国 150 周年。

7 月 13 日，加拿大亚裔作家工作坊创始人、华裔英语诗人朱蔼信去世。

加华作协成立 30 周年，与温哥华西门菲莎大学林思齐国际交流中心合办加华作协第十届华人文学研讨会（7 月 16—18 日），主题为"跨越与交流：加华文学的流变与成就"。

加拿大魁北克华人作协成立 20 周年，在蒙特利尔举办"加拿大魁北克华文文学节"。

加拿大大华笔会创作描写华人移民一百多年奋斗历程的大型舞台剧《华人之光》，政府三级政要和加籍华裔老兵观看演出。约克大学、暨南大学、温州大学合办"回顾和展望：加拿大华人文学与媒体"国际研讨会（7 月 19—23 日），在多伦多的约克大学举行。

2018 年　3 月 19 日，大诗人洛夫在台湾病逝，享年 91 岁。

6 月 3 日，加拿大皇家学会院士、南开大学中华古典文化研究所所长叶嘉莹将自己的全部财产捐赠给南开大学设立"迦陵基金"，已完成初期捐赠 1857 万元。同年 12 月，当选中国新闻社主办的侨鑫杯"2018 全球华侨华人年度人物"。

6 月 15 日，"加拿大唐人街之父"、加拿大勋章获得者、著名史学家黎全恩教授在维多利亚逝世，享年 81 岁。

11月,吴华、徐学清和科琳娜·戴维斯(Corinne Davies)三位博士合编的《向北方:加华作家小说集》(*Toward North: Stories by Chinese Canadian Writers*)由多伦多 Inanna 出版社推出,收录13篇英译的加拿大华文小说。

　　11—12月,加华作协组团访问新加坡、马来西亚和泰国。

2019年4月28日　加拿大勋章获得者、著名华裔英语作家崔维新逝世,享年80岁。

2020年10月　薛忆沩的长篇小说《李尔王和1979》获第五届"中山文学奖"。

2021年2月　叶嘉莹荣获"感动中国2020年度人物"。

注:加拿大土生华裔作家在首次提及时,附带英文姓名,再提时则略。

后记：
却顾所来径，枫雪曾同行

"岁月不居，时节如流。"从《枫语心香：加拿大华裔作家访谈录》（简称"《枫语心香》"）2011年出版至今，一晃十年过去了。

作为国内外首本加拿大华裔作家访谈录，它陪同大家认识了不甚熟悉而又多姿多彩的加华作家，其汉语、英语、法语、双语创作，在加拿大、中国乃至世界文坛都获得了越来越多的荣誉和知名度。访谈录中15位杰出的华人作家：有把诗词讲到至境的加拿大皇家院士叶嘉莹教授；有小说被拍成电影《余震》并参加奥斯卡最佳外语片角逐的获奖女作家张翎；有加拿大最高文学奖总督奖首位华裔得主、会吹萨克斯的英语诗人弗莱德·华；有滑铁卢大学孔子学院院长、擅书历史的双语作家李彦……这本访谈录，亦有幸成为华人文学或加拿大文学专业的参考书，得到了时任加拿大驻华大使马大维（David Mulroney）先生的热情推荐。

然而，我深知工作尚未做完。由于时间和才力有限，还有一些重要的加华作家，我尚未访谈到，我也并未完全熟稔加华文学150多年发展的点点滴滴。而且，令人难以置信的是，当时国内外竟然没有一本加拿大华人文学史。我揣摩，自己也许能做点什么。我曾在2001年到加拿大艾伯塔大学攻读比较文学，以加华文学为研究对象，完成了英语学位论文《文本环境-互文模式：论李群英英文小说〈残月楼〉里的抵抗话语》[A Context(s)—Intertext(s) Model for Studying Resistant Voice(s) in SKY Lee's Disappearing Moon Cafe]。回国任教后，又赴加访学，因此有了约20年对加华文学的研读和资料积累，参加过当地华人文学社团的活动，拜识了加华文友和学者，特别是像叶嘉莹先生、洛夫、痖弦这样的大家……

于是，在2011年，我以"加拿大华人文学史论"为题，申请了中国教育部人文社科项目,所幸得到批准。遂开展实地考察,走访北美华人文学领域的旧雨新知,从浩繁史料中爬梳出加华文学一百多年发展的脉络,写成了约40万字的《加拿大华人文学史论:多元和整合》,2019年由中国国际广播出版社出版。此拙书从明朝人通过耶稣会士初识加拿大讲起,寻根溯源,辅以加拿大华侨移民史背景,首次尝试对加拿大华人的汉语、英语、法语和双语书写进行全面的跨语种探究。

在撰写《加拿大华人文学史论:多元和整合》的过程中,我继续对加华作家和学者进行访谈。为了让他们从书页间走出来,进一步展示跨语种、跨国界、跨族裔的加华文学风貌,保存第一手史料,在继《枫语心香:加拿大华裔作家访谈录》问世后,我一直怀有出版该书续集《枫雪同行》的梦想,以便构成大型、系统、立体的加华作家访谈系列。

可是,有个别访谈,却永远完不成了,欲访谈的老作家已经离开了人世。像获诺贝尔奖提名的大诗人——洛夫先生,是那么有赤子情肠,和蔼可亲。总觉得他活动密集,身体康健,年过八旬还经常游泳,就推后了访谈的时间,岂料2018年春天他突然远行去了天堂。悲痛之中,我写下了《千帆之外悼洛夫》长文,刊发在当年第4期《传记文学》上,以寄托深深的哀思。

类似的终生遗憾,亦发生在对前辈英语诗人朱蔼信的访谈中。这位身上集中着加华英语文学数个"第一"的长者,病逝时不过60多岁。他第一个发起了迄今有40多年历史的加拿大亚裔作家工作坊(Asian Canadian Writers' Workshop),培养并团结了一大批土生华裔英语作家。他第一个以加拿大唐人街为题材,出版个人英文诗集《唐人街魅影》。他组织过温哥华第一个华人英语广播节目"片打街男孩"(Pender Guy)①,并担任播音员。他也是第一位举办个人摄影展的华裔作家,被西人传媒和著名的德裔加拿大摄影家弗莱德·赫左格(Fred Herzog)相提并论……然而,我们的访谈开始后,却再也无法结束,只留下了残篇《加拿大华裔英语文学的开拓功臣——朱蔼信生前访谈》。

面对岁月流逝,亲历者凋零,我渴望尽快完成对加华作家,尤其是

---

① 片打街(Pender Street)是温哥华唐人街的主要街道之一。

对老一代作家的访谈，传神写照，留下华人文学、加拿大文学、移民史、中外交流、全球化4G时代文学等诸多方面的口述史料、书面史料和音视频资料。

为让大家对具有150多年历史的多语种加华文学，有一全面观，《枫雪同行：加拿大华人作家访谈录》特设两个附录。

附录1——《加拿大华人文学的概貌和在中国的接受》，是一篇综述加拿大华人文学发展概貌及其在国内外译介、研究状况的论文，涵盖加华汉语文学、加华英语文学、加华法语文学和加华双语文学。《枫语心香》(2011年)的书末曾附有同名拙文，十年过去了，我对此拙文作了增补，并配以图照，附在《枫语心香》的续书《枫雪同行：加拿大华人作家访谈录》之末，以飨读者。

附录2——《加拿大华人文学大事记》，应该是国内外首份加拿大华人文学的大事年表，旨在为大家迅速了解加华文学的发展概貌提供津梁之便。

党的十八大以来，以习近平同志为核心的党中央制定了"凝聚侨心侨力同圆共享中国梦""讲好中国故事"的国政大计。他说："在实现中华民族伟大复兴这个事业中，我们海外的华侨华人是一支不可替代的力量。"分布在近200个国家和地区的6000多万海外侨胞，包括约180万加拿大华人华侨，是中华民族大家庭的重要成员，在中国革命、建设、改革开放各个历史时期，都写下了彪炳史册的光辉篇章。在访谈中，加拿大华人作家现身说法，分享移民和创作的酸甜苦辣，道出华人在海外的奋斗史，感受华人地位的上升和中国国力的增强。所以，"加拿大华人作家访谈"项目，可谓是"同圆中国梦""讲好中国故事"的具体体现，亦是克尽绵薄对"一带一路"国策做出积极的响应。

如同《枫语心香：加拿大华裔作家访谈录》一样，《枫雪同行：加拿大华人作家访谈录》得以付梓，亦赖于各种善缘的汇聚。我有幸参与过加拿大华人主要文学社团，如加拿大华裔作家协会、加拿大中国笔会、加拿大华人文学学会、大华笔会、魁北克华人作家协会、弘毅诗社、加拿大亚裔作家工作坊丰富多彩的活动，亦有幸晤面或访谈过不少加拿大华人汉语、英语和双语作家，如加华汉语作家中的叶嘉莹、洛夫、痖弦、卢因、陈浩泉、刘慧琴、林楠、林婷婷、汪文勤、丁果、文野长弓、贾葆蘅、陶永强、申慧辉、宇秀、萧元恺、任京生、葛逸凡、微言、张翎、陈河、曾晓文、孙博、原志、文章、笑言、江岚、郑南川、陆蔚青、冰蓝、苏凤、九如、杨格、索菲、周进……加华英语作家中的老诗人朱蔼信,总督奖得主弗莱德·华和余兆昌,获得总督奖提名的郑霭玲、李群英、林浩聪,获其他重要文学奖的陈泽桓、方曼俏、黎喜年、王锦儿……加华双语作家中的李彦、赵廉、曹禅、张芷美……在研习过程中,我得到了国内外华人文学、华人历史和世界文学学者的不吝赐教,其中有加拿大的梁丽芳、徐学清、吴华、张裕禾、马佳、黎全恩(David Chuenyan Lai)、王健(Jan Walls)、乔丹·皮特罗(Giodan Pietro)、阿尔伯特·布拉兹(Albert Braz)、黎喜年(Larissa Lai)、吴玛丽(Maria Ng)等教授,以及中国的曹惠民、刘红林、陆士清、白舒荣、陈贤茂、朱双一、赵小琪、陈公仲、古远清、陈骏涛、方忠、钱林森、余斌、刘俊、陆卓宁、王红旗、袁勇麟、王艳芳、李良、高兴、匡咏梅、庄园、易崇辉、庄伟杰、朱文斌、方红、庄志霞等名家。在海外华人文学研讨会上,和欧美、澳大利亚、东南亚、台港澳等地区华人作家和学者的交流,亦让我受益匪浅。

在此,谨向《枫雪同行:加拿大华人作家访谈录》中接受访谈、提供图照的作家和学者,以及不吝赐教的海内外师友,表示诚挚的感谢!

感谢三位资深的推荐专家!他们是加拿大华裔作家协会创会副会长、母校艾伯塔大学东亚系梁丽芳教授;中国世界华文文学学会副会长、苏州大学文学院曹惠民教授;《世界华文文学论坛》杂志总编、江苏省社会科学院刘红林研究员。他们陪伴我在华人文学、外国文学和比较文学的研究道路上,走过了多年的风风雨雨……

感谢拨冗赐序的陈浩泉先生和白舒荣老师!

陈浩泉先生是加华文学的重要亲历者,集作家、评论家、出版家、文学活动家……于一身,嘉名远播。他对往昔交往的追忆,让我再次深感谦和博雅的君子之风。他在新书发布会、诗词朗诵会、文学研讨会等雅聚上玉树临风,口吐莲花,一如他钟爱的古典音乐令人钦赏。他把我试撰的加华文学史论、作家访谈、与作家交往的随笔,分别概括为"纵的梳理""横的展示"和"点的缤纷",颇有点神来之笔的感觉,令我醍醐灌顶,会然一笑。如是,文学和作家的呈现将点、线、面齐备,宏观、微观不缺,将更为完满、丰盈、立体。唯愿自己没有辜负他当年的"勉励"美意,化为了"更多的文坛新血"中的一点一滴。

白舒荣老师是海内外华文文学研究的开创前辈,主编杂志,编撰文集,著述丰美,深孚众望,被大家亲切地称为"白大姐"。她寄赠大著,指教拙稿,接受我做小编的约稿……没有一次不是让人感觉春风化雨,沁人心脾。入冬阴寒,站着上了一整天课,课后再兴奋紧张地拜读白老师的尊序,不啻又是一回铭心的感受。别致的开头,让我差点笑了出来。她要是见到我查资料经常背着大背包的样子,肯定也会觉得很好笑。白老师写了6000多字,鞭辟入里,宏观的展示和微观的凸显并行不悖,还有一种悠悠的温情流润其间。这一凝聚扎实功力、丰富文学经验和师者仁心的结晶,我反复学习了多遍。

感谢加拿大驻华前大使马大维(David Mulroney)先生和赵朴(Guy Saint-Jacques)先生在晤面时嘉言鼓励,关心加华作家访谈项目的进展。他们的同事,加拿大驻华使馆学术和文化官员王荔女士,多年来热情支持从事加拿大研究的中国学者,受惠的我谢意萦怀。

感谢范德堡大学(Vanderbilt University)的青年才俊杨逸苏一丝不苟,参成拙书的英语校译。

感谢资深编导、作家巩孺萍统筹协调,视频制作专家石卉、黄燕辛勤剪辑,西交利物浦大学中国研究专业的金典仔细撰稿,不惮烦琐,和我一起创制加华作家访谈系列微纪录片,以便雅俗共赏,推广华人文学。

感谢多年来默默给力的父母、手足和家人,包括Cindy小友——虽然此情远非"谢"字了得,也难以为报。

最后,由衷感谢南京大学出版社金鑫荣社长善当伯乐,感谢贾舒主任十年来含笑接待,倾心而谈,陆蕊含责编再次以精心、细心和耐心,与朱兰设计师等人士合作,为拙书做成了一件美丽的"嫁衣裳",使其端庄地走向了世界……

却顾所来径,枫雪曾同行。

枫和雪，是加拿大的著名象征，也是中加两国共有的美好意象。年年岁岁枫酿红，岁岁年年雪飘白，它们陪伴中加人民度过了无数跌宕起伏的岁月。加拿大华人的百年写作，可谓是这种岁月的见证。而且，红枫白雪，亦可见于中加以外的其他国度，早已不知不觉地融入了千万亿人们的生命之中。

当心田上，霜叶红于二月花，坐看青竹变琼枝，再生新绿，尤其是在与全球疫情搏斗的期间，我想，继续生命的书写，感受、坚守、祈望……会是许多人自然的共同选择吧。

作者谨识于南京大学
2021年秋

注：本书图照未标明来源者，为访谈者或作者提供。